JN307117

佐々成政

人物文庫

学陽書房

推理と発見の旅——まえがき

子どものころに鮮烈な印象を受けた話というものは、何十年経っても体内に染み込んでいて、それが何かの機会に湧き上がり、話の真実に迫ろうとする。この何かの機会とは、好奇心を抱いて調べようと働きかけたときで、問題意識をもって取り組む以前の素朴な姿である。

だが、調べていくうちに、つぎつぎと疑問にぶち当たって問題意識を持ち、いつしか、のめり込んでいく。

私の佐々成政《さっさなりまさ》研究は、まさに、これにあたる。

小学校三年生のころ、市立図書館で「昔話を聞く会」が持たれ、参加して聞いたのが「早百合《さゆり》伝説」。戦国期の越中国主《こくしゅ》、佐々成政が、寵愛していた早百合姫を不義密通のかどで惨殺、一族も、なべて斬罪《ざんざい》した。無実の罪に陥れられた姫はこれを恨み、黒百合の花に化身して佐々家を滅ぼしただけでなく、亡魂となってこの世にさ迷い出るという、おどろおどろしい話であった。

このほか、真冬に、成政が家臣らを引き連れて北アルプスを越え、浜松の徳川家康を訪ねたという「さらさら越え」は広く知られ、数多くの伝説が各地に語り継がれている。

これらの伝説からうかがえる成政像は、豪勇な武将であるが、短慮、猜疑《さいぎ》心の強い非道な暴君ということになり、各種の書物の評価や世評は、それを裏書きするように芳しくなかった。

ところが二十数年前、新聞に出ていた廣瀬誠氏の発言が目にとまった。

「早百合伝説は、成政のあと、越中を支配した前田氏がことさらにゆがめて広めたものである」

なぜ、加賀前田氏は、ゆがめて広めたのであろうか。早百合惨殺は事実なのか。子どものころに抱いた恐怖心が蘇り、真実を知りたいと思った。また、数多い越中国主のなかで、成政にかかわる伝説だけが多いのも疑問であった。

加賀藩史料には、藩祖、前田利家《としいえ》に関する文献が多い。いずれも、利家を賛仰《さんぎょう》し、敵対した成政が悪しざまに書かれている。成政の悪評は、これらの史料にもとづいていることがわかった。これでは衡平さに欠ける。

そこで、成政とかかわりのあった信長、秀吉、家康などにかかわる史実を調べ、そこから成政に関する事項を抽出する作業を進めた。

まず、真冬の北アルプス集団踏破の事実を、家康や家臣らの書状のなかから見つけ出した。

また、秀吉が成政を追い落とすために仕組んだといわれている肥後国主の任命や、失政が原因とされている国人《こくじん》一揆の真相は、秀吉のごり押しともいえる朝鮮出兵政策が原因だったことを知った。何よりも、反乱は、竿入《さおい》れ検地前の指出《さしだし》提出を求めた段階で起こっている。指出の提出は、中世を通じて、領主の代替りの際に実施されてきた代替り作法で、成政の執った処置は、当然の要求だったのである。

〝一人物の事跡を調べるときは、その人物に焦点をあてる一方、周辺からも追い上げていく〟という原則の大切さを教えられた。

こうして集まった史料と加賀藩史料をつき合わせて、成政年譜をつくりあげた。その後、史料の検証や疑問点を解明するため、各地を訪ね歩いた。愛知、長野、熊本など、成政が歩いた所は、くまなく足を運んだといってよいほど、「推理をもとにした探訪」を重ねた。

歩けば、必ず新しい発見があった。人びととの出会いがあった。成政の霊に導かれているような因縁を感じさせる出会いも多かった。そのなかで、成政のベールがつぎつぎにはがされ、実像が浮き彫りにされていった。

各地を訪ね歩いて、成政は非道な暴君どころか、心を砕いて民衆のために尽くした民政家であったことがわかった。猪突猛進の武将でなく、大胆、豪気な反面、ものごとを客観的、緻密に分析し、創造性豊かな博学の知将であったことも知った。

また築城や治水事業など、土木工事に長《た》けていたことも、古文書や遺構を通じて知らされた。そして早百合一族の子孫、奥野武継氏の名乗りによって、「早百合伝説」は曲げて伝えられ、一族斬罪は事実無根であったことを聞かされた。

これほど、事実に反して悪者に仕立てられた人物は数少ない。これは成政の後任者、前田氏が成政の治世を慕う民衆の姿に、治国政策に苦慮したあげく、成政の非をことあげし、史料を抹殺せざるを得なかったところからきている。また秀吉の政策を正当化するため、曲解されたこともある。これによって成政の虚像が世に流布《るふ》され、人びとに信じ込まれるようになる。

だが地元・越中の人びとは、為政者側の流す虚像を伝える一方で、成政に好意的な伝説や真実も語り伝えてきた。そして、成政が祭神となっている社《やしろ》へ「成正《じょうしょう》さま詣り」をし、「済民堤」（人民の難儀を救うために造った堤防）の名を残して、その偉業を偲んだ。越中各地に散在する数多くの成政伝説は、彼を慕い、愛惜し、蘇ってほしいという民衆の願いや期待が込められていたのである。

歴史とは、勝者（権力者）の軌跡にしたがって綴られ、その意図によってゆがめられていることを思い知らされた。だが、いかにゆがめて幾星霜を重ねても、真実は、民衆の口から口へと語り継がれ、庶民の歴史のなかで脈々と生きてきたのである。

好奇心、素朴な疑問から出発した研究は、さまざまなことを教えてくれた。なかでも、むずかしい問題であろうと、時間をかけて丹念に調べれば光が見え、解決することを知った。各地の人びとの証言を聞いて、昔の人の生きるたくましさ、生活の知恵のすばらしさにも打たれた。難解であった古文書も、読み慣れていくうちに理解できるようになった。

本書は十年近くをかけて調べ、歩き回った「取材探訪記」であり、各章を独立した形に組み立てた。興味関心のある個所を、地図をもとにして、著者とともに紙上探索をしていただければ幸いである。同時に、それぞれの土地で、歴史の深層を知らぬままに打ち過ごしている問題を、掘り起こす契機になればと願っている。

なお、本文中のまとまった引用資料は、◈で表示した。

平成二十二年二月

遠藤和子

佐々成政　目次

佐々成政

第一章　佐々成政の越中入国——北陸の覇権争い

信長の忠臣

目の前に、初夏の海が広がっていた。湖かと錯覚するほど、ベタナギである。潮目（潮流の縞目模様）もない。このように、晴天で風もなく、眠気を催すような気温の日には、「シンキロウ」が現われやすい。かたわらに「シンキロウ見学場所」と書いた看板が立っている。

ここ魚津の浜は、富山市から東へ車で四十分。シンキロウが、よく現われるところとして知られている。

シンキロウは、四月から七月にかけて富山湾一帯の海上に出現する珍しい幻《まぼろし》現象であるが、最も多く見かけるのが魚津の浜。漁港の波止場からの眺望が、一番よいとされている。初夏だけでなく、秋や冬に出現することもある。

昔の人びとは、これを「キツネの松原」「海市」「喜見城」などと呼び、キツネの仕業か、大ハマグリの集団が発する呼気《こき》だと思った。また、市《いち》が立っているのだとも考えた。

海上の空中に華麗なナイアガラの滝や、城郭、大名行列、砂漠のキャラバン隊などが現われるのである。遠方の景色が近くに見える場合もある。ときには、海を走るタンカーがすうーっと伸び上がり、四角のビルに変容することもある。

原因は、北アルプス立山連峰から急傾斜で流れ込んでくる雪解け水に、海面上の空気が冷やされ、暖かい空気と冷たい空気の層ができる。その層の境目が凸レンズになり、レンズを通った光が屈折する。それがシンキロウ現象となるのだが、眠気を催す気温で頭の働きが鈍くなっているとき、突如、海上に薄墨色の濃淡の幻現象が現われれば、誰しも夢幻の世界へと誘い込まれてしまう。

「シンキロウがでないか」と、海面のかなたを見つめるが、一向に出現しない。ウミネコ（カモメに似た海鳥）の群れが、白い羽を上下させながら海面へ下りては、休んでいる。そのうちに、眠気がさしてきた。とろりとした気分で海のかなたを眺める目に、シンキロウが現われたように思えた。

海面のかなた一帯に、薄墨色の物が濃く、淡く、浮かんでいる。城に見える。魚津城かもしれぬ。四百年前の春から夏にかけて、柴田勝家や佐々成政ら織田勢と越後（新潟県）の上杉勢が魚津城をめぐって天下取りの帰趨《きすう》を賭け、攻防を繰りひろげた。シンキロウの城の一角に、太い光の柱のようなものが、上下に伸びている。城がめらめらと燃え上がっているようだ。

――法螺貝《ほらがい》の音が魚津の野に鳴りわたり、陣太鼓の音が響きわたった。鉄砲足軽隊が一斉に突き進み、城門から、ぱあっと火の手が上がる。騎馬隊が馬蹄の音を響かせて、煙の下を突撃。続いて槍隊が「うわっ!」と鬨《とき》の声を上げながら突進していく。城兵たちが狭《はざ》間《ま》から鉄砲を打ち、矢を射かけてくる。砲声が天地にとどろき、矢の雨が降り注ぎ、兵士らの雄叫《おたけ》びと軍馬のいななき、蹄《ひづめ》の音が、立ち上がる土煙のなかでどよめいている。

越中に織田方の楔を

いつのまにか、足は町のほうに向かっていた。中心街のはずれに、大町小学校が人家に挟まれ、体をすぼめるようにして建っている。校門をくぐり、校舎の裏側に回った。広い運動場に出た。この場所が魚津城の本丸跡に当たる。一角に、上杉謙信の歌碑が建っている。

もののふの鎧《よろい》の袖を片しきて　枕に近き初雁《はつかり》の声

天正四年(一五七六)八月末(現在の九月中旬)、反抗する越中の国人《こくじん》(国衆)らを討ち倒し、能登七尾城を攻め落とすために出陣してきた謙信が、魚津城で一夜の仮寝をしたとき、詠んだ歌であるという(栗林文書、北越軍記)。

謙信は、天文十七年（一五四八）に春日山城主となり、天正六年（一五七八）三月に病死するまでの三十年間に、七十余回も戦っている。東の関東に出かけては北条氏と戦い、南の信濃で武田氏と戦い、西の越中へやってきては、反上杉勢をたたくという具合に東奔西走に明け暮れていた。戦法が、敵の虚をついて奇襲するという電撃戦で、つぎつぎに城を攻め落としていく。だが、越後に引き揚げると、すぐさま反抗される。そこで、また出陣するというようなシーソーゲームの繰り返しで、戦いの泥沼に引きずり込まれていた。

そうした状況のなかで、魚津城に滞陣、眺めたのが初雁の群れ。厳寒の故郷を発って日本海を越えてきた雁の姿に、自らの姿をだぶらせ、感慨に耽《ふけ》っている謙信の姿が浮かぶ。そして、ようやく越中全域を勢力範囲に置くことができた矢先、脳溢血で倒れ、この世を去った。

かねてから天下統一をもくろんでいた織田信長は、この機会を逃さなかった。加えて、謙信の養子・景勝《かげかつ》と景虎が跡目争いを始め、越後の諸将は謙信の本葬儀をせぬまま、真っ二つに分かれて戦っている（御館《おたて》の乱）。「越中に織田方の楔《くさび》を打ち込むには、またとない機会」とばかりに進出した。

謙信の跡目争いは、景勝の勝利となり、春日山城主となった景勝が気がつくと、越中西部は織田方に侵食されていた。そこで景勝は、越中の国を取り戻そうと、二度にわたって出陣したが、思うに任せなかった。いら立つ景勝の前で、柴田勝家を総大将とした織田勢の大軍が魚津城を攻めてきた。

織田方にとって、魚津城攻めは、越後に踏み入る序盤戦であった。ことに、主君・信長から越中統一を命ぜられていた佐々成政《さっさなりまさ》にとっては、一日も早く魚津城を攻め落とし、越中の国から上杉勢を追放せねばならなかった。一方、上杉方にとって、魚津城は越中支配の拠点であり、越後防備の前線基地でもあった。両軍は、死力を尽くして戦い、魚津城兵らは、壮絶な最期をとげた。その戦いぶりと落城悲話は、今日に至るまで語り継がれている。いまもって、大町小学校の辺りでは、

「雨の降る夜になると、白装束《しろしょうぞく》の若い女が沼地に立ち、悲しそうに鐘をついている」

「真夜中になると、本丸跡に、幽霊が恨めし気に出てくる」

といった噂が絶えない。

信長の忠実な側近

魚津城をめぐっての織田勢と上杉勢との戦いのなかで、一番勇躍していたのは、佐々成政であろう。城を攻め落として上杉勢を越後に追放すれば、越中統一が果たされることもあったが、この戦いのさなかに、名実ともに越中の支配者として位置づけられたからであ

る。成政が越中国主となったのは、一年前の天正九年（一五八一）の春であるが、微妙な立場に置かれていた。

成政は、天文五年（一五三六）一月十五日、尾張の比良《ひら》城主・佐々盛政（成宗《なりむね》）の第五子として生まれたという（佐々家系譜、佐々亀雄氏蔵）。

「佐々家系図」や「武功夜話」によれば、盛政は、第五十九代宇多《うだ》天皇の後胤、佐々木源三秀義の末裔に当たる。秀義は、近江佐々木の庄を領していたことから、近江源氏佐々木姓を名乗った。この秀義の嫡子・定綱のとき、四人の子どもに所領を分割。そのうち三男・泰綱が近江南部六郡を与えられ、六角氏の祖となった。

盛政は、この六角氏の子孫で、近江伊香郡余呉に住んでいたことから「余語《よご》」と名乗っていた。その後、六角氏攻めの織田氏に加担。織田氏が尾張に引きあげる長享のころ（一四八七～八八）これに従って尾張に入り、姓を「佐々《さっさ》」と改めて織田信秀（信長の父）に仕えるようになった。

成政には、隼人正《はやとのしょう》（成吉）、孫助（成経）という兄がいた。二人は、天文十一年（一五四二）、織田信秀が三河（愛知県）の小豆坂《あずきざか》で駿河（静岡県）の今川勢と戦ったときに奮闘。敵陣を切りくずしたことから「小豆坂七本槍」のなかに数えられ、その武勇は、織田家中に鳴り響いた。子どもたちの歌にもなった。孫助は、このとき十六歳であったという（信長公記、総見記）。また、二人は、信長の初期におとずれた二つの危機に際して、信長のために戦い、ともに壮烈な最期をとげている。

孫助は、弘治二年（一五五六）夏、信長の弟・信行が家臣らにそそのかされて起こした「稲生《いのう》の戦い」で苦戦の末に戦死した。「佐々孫介（助）、其《そ》の外究竟《くっきょう》の者どもうたれ、信長の御前に逃げかかり……」（信長公記）という戦いであったが、信長の大奮闘によって、ようやく勝った。

また、隼人正は、永禄三年（一五六〇）五月十九日、信長が今川義元の大軍を桶狭間《おけはざま》に迎え撃ったとき、敵をあざむくためのおとりの役を買ってでて討ち死にしている（信長公記）。今川勢は隼人正らの首を討ち取ったことで、勝利の祝盃に酔った。そこを信長に奇襲されて惨敗し、義元は最期をとげた。この大勝利をきっかけに、信長は旭日昇天《きょくじつしょうてん》の勢いで諸国を制覇していく。

信長の小姓、近侍となって仕えていた成政は、兄たちが討ち死にしたため、家督を継いで比良城主となり、馬廻衆《うままわり》（信長の護衛隊）に入った。そして永禄十年には、黒母衣組《くろほろ》の筆頭に選ばれた。

母衣《ほろ》組とは、信長直属下の親衛隊で、鎧《よろい》の上に母衣をかけ、本陣と先手の陣との連絡に当たる使い番である。戦場で機動力を発揮するためにつくられたものだが、連絡だけでなく、戦いの監督もする。いわば目付役として、格式の高い役職であった。この仕事は、戦場を駆け回って、主君の軍令を的確に伝えねばならないので、練達、沈着、敏捷、弁舌もさわやかでなければ務まらない。後年、成政と相争う前田利家は、赤母衣組の次席に選ばれている。

このように、信長の側近として忠誠を尽くしながらも、他の武将らが恐れる信長に直言をはばからなかったことが、『信長記』『総見記』にくわしく述べられている。

天正二年（一五七四）正月、信長は久方ぶりにくつろいだ新春を迎えることができた。前年の四月に、東方から圧力をかけてきた武田信玄が病死し、八月には、多年悩まされてきた朝倉・浅井の連合軍を倒し、十一月になって三好義継を自刃に追い込んだ。そうしたことで機嫌のよかった信長は、年賀の客が退出したあと、馬廻衆の者たちと水いらずの酒宴を開くことにした。宴がたけなわになったころ、信長が、「この上ない珍奇な肴《さかな》を披露しよう」といい、近侍が持参した黒漆《うるし》の箱を開けた。中に、金箔《きんぱく》を張った三つの髑髏《どくろ》が入っていた。それは朝倉義景と浅井久政、長政父子の頭蓋骨を薄濃《はくだみ》（塩漬けしたあと漆《うるし》で固め、金泥をかけたもの）にしたものであった。

信長にとっては、朝倉、浅井父子は怨念の敵であった。朝倉氏の居城、一乗ケ谷城を攻めかかったとき、背後から浅井氏が襲ってきた。浅井氏は信長の妹・お市の嫁ぎ先で、同盟を結んでいたのである。信長をはじめ織田勢は、命からがら京都へ逃げのびた。

浅井氏の背反を怒りながらも、妹の身の上を案じた信長は、成政らを遣わして何度も講和を申し入れた（総見記）。しかし、浅井氏は聞き入れなかった。それればかりか、朝倉・浅井連合軍は本願寺と結び、比叡山に立てこもった。これを見た松永久秀が武田方に寝返り、伊勢長島の一向宗徒らも抵抗した。信長にとっては、桶狭間の戦いにつぐ危機であった。その危機をようやく脱したものの、怨念は晴れず、髑髏の金箔張りとなった。

金箔髑髏を肴にして、酒宴は賑やかに終わり、馬廻衆らは帰っていったが、成政だけはその場を去らず、信長に向かって諫言《かんげん》した。

「『後漢書』には、『王者は四海をもって家となし、兆民をもって子となす』とも『天は烝民《じょうみん》を生じ、君を立て之をやしなう。君道を得ると聞けば、人これを戴くこと父母の如く、これを仰ぐこと日月の如し』ともあります。いまだ、御手に属さぬ国ぐにがあるならば、徳のいまだ至らざるゆえと思召《おぼしめ》し、不善のところを省みて、お改め給りたいと思います」（信長記）

成政が『後漢書』を例に挙げて、信長に直言したのである。短気な信長である。まかり間違えば、即座に成敗される。成敗されなくとも、勘気を被《こうむ》るかもしれない。それを、あえて人の道をふみ外すような振る舞いをしたことを諫《いさ》めたのである。

成政の直諌に、信長は怒るどころか、成政の手を取ると別室に招き入れ、改めて政道について語り合った。それを筆録していたのが、祐筆《ゆうひつ》・武井夕庵。成政の博学にも驚いたが、成政が自らの功を述べず、ひたすら君恩に感謝しているのに感激した。

「此の内蔵助《くらのすけ》、さすがに然るべき武士とは存じ候ひつれども、加程までは存じよらでぞ候ひつる」（信長記）とほめそやし、二人の話し合いに加わり、君主としてあるべき政道について語った。二人の諌言に心を動かされた信長は、いろいろな引出物を与え、その真心に報いたという。

成政の博学については『古事類苑』に「大平将士美談」として紹介されている。それによると、成政は若いころ、比良城の客分であった学者、千田吟風に師事し、古今の名将の武功、言行、合戦の手立てなどの兵法を学んでいた。ところが、ある日、成政が学問もせずに遊びふけっているのを見た吟風が、古《いにしえ》の名将の話をして真面目に学ぶことを教え諭《さと》した。すると成政が、

「そのようなことが本当にあったのかどうか、疑わしい」

と口答えをした。吟風は怒りもせず、懇々と諭した。

「古将の言行に疑いを持つなら、なぜ、自らの無益な遊び事についても疑いを持たぬのか」と。

成政は深く反省するとともに、以後、真面目に励んだという。

成政が、『後漢書』に記されている内容を引き出して信長を諫めたのも、武井夕庵が感心するほどの博学であったのも、そうした勉学の素地があったためである。

こうして、信長の信任を得て身近に仕えていた成政が信長から離れるのは、天正三年（一五七五）府中三人衆の一人として越前（福井県）に入国したときである。越前の大部分（八郡）は柴田勝家が治めていたが、府中三人衆は、勝家の目付（監察者）として二郡を分かち与えられた（信長公記）。このなかで成政のあてがわれた五分市《ごぶいち》（越前市）は、織田勢との戦いに敗れて池田谷、大野地方に逃げ隠れた一向宗徒や、朝倉残党の反抗を制する前線基地にあった。府中から池田谷へ密かに落ちのびる宗徒らを捕える関所の役目も担っていた。本願寺教如が反織田への檄《げき》を飛ばしている形勢下でもあり、油断がならなかった。そこで小丸城の築城を急いでいた。

そのようなとき、信長から「越中の神保《じんぼ》長住《ながずみ》を助勢せよ」という指示を受けた。しかしながら、築城を中途にして離れるわけにいかぬ。いたしかたなく、越前から長住に戦いの指示を与えることにした（伊達家文書）。ところが、信長から「急きょ、越中に入国するように」と命ぜられた。上杉景勝が越中に出陣してくるという。成政は慌《あわ》だしく五分市を発った。

越中三つどもえの戦い

成政が小丸城の築城を家臣らに任せて越中に入国したのは、天正八年（一五八〇）九月末（十一月初旬）。

これについては、神保長住が九月二十二日付けで、信長の側近者、堀秀政と武井夕庵に「成政の着陣次第、その指令のもとに働く」（松雲公採集遺編纂）と書き送っている。そして、春日山城を発って越中に向かった上杉景勝は、十月二日（十一月七日）、越中との境、能《のう》庄《しょう》に滞陣している（別本歴代古案）。成政は、景勝との戦いのために「長住助勢」を命ぜられたので、十月二日以前に入国していると考えてよい。

こうして越中に入国した成政は、神保長住の援助者として立ち働くようになった。長住は、戦国期、越中中部に勢力を張っていた守護代、神保長職《ながもと》の嫡子に当たるが、父と上杉方への服属をめぐって対立したあげく、義絶され、越中を去っていたが、天正六年（一五七八）四月、越中に戻ってきた。

戦国期、越中は上杉謙信と武田信玄、一向一揆も加わって、三つどもえの戦いが繰り返され、争乱の谷間となっていた。越中の国人らは、この激動の渦に巻き込まれ、謙信や信玄と組んだり、離れたりしていた。長住の父・長職もその一人で、最初は謙信に属していたが、信玄の暗躍で武田方に寝返り、そのうち、また謙信に服属することに決めた。

これに反対したのが、嫡子・長住を中心とする一派（志賀慎太郎所蔵文書）。このため、謙信が、長職の要請で出馬してきて不平分子らを一掃した。敗れた長住は、信長の許に逃れた。

信長は、頼ってきた長住を越中支配に備えて保護し、妹をめあわせた（総見記）。そして、謙信がこの世を去ると、越中に入国させた。

越中に復帰した長住は、信長からつけられた加勢者、佐々長秋や斎藤新吾らとともに、上杉方についている国人らを織田方に属させた（信長記）。そして、越中中部一帯を勢力範囲に置くようになったとき、謙信の跡目を継いだ景勝が、越中に出陣してきたのである。

初めて越中に出陣してくる景勝の意気は盛んであった。

「越中国を手に入れ、敵を悉《ことごと》く討ち果たすこと、眼前にある」（別本歴代古案）

といい、越中との境、能庄までやってきた。そこへ、上杉方の越中総指揮者である松倉城主・河田長親《ながちか》の使者が着いた。使者は、長親の口上を伝えた。

「一刻も早く越中に入られ、この機に一挙に神保勢をたたきのめして越中を平定されるように」

これを聞いた景勝は、すぐさま、春日山城留将・黒金景信に、応援の軍勢を寄こすようが秋の長雨に命じた（別本歴代古案）。しかしながら、この後、越中で戦った形跡はない。秋の長雨が続いて、越中の各河川が氾らんしていたからである（「常願寺川の歴史」建設省）。上杉勢は、四十八カ瀬あるという黒部川の氾らんの前に、立ち往生したのかもしれぬ。氾らんがおさまるのを待っても、雪の降る季節が間近い。「戦いをするのは無理」と判断して、引き返したのであろうか。

一方、成政は、そのまま越中にとどまった。景勝はいったん引きあげたものの、春になれば再び攻めてくる。そのための戦いに備えるとともに、長住を助けて治水事業に専念した。

越中の全権を手中に

明けて天正九年（一五八一）二月二十八日、織田信長は、京都で大馬揃えを挙行した。馬揃えとは、各武将が乗っている馬の優劣を検分するとともに、演習を検閲して士気を鼓舞する行事である。つまり、信長の観兵式に当たる。

この式典に、織田方の諸将はこぞって参列したが、成政は参加していない。留守中に上杉景勝の襲来が予想され、動けなかったのである。しかし、加賀、尾山城の佐久間盛政が北国の留守居役として残ることもあって、越中各城の守りを固めて上京した。

三月六日　神保越中、佐々内蔵佐（助）ならびに国衆、上国候
三月十日　京都より信長、安土に至りて御下り
三月十二日　神保越中、ならびに国衆、安土《あづち》に至りて参着。御馬九つ、国衆より進上。佐々内蔵佐も御鞍《くら》、鐙《あぶみ》、轡《くつわ》、黒鎧《よろい》進上なり（信長公記）

安土城で信長に会った成政らは、献上した馬を信長が試し乗りするということで、十五日、松原町の馬場に出かけた。そこで献上馬が紹介され、信長がつぎつぎに初乗りした。変事の報が入ったのは、そのようなときであった（信長公記）。

上杉景勝が成政らの留守に乗じて織田方の最前線、小出城《こいで》（富山市）に攻め寄せてきたのである。城は敵に取り囲まれ、危機に瀕しているという。越中と加賀の一向宗徒らも、景勝の出陣に呼応して、白山麓の二曲《ふとうげ》別宮城と府鷹《ふたか》峠の砦《とりで》を攻め、佐久間勢が奮戦しているという（信長公記）。

成政は信長の命で、その場から越中に駆けつけた。夜を日についで馬を飛ばして越中に入ると、軍勢をまとめて小出城に向かった。ところが、中田（高岡市）の地まで進んだとき、上杉勢が囲みを解いて引き揚げたというしらせが入った（信長公記）。上杉方の越中総指揮者、河田長親が病で倒れたため、景勝は病人を伴って松倉城へ引き揚げたのである。

四月八日、長親はこの世を去った（歴代古案）。景勝は小出城攻めを諦め、春日山城へ帰っていった。

これが機となって、信長は成政に越中の全権を任せることにした。小出城の危急は救われたが、いつまた、景勝が攻めてくるやもしれぬ。そうした上杉勢との対決と、越中国内の国人らへの対応に、長住では心もとなかった。そこで、成政に越中の国を任せて上杉勢に当たらせ、国内を統一させようと考えた。

このような事情で、成政は越前小丸城を引き払い、越中に住み着くようになる。そして婦負《ねい》、射水《いみず》の二郡を支配している長住は、そのまま富山城に在城して、成政のもとで立ち働くことになった。

成政は、守山城（高岡市）を足場にして、越中各地に転戦した。まず、北国における一揆の残存勢力として頑強に抵抗している勝興寺《しょうこうじ》を攻め落とし（天正九年、勝興寺系譜）、ついで、瑞泉寺《ずいせんじ》を攻めて焼失させた（天正九年、瑞泉寺由来記）。勝興寺住持・顕栄は川上窪城（東礪波《となみ》郡井口村）に、瑞泉寺住持・顕秀は五箇山《ごかやま》（東礪波郡）へ逃れた。そして、互いに連けいをとりながら、抵抗を続けた。しかし、窪城も成政に攻め落とされると、両住持は戦いを諦め、京都に逃れた。残された一揆勢は、荒木城内（城端町）の善徳寺に籠城して抵抗したが、往時の勢いはなくなり、一向一揆は終焉《しゅうえん》に近づいていた。

越中西部を制圧した成政は、ついで上杉の勢力範囲にある東部に手を伸ばした。国人らは、次つぎに成政の下に組み込まれていたが、景勝の越中出陣がかれらを動揺させた。上杉方に寝返ろうとする気配が出てきた。これを感じとった信長は、かれらを安土や能登七尾城に呼び出しては粛清した（信長記）。天正十年に入るころには、越前の柴田勝家を中心として、加賀は佐久間盛政、能登は前田利家、そして越中は佐々成政と、織田方の北国攻略の基礎は固められた。このなかで成政だけが、信長の義弟・神保長住がいることで、微妙な立場に置かれていた。

天下取りを左右した魚津城攻め

天正十年（一五八二）春、織田方と上杉方の雌雄を決する戦いの火蓋《ひぶた》が切って落とされた。柴田勝家を総大将とした織田方の北国勢が、上杉方の越中支配の拠点、魚津城（魚津市）攻めを開始したのである。

このころ、織田信長は武田征討にとりかかり、一大作戦を立てた。まず二月三日、各武将の部署を決めると、甲州、信州に侵入させた。一方、武田勝頼《かつより》の同盟者、上杉景勝を足留めさせる手段として、勝家ら北国勢に魚津城攻めを命じた。また、越後新発田《しばた》城主・新発田重家に、北から上杉方を脅かさせた。

新発田重家《しげいえ》は、阿賀野川を境にして二分された越後領北部、揚北《あがきた》に城を構えている揚北衆の一人である。揚北衆は、気候、風土、言語、経済などが、会津地方と深くかかわっている関係で、越後では外様的存在であった。しかし、謙信の父・為景《ためかげ》の越後制圧に協力し、ついで謙信に属した。それが御館《おたて》の乱になって、景勝、景虎側へと二派に分かれてしまった。

このなかで新発田重家は、景虎側に回った。重家の同盟者、武田勝頼が景勝と重家のあいだをたびたび取り持ったが結ばず、御館の乱後も、重家は景勝に服従しなかった。

これに目をつけたのが織田信長。天正九年六月十五日、重家を味方に取り入れた。信長と結んだ重家は、越後最大の新潟港を含む一帯を侵略して新潟城を築き、春日山城を脅かした（上杉家古文書）。

信長の策略に対して景勝も負けてはいない。佐渡の本間秀高と結んで新発田の海上封鎖を図るとともに、越中の国人らを誘って寝返らせ、一向宗徒らに呼びかけて成政に抵抗させた。しかし、寝返った国人らは信長に粛清され、勝興寺、瑞泉寺、川上窪城など一揆勢力の拠点は成政に攻められて壊滅した。

織田勢の魚津城総攻撃は、このような状況のなかで始まった。魚津城将・須田満親は、春日山城に危急を知らせた。それを救うべく景勝は、三度目の越中出陣を考え、二月十六日、春日山城を発った（上杉家古文書、上杉系譜）が、踏みとどまった。南の信州での織田と武田との戦いが気になり、北からは新発田重家が攻めてきたからである。三すくみのなかにあって動くことができない景勝に対して、甲斐に進撃した織田勢は、武田勝頼を甲斐・田野に追い込んで自刃させ、武田氏は滅亡した。三月十一日のことである（言継卿記、当代記）。

富山城占拠事件

ところが同じ日、越中の国人、小島職鎮《もとしげ》、唐人《からと》清房らが富山城を占拠して、城主・神保長住を幽閉すると、国内の国人らに反織田方への蜂起を呼びかけた。「信長父子は信州方面に出撃したが、武田勝頼が迎え討ち、織田勢はことごとく討ち死にした。これをしおに一揆を起こし、越中一国を思いのままにせよ」という情報を耳にして、行動を起こしたのである。奇怪なことに、間髪を入れず、魚津城攻めにとりかかっていた織田勢が駆けつけ、富山城をとり囲んだ。

信長と勝家は、互いに情報を交換して戦況の推移をみながら戦略を進めていたようである（古今消息集）。そのなかで、信長が勝家に、「昨日の書状を、本日犬山で受け取り、読んだ」としらせている。七日に越中でしたためられた勝家の書状が、翌日には、犬山（愛知県）にいる信長のもとに届いている。したがって勝家は、武田勢の敗退状況を、予想以上に早くキャッチしていたはずである。勝家が武田勝頼の大敗を熟知しているのに、逆のニュースが流れた。それに惑わされた職鎮らが、魚津攻めの織田勢の背後をつかずに、富山城を乗っ取った。しかも、やすやすと入城している。

一味の顔ぶれをみると、長住の父・長職《ながもと》の旧家臣らである。それから推して、信長が討ち死にして織田勢は浮き足だっていると判断した国人らが、長住を押し立て、富山城を本拠として織田勢に対抗しようと考えたのか。成政のために国主の地位を失った旧主の遺児・長住に同情するとともに、内心不満を抱いているに違いない長住を担ぎ上げ、上杉景勝の応援も受けて織田勢をたたこうとしたのかもしれぬ。ともあれ、富山城を占拠した。ところが、それを待ってましたとばかりに、織田勢が魚津城攻めを中断して富山城を取り囲んだ。この事件の真相については、『信長公記』『信長記』に記されている。

◆――今度、信長公御父子、信州表に至りて御動座候のところ、武田四郎節所を抱《かか》へ、一戦を遂《と》げ、悉《ことごと》く討ち果し候の間、此の競《きそ》ひに越中国も一揆蜂起せしめ、其の国存分に申しつけ候へと、有り〳〵と越中へ偽《いつわ》り中し遣はし候事。実に心得、小島六郎左衛門、加老戸《からと》式部両人、一揆大将に罷りなり。神保越中を城内へ押し籠め、三月十一日、富山の城居取りに仕り、近辺に煙を挙げ候。

時日を移さず、柴田修理亮、佐々内蔵介、前田又左衛門、佐久間玄蕃頭、此等《これら》の衆として、富山の一揆の城取り巻き候間、落去《らっきょ》幾程もあるべからざるの旨、注進申し上げられ候。(信長公記)

これによると、偽りの情報を流したのは、織田方である。織田方の謀略に、職鎮《もとしげ》らが踊らされたことになる。


この事件は、成政の上国(安土)中に実施されたといわれ、戻ってきた成政と勝家とのあいだに激しい口論がたたかわされ、あわやという事態になった。それを前田利家が仲介して和解させたことが、利家から兄・安勝にあてた書状に出ている(前田家所蔵文書)。

「柴田勝家、佐々内蔵助、御あひ、散々にて乱かはしき体候。併、我等立入申し、諸事相済み申候」

名実ともに越中支配者に

なぜ、織田方は、このような謀略を図ったのであろうか。国人らが蜂起すれば富山城を占拠する。長住の命が危ないことは自明の理。勝家にとって、長住は主君の義弟に当たる。信長の命がなければできることでない。これを、信長の立場から考えると、つぎのようなことになる。

　当初信長は、亡命してきた長住が、中世から越中で勢いを張っていた守護代・神保氏の嫡系だけに、後日に備えて保護した。妹をめあわせて、義兄弟の契りも結んだ。そして予定のごとくに越中へ派遣し、越中統一を図った。ところが、予想に反して国人らは長住に心服せず、上杉方に寝返る者が後を絶たない。長住の力では統一は無理であることがわかった。

　そこで、長住に見切りをつけ、成政に越中の全権を委任した。ところが神保氏の旧臣らが長住に同情して、成政に反発心を抱いている。それでは成政の越中統一はむずかしい。しかも長住は、依然として富山城から動かない。もともと富山城は、長住の父・長職が天文十二年（一五四三）に築城し、居城としていたもので（越中中世史の研究）、長住にとってはわが家に当たる。領内の城でもある。在城していても不思議はない。

　しかしながら、長住に越中支配の拠点ともいうべき富山城に居座ってもらっては都合が悪いのである。しかも戦いの指示は成政に命じるものの、成政が動員する戦力は長住の家臣らである。長住をないがしろにはできない。たとえば、越後・新発田氏への援助協力指示も、成政に命じた後、長住にも指示する。そして、

「猶《なお》、詳細については佐々成政からお前に申すであろう」（天正九年六月十五日、木村正辞氏

所蔵文書）という具合で、厄介《やっかい》である。

こうしたあいまいさ、厄介さを取り除き、越中国内の反織田勢力を一掃しようとして起こした罠《わな》なのではあるまいか、天下統一のためには義弟をも見捨てなければならぬ厳しい時代であった。

成政が勝家と激しい討論をたたかわしたのは、味方をもだまして、長住を失脚させる謀略を仕組んだことを怒り、信長の意志を立てる勝家と対立したのではなかろうか。それよりも、織田勢が富山城を攻めれば、追いつめられた小島職鎮らが長住や内室をも殺しかねない。越中入国以来、長住を助けて敵と戦い、力を合わせて治国政策をすすめてきただけに、長住に対して弟のような情愛を感じている。そうした長住が無下に見捨てられることに腹を立て、何とかして助け出したいと思ったのかもしれない。成政の性格から考えて、ありそうなことである。

この事件は、織田方と職鎮らとのあいだに話し合いがもたれ、長住は助け出された。そして、長住は越中を去り、浪々の生活を送るようになる。また、デモを起こした職鎮らは城を開け渡すと、一揆門徒らがこもる五箇山に走った。

こうして事件は落着したようにみえるが、信長が意図したらしい反織田勢力の一掃は解決されていない。まるで、長住を失脚させるための謀略のようにさえ思えるが、長住を追い落とすだけならば、これほど込み入った策を労する必要はない。やはり反織田勢力をもつぶす予定にしていたのが、長住の命を助けたいと思う成政の激しい反対にあい、講和を結んだ。そして、長住の命と引きかえに国人らを助けて追放したとみたほうが妥当であろう。ただし、長住を越中から去らせたことによって、それまでの成政の微妙な立場が解消した。成政は、名実ともに越中の支配者となったのである。

魚津城攻め

富山城を取り戻した織田勢は、再び魚津城に迫った。四万八千余の織田軍勢は三分され、右縦隊は佐久間盛政と前田利家、左縦隊が佐々成政、そして柴田勝家の率いる総予備隊は、成政隊の後ろから進んだ。このうち、右縦隊の佐久間、前田勢は、松倉、魚津両城の中間帯に布陣して、松倉城兵らが魚津城を援護する手を断ち切る作戦を取った。

――もともと魚津城は、松倉城を守るために、海から山にかけて鶴翼《かくよく》の陣立《じんだて》態勢で築かれた城塁群の一支城であった。

松倉城は魚津城の南方、鹿熊《かくま》の山頂（四三〇メートル）に建ち、三方が断崖絶壁で、残る一方は、遠く山波が続いているという天険の要害地に建っていた。しかも、峰々の高い所を削ってつくられた支城などが、鎖のように連けいして松倉城を守っていた。この城は、越中東部の中心地に位置するうえに、山なみが海岸に迫り、麓は交通（鎌倉街道）の要地でもあったので、鎌倉時代以来、軍事、交通の中心となっていた。

上杉謙信が「松倉城を攻め落とせば、越中は刃に血を塗らずして軍門に降るであろう」といい切ったのもうなずける。しかしながら天正時代に入ると、経済生活の発達と兵法の集団化、鉄砲による戦法から、山城《やまじろ》の重要性が薄れ、水陸交通の要地にある魚津城に主力が置かれるようになった。

――織田勢の包囲に対して、魚津城の上杉勢は、雑兵《ぞうひょう》をあわせても千四、五百。初めのうちは伏兵や夜討《よう》ちをかけて抵抗していたものの、富山城占拠事件後は籠城に入った。これに対して織田勢は、城を十重二十重に取り囲んで、兵糧《ひょうろう》攻め作戦に出た。魚津城と城外との連絡は、まったく途絶えた。四月中旬には、二日間で届くはずの春日山城の書状が、十日余りもかかる状態になっていた。魚津城を守っていた十三名の守将は、しきりに主君・景勝の後詰（応援）を懇願した（歴史古案）。だが、景勝の出馬は思うに任せなかった。南の甲斐、信濃から、武田氏を滅ぼした織田勢が侵入してくる恐れがあった。北では、新発田重家が領内を攪乱《かくらん》している。

膠着《こうちゃく》状態に置かれている景勝にとっての救いは、本願寺教如の応援であった。上杉方の危急を知った教如が越中五箇山に駆けつけ、能登や越中の宗徒らに指示を与えて、ゲリ

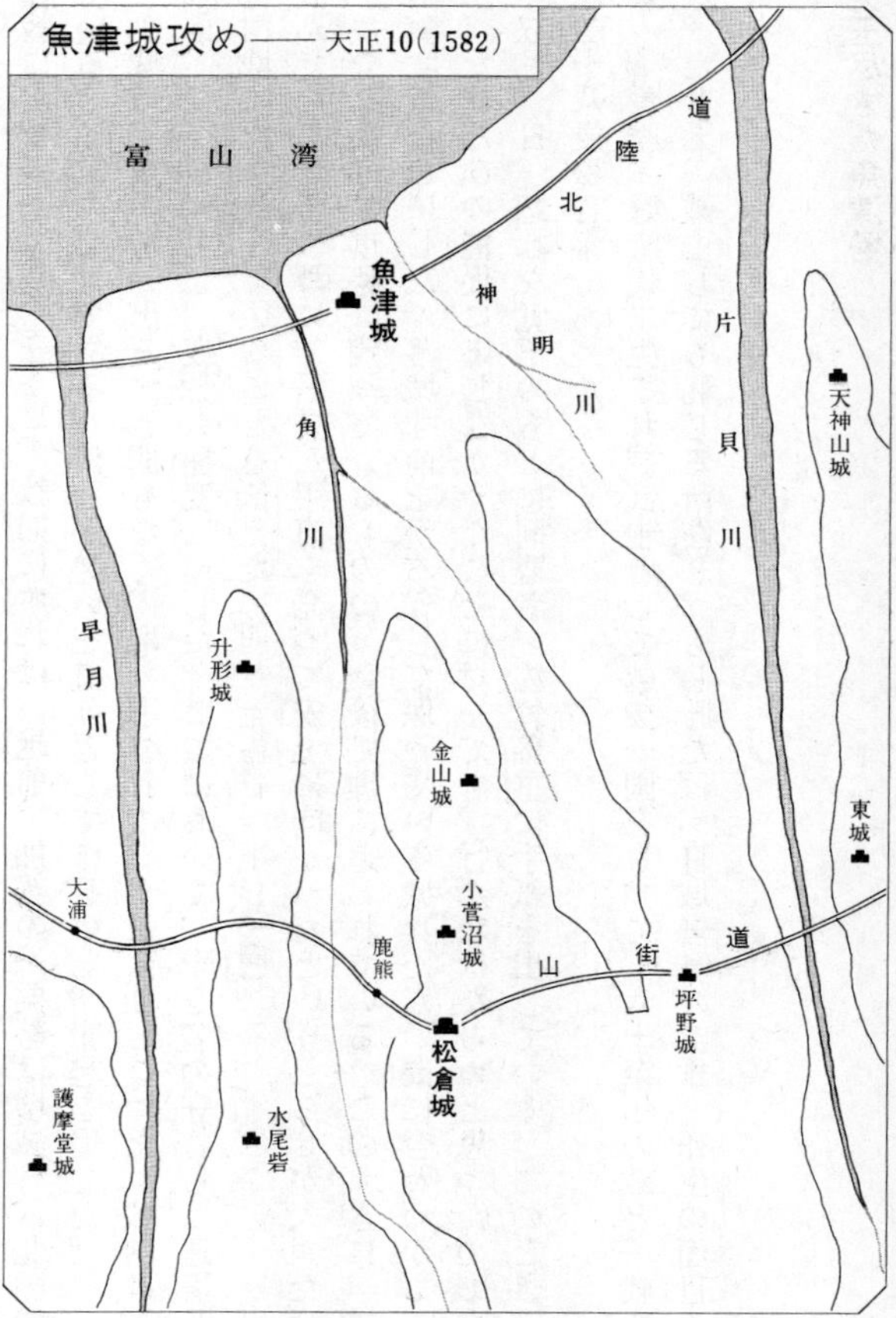
魚津城攻め――天正10(1582)
富山湾
北陸道
魚津城
神明川
角川
片貝川
天神山城
早月川
升形城
金山城
東城
大浦
小菅沼城
鹿熊
山
街道
坪野城
松倉城
護摩堂城
水尾砦

ラ作戦に出ていた(善徳寺文書)。教如にすれば、越前、加賀の一揆勢は壊滅し、北国で残っているのは越中だけである。何とか勢いを盛り返してほしいと、奮起を促した。

魚津城は、蟻の這い出るすき間もなく、取り囲まれて二十日余りとなった。城内は矢玉が尽き、食糧が欠乏し、疲労も極度に達した。ここにおいて、十三名の守将らは連署し、春日山城に死を決していることを伝えた(四月二十三日、上杉年譜)。

悩んでいる景勝の耳に、信長が甲府を発って安土に向かったというしらせが入った。滝川一益《かずます》や森長可《ながよし》の軍勢は残っているものの、戦後処理に追われている。このすきに、越中へ出陣することにした。落城寸前をかろうじて保っている城兵たち。間に合わぬかもしれぬが、たびたびの催促に応じなかったことに対しても、行かねばならぬと思ったのであろう。五月一日、悲壮な覚悟のもとに同盟者、佐竹義重《よししげ》に手紙を出している。このとき、景勝は二十八歳の青年であった。

◆——景勝、好時代に生まれ、武士として越後一国をもって、六十余州の敵と一戦を交える。たとえ、滅亡しても恥じる所なし。もし勝たば、日域無雙の英雄。死生の面目たり。

(佐竹文書)

矢玉尽きた魚津勢

景勝は出陣するに当たって、織田方の後方攪乱を狙い、かねてから亡命してきている能登の国人・長景連《ちょうかげつら》らに、前田利家の領地、能登を襲うことを命じた（上杉年譜）。そして、五千騎を従えると、三たび越中に入り、魚津城東方、天神山に布陣した（五月十五日、上杉年譜）。

魚津城兵らは、遠く天神山にはためく主君の旗印を見て奮い立った。だが、すでに二の丸は落とされ、矢玉はなくなり、雨水を飲んで飢えをしのぐ日々であった。しかも織田勢は、景勝勢を城に近づけまいと、土塁《どるい》や柵《さく》を何重にも立て回し、堀を深くしてしまった。越後から舟で能登に上がり、棚木《たなき》城を攻めた長景連らのゲリラ作戦も、前田利家の家臣、長連竜《つらたつ》が魚津から駆けつけて滅ぼし、失敗に終わった（加賀国初遺文）。

景勝は何とかして魚津城を助けようとした。だが、織田勢の厚い壁を打ち破ることはできない。焦燥に駆られている景勝を、さらに驚かせる飛報が入った。

織田勢が越後領内に進入してきたという。上野《こうずけ》（群馬県）にいた滝川一益が五千騎を率いて、上野、信濃、越後の分界点に当たる三国峠に北上。それに合わせて、信濃からは森長可《ながよし》の五千騎が飯山、野尻を押さえ、関山、二本木と越後領内に侵入し、春日山城に向かって進撃を続けているという。本拠・春日山城の一大危機を知った景勝は、ただちに越後へ引き返すことにした。その夜のうちに天神山の陣を引き払った（五月二十七日、北越軍記、総見記）。

飢え死に寸前の城兵らを見捨てて去る上杉勢の心中は、胸のはりさける思いであったろう。全軍がものもいわず、織田勢に気取られぬように足音も立てず、粛々と引き揚げていったという。実は景勝は、引き揚げる際、城兵たちにあてて自筆の書状を書き、降伏することをすすめていた。

◆――上方勢、搦手《からめて》として、信濃口より越後へ寄せるに付き、この地を拂って引き取る間、魚津城も糧尽き、難儀なれば、寄手へ扱ひ（和解）を入れ、城を渡し、越後へ莟《つぼ》むべし（引き取りなさい）いささかも武道の乙度《おちど》なるべからず。（肯搆泉達録《こうこうせんたつろく》）

救援の希望をまったく断ち切られた城内では、景勝の書状を前にして話し合いが続いた。

「主君は、我らが命を助けんがために、降伏せよと申されるが、生きて恥を得んよりは、死して義を全うするのが武士道」「主命なれど、敵に降らんことは、長く弓矢の恥となる」

と誓い合う城兵たちの前に、織田方の使者がやってきた（北越軍記）。

織田方としては、滝川、森の両面援護の機会を捉え、一挙に事を片づけなければならなかった。大軍をもって包囲してから三カ月余。糧食、矢玉が尽きている。大将・景勝の引き揚げで意気消沈している。降伏は間違いないと思った。だが、織田方の使者を迎えた城内では、すでに心を決していただけに、受け入れる気がなかった。

「講和は、織田方の策略。城を明け渡したあとで命を落とすことになれば、これまでの辛苦も水の泡《あわ》。城を枕にして討ち死にを……」「命を惜しんで城を明け渡したといわれれば、主君の名に傷がつく」（北越軍記）。

織田方からは、再度、使者を寄こしてきた。

「越中の雑人《ぞうにん》に至るまで、生命の安全を保障する。当方の申し出が信用できず、不安に思うならば、当方から人質を差し出す。城兵たちは帰順の意を示すために、本丸を明け渡して三の丸に移ってほしい」

この提案に、城兵たちは逡巡したあげく、降伏することにした（管窺武鑑）。

落城悲哀

五月二十九日（六月二十八日）、佐々成政が柴田専斉《せんさい》と佐々新右衛門などの人質を伴い、魚津城にやってきた。そこで城兵たちは、約束通り、本丸を明け渡して三の丸に移った。これが織田方の思うツボであった。

織田方は、人質を出して上杉勢を欺《あざむ》いたのである。佐々新右衛門は成政の甥《おい》。柴田専斉は勝家の従弟で、武者奉行をしていた。死を覚悟の人質であった（三州志）。

成政が越前、鞍谷民部に当てた書状（福井県佐野氏所蔵）をみると、二人の人質のほかに付き人もいたことがわかる。それには、「次郎右衛門（佐々新右衛門の付き人）が、人質となって不慮の死をとげたが、これは信長公の命でいたしたことである。本人が拙者のところに暇乞いに参ったとき、腹を切ることを納得してくれた。このうえは、息子を取り立てるので、ご了承願いたい」と謝っている。

成政にしても、人質を伴って城内に入るには、死を覚悟していたことであろう。この任務について佐久間盛政と互いに張りあったが、前田利家が越中支配者の成政を推したので決まったという。

城兵らが約束通り三の丸に移ったとたん、本丸に入った佐々勢が一斉に鉄砲を撃ちかけた。それが合図となって、城外にいた織田勢がどっと攻め入ってきた。上杉勢は、内と外からの挟《はさ》み撃ちを受けた。落城は風前の灯であったとはいえ、だまされた上杉勢は怒り狂った。

「やすやすと方便に乗ったのが口惜しい。いで最後の一戦、決すべし」

憤怒のあまり、織田方の人質らを突き殺すと、城内に突入してきた敵に向かっていった。西から東へ追いかけ、北から南へ走っては蹴って落とし、馳せ落とし、胴切り、車切り、甲《かぶと》の真甲切り、打ちつけ、揚げ巻きと、所きらわず切りまくった。飲まず食わずの餓死寸前の身が、目を血走らせ、歯をむき、返り血を浴びながら、死に物狂いで戦うさまは、鬼気に迫り、この世の者とは思われなかったという。このときの城兵たちの壮絶な抵抗、無念さは、『戦国時代和歌集』(川田順著)に載っている二首によって知ることができる。

打つ太刀は編木《ささら》になりぬ　同じくは太鼓の胴をきるよしもがな(横田常陸介)

常陸介は、六十三歳の上杉譜代の家臣。「死出三途の道連れに……」と切りまくっているうちに、太刀が刃こぼれして、ささら(刀が刃こぼれしてぎざぎざになる)のようになってしまった。それでも、しわがれの大音で、「打つ太刀は編木になりぬ……」と歌いながら戦い、最後は佐久間盛政と戦って討ち死にした。

阿修羅王にわれ劣らめや　やがてまた生れて取らむ勝家が首(竹俣秀重)

秀重は、味方を励ましながら奮闘を続けていた。そのうち、柴田勝家が近づいてきた。喜んだ秀重は、膝をつき、首をたれて手負いのふりをし、近寄ってきた勝家に切りかかった。だが、勝家の家臣に阻まれて取り逃がした。秀重は口惜しさのあまり、相手のわたがみ（鎧の肩）を引きちぎると、たたきつけ、「自害する体をしっかと見よや」と叫んだあと、歌を詠んだ。

歌い終わると、太刀を首にあて、「えいや」のかけ声とともに、突き立てた。

城兵たちは命を限りに戦い、織田勢を三の丸から追い払った。だが、夜昼なく戦った疲れと体力の衰えとで、気力が尽きてしまった。六月三日、「いまはこれまで」と、一カ所に集まると、かねてからの約束を確かめ合った。

「落城のとき、自害して城に火をかけ、屍《かばね》を焼きほろぼして誰ともわからぬようにするのは、武士の本意ではない。自害のあと、城に火をかけぬこと」

そして、短冊形の板に自らの姓名を書き、それを小刀の先であけた穴に針金を通して耳に結わえつけた。その後、腹を十文字に掻き切り、互いに差し違えて果てた（上杉年譜、北越軍記）。

籠城期間、三カ月半

城兵らの壮絶きわまりない最期の姿は、殺されるのを承知で魚津城へ出かけた織田方の人質らの死とともに、後の世まで人びとの涙を誘った。その一人、吉江宗信（七十八歳）は、織田方の黒崎秀一と戦って討ち死にしたが、甥《おい》・信景（四十五歳）と孫・景泰（中条家へ養子、二十五歳）は、ともに十三将のなかに名をつらね、嫡子・景資（五十六歳）、孫・長秀（景資の嫡子、三十歳）と、一族が揃って自刃し果てた。城内の女、子どもたちも自害、堀に身を投げる者も多かったという。

悲劇は城兵たちばかりでない。景勝は天神山を引き揚げる際、上杉方に属した越中の国人らを人質として連れ去った。それらの家臣や一族は、城兵らと行動を共にしたが、一族同士で敵味方に分かれて戦う者も多かった。

嘆くなよ夢か現《うつつ》か定めなき　あだなる世には心とどめじ（亀田小三郎母）

十三将の一人・亀田小三郎長乗の母は継母で、実子の女婿《むすめむこ》・篠村志摩は、織田方についていた。小三郎は、母の苦衷を思いやり、出陣の際、病気と称して引きこもっていた。それを見た母は、小三郎に忠義をすすめて出陣させた。ところが、こともあろうに小三郎は篠村と戦って命を落とし、篠村も竹俣三河守に討たれて死んだ。これを知った母は、継子と女婿の菩提を弔うために毎日念仏していたが、ある朝、自ら命を断った。かたわらに一首の歌が残されていた。ときに六十二歳（戦国時代和歌集）。

こうして、魚津城は数々の悲話を残して落城した。その間における籠城日数をさぐってみよう。

上杉方の越中境《さかい》城将・黒金景信が、魚津十三将の一人、竹俣慶綱あてに二月十八日付けで書状を送り、「佐々成政の動きが慌ただしく、戦闘準備をしている。開戦が間近いので、魚津城の備えを固められるように」とすすめている（別本歴代古案）。そして二月二十八日、上杉景勝が、織田勢に包囲されて救援を求めてきた城将・須田満親に「救援しようと海路出陣を図ったが、風波が荒くて断念した」と伝えている（木村文書）。

これらのことから織田勢が魚津城を攻撃したのは、二月二十日すぎと推定される。そして、六月三日、奇計を用いてようやく落とすことができた。その間、富山城占拠事件で中断はあるが、三カ月半に及んでいる。天正六年（一五七八）羽柴秀吉が播磨三木城を包囲してから天正八年一月に落城させるまでが約十八カ月間。同じく秀吉が小田原城を攻略したのが十八年三月末から七月五日までの三カ月余。そして寛永十四年（一六三七）から十五年にかけての島原の乱における原城の落城は、約三カ月間。魚津城における戦いは、籠城戦としてはこれらの戦いに匹敵し、悲壮な上杉方の大奮闘ぶりは、他の追随を許さない。

それにもまして、落城が本能寺変の翌日という皮肉な運命に巡りあわせたことが、人びとの哀れを誘った。凶変を知った織田勢が一斉に引き揚げ、上杉勢はただちに城を取り戻した。それだけに人びとは「もう五、六日持ちこたえていれば、悲壮な最期をとげずにすんだものを……」と一層哀れみ、惜しんだ（北越軍記）。織田、上杉双方の犠牲者は、成政の手によって四つの塚に埋《うず》められた。以来、この地は「四塚村」と呼ばれている。

明暗を分けた秀吉と勝家

織田勢は、魚津城を落とした勢いで、一挙に越後へ進撃しようとした。信州と越中、それに越後領内で呼応している新発田勢と、三方から攻撃すれば、春日山城の命運は明らかであった。そのときの越後領内の模様を、つぎの書物で知ることができる。

◆――上方勢、魚津の城を攻め落としての上に、越後へ打入すべき事、近日中に相見へしかは、御家中の面々色をうしなひて、越後中は暗闇に入たるが如くにして、一家内の者も、目と目を見合たる計りにて、もの云いかわす事、成かね候よし……。（米澤雑事記）

勝家としては、すでに信長より越後一国の領有を命ぜられていた。それは越後を攻めて切り取ることを意味していた。六月五日、成政が越前、鞍谷民部にあてた書状のなかで、「この利に乗じ、越後、やがて討ち果たすべきこと、眼前に候」と記し（福井、佐野氏所蔵）、意気盛んな織田勢の姿を知らせている。

本能寺変

いま、まさに越後へ攻め入ろうとしていた織田陣営に飛び込んできたのが、本能寺変のしらせであった。

「六月二日、早暁、信長父子、明智光秀の凶刃に倒る」（信長公記、多聞院日記）

こともあろうに、備中赴援を命ぜられた光秀が出陣にかこつけ、主君に刃を向けて自刃させた。信長だけでなく、嫡子・信忠のいる二条城にも攻め寄せて、切腹に追い込んだのである。

主君・信長が、天下統一の大業成就を目前にして、忽然とこの世から去ったという青天のへきれきに、織田陣営はがく然とし、色を失った。

「亡君の弔《とむらい》合戦をして、光秀を討つか」

「人心の動揺、国人らの寝返り、一揆勢の蜂起を考え、領国治安に努めるべきか」

激論のすえ、各武将はそれぞれの領国治安に努め、柴田勝家だけは、織田家の筆頭家老の立場上、京都に向かうことになった。『上杉年譜』や『越後の治乱記』では、逃げるように慌ただしく越中魚津や、信州を去った織田勢のうろたえぶりと、越後領内の様子を伝えている。

◆――各、前後ヲ分ッテ、上方へ登ルモアリ。領所ニ走帰ルモアリ。分崩離散《ぶんぽう》シテ、一日一夜ノ内ニ、螻蟻《ろうぎ》ノ如ク 集《あつまり》 タル信長勢。今ハ一人モ留ラス。悉《ことごとく》 皆引退キ、甲州、信州、越中ハ、大風ノ止《やむ》カ如クニ静謐《せいひつ》ス。（上杉年譜）

◆――信長公、明智日向守光秀が謀叛によって、御生害有よし、六月四日の午刻に、一度にはっと沙汰しける。真言《まこと》しからむとおもへとも、吉事なれは、尚 懇《ねんごろ》 に聞けるに、実にてこそ有ける。

（中略）国中の大小士、万民に至る迄、夢の覺《さめ》たることくにて 悦《よろこび》 けり。四、五日は、なりも止す。（越後治乱記）

『越後古実聞書』も同様なことを伝えているが、風前の灯のような状態であっただけに夢見る心地がし、それが真実だとわかったときは、愁眉《しゅうび》をひらき、喜びに沸き立っている様子が目に見える。それにつけても悔やまれたのは、魚津城兵らの討ち死にであった。

魚津から引き揚げた柴田勝家は、越前に戻ると、留守中の差配を指示した後、兵を率いて京都に向かった。ところが柳ケ瀬まできたとき、備中（岡山県）にいた秀吉がいち早く駆け戻って主君の弔合戦をし、光秀を滅ぼしたことを知った。勝家は京都にいくことを断念し、その足で清洲城に向かった。この城で、信長の跡目相続と遺領分配を決める会議（清洲会議）を開いた（浅野家文書）。このときから織田家臣の序列が大きく変わり、主君の弔合戦に勝利をおさめた秀吉の発言力が、勝家をしのぐようになる。ひいては、信長亡きあとの主導権が秀吉に移り、天下取りの基礎を築くことになる。

ところで、光秀の謀反は、冷静な時機の判断をしたうえで行なわれた。織田家の有力武将らは各地に遠征。急を聞いて上洛することが不可能に近い状態にあったからである。

柴田勝家を中心とする北国勢……魚津城攻めが膠着状態で動きが取れぬ。

丹羽長秀……信長の三男・信孝を総大将とする長宗我部《ちょうそかべ》攻めの総参謀長として、四国に渡る。

羽柴秀吉……中国・毛利攻めで、備中・高松城（岡山県）を落としあぐねているうえ、五万という毛利勢を相手に、信長の援兵を頼み込むところに追い込まれている。

滝川一益……上州（群馬県）の新地盤が不安定なうえ、北条氏との戦いに動きが取れぬ。

この他、織田方の協力者、徳川家康は、信長から甲、信二国をもらったお礼言上のため、安土にきていたが、六月一日には少数の側近を連れて堺見物に出かけている（信長公記）。そして、秀吉の後詰（応援）に出かける信長父子の手勢は二千で、自らの軍勢は一万五千。畿内は明智勢力下と、光秀は好条件に恵まれていた。信長を討つタイミングの時機、地の利も得ている——この目算が、さまざまな要因はあろうが、光秀をして謀反に走らせた。

秀吉のバイタリティ

魚津城兵たちにとって、悔やまれた悲劇は、勝家の側からもいえる。魚津城攻めが早く片づいていたならば、光秀の謀反は避けられたからである。上杉景勝が、越後で動きが取れなかった四月末までに城を落としていたならば、三すくみのなかにあった春日山城はひとたまりもなく落城していた。

少なくとも、魚津城兵らが天神山を引き揚げるときの景勝の命に従っていれば、五月二十八日には降伏。その飛報は、遅くとも五月三十一日には信長のもとに知らされ、光秀の耳に達している。となると、光秀は慎重を期し、信長は凶刃に倒れることもなかった。むろん、秀吉の野望は防ぎ得たし、勝家は柳ケ瀬の役で滅びることもなかった。織田家中の筆頭家老、大黒柱として、信長の天下統一を助けていたに違いない。魚津城兵らのふんばりが、天下の形勢をどんでん返しして、歴史の流れを変える働きをなしたのである。

もともと勝家には、天下取りの野心はなかったといえよう。信長の家臣らは、二本柱によって構成されていた。すなわち、

▽柴田勝家や丹羽長秀、佐々成政らを含む尾張譜代の家臣団

▽明智光秀、羽柴秀吉のような新参組

勝家らは、信長とともに生き抜き、育成されてきた家臣。主家を大事に思い「義に進み、節に殉ずる」という気概でもって誠を尽くす滅私奉公型の律義者。

これに対して、新参組は野心と打算で主君を選んだ。したがって、行動的で創造性のある個性的タイプが多い。秀吉は越前攻めの際、勝家と対立して勝手に戦列を離れ、信長から叱責を受けている。これなどは、性格があわず、意見の対立もあったろうが、「勝家の下ではいくら功名を立てても損」という打算と、勝家への激しいライバル意識が働いていたに違いない。また、新参組でのし上がっていく者には、主君に目をかけられたとか、能力によって地位を築いたという自負心がある。人を人と思わぬ自由奔放なバイタリティもある。したがって、主家を思う純粋さ、家名を重んじる気持ちは、譜代の家臣よりは少ない。勝家と秀吉とは、本質的に異なった生き方をしていたわけである。

勝家は主君の死を知らされてうろたえた。一方、野心を持つ秀吉は大声を上げて泣き悲しんだものの、内心は躍り上がる思いであったに違いない。光秀が「謀反を起こす千載一遇のチャンス」と考えたように、秀吉も「天下取りのチャンス」とばかりに、一世一代の賭けをもくろんだ。軍師・黒田官兵衛孝高《よしたか》が秀吉に、「願ってもない飛躍の時機」とささやいたというのも、日ごろの秀吉の意中を知り抜いていたからではあるまいか。

(それを確実にするには、諸将に抜きんでて、いち早く主導権を握ることである。一刻の

ためらいも許されない）

と思った秀吉の判断と実行力は、新参組特有のバイタリティで、すばやく立ち回った。光秀を「天下取りの大泥棒」とののしりながら「天下取り」に向かって猛進していった秀吉の動きをさぐってみよう。当時、秀吉は毛利方の高松城を取り囲む一方、後詰（応援）にやってきた五万の毛利勢と対峙していた。心許なく思った秀吉は、信長の出兵を乞う一方で、安国寺恵瓊《あんこくじえけい》を通じて、毛利方へ和解を申し入れていた（吉川家譜）。

◆

六月四日　本能寺変の訃報入手。（天正十年十月十八日付、秀吉書状）

三日子の刻（四日、午前零時ごろ）。（太閤記）

ただちに安国寺恵瓊を招き、和解の件を催促する。（惟任退治記）

五日　毛利方より講和の申し入れがある。（惟任退治記）

六日　高松城主・清水宗治が舟上で切腹。（秀吉事記、惟任退治記）

午後、高松の陣を払って姫路に向かう。（松井家譜）

七日　風強く大雨で、数カ所の河川が氾らん。そこを一気に渡り切って姫路城に着く。（松井家譜）

九日　姫路城を出発。（荻野由之氏所蔵文書）

十二日　二万の大軍を率いて摂津に進出、山崎に布陣。（浅野家文書）
十三日　信長三男・信孝を大将として明智勢と決戦。敵を破る。（浅野家文書）
　　　　夜、光秀、逃れる途中、小栗栖《おぐるす》（宇治市）で惨死。（兼見卿記）

一向一揆と柴田勝家

電光石火のような秀吉の早業に対して、勝家の行動は鈍い。成政が越前、鞍谷民部らにあてた六月五日付けの書状（越前、佐野氏所蔵）をみると、まだ凶変を知っていない。したがって、知ったのは、書状を記した後の五日おそくか、六日ごろと察せられる。このとき、秀吉は、まだ備中にいて毛利勢と対峙していたのである。凶変を知った勝家が諸将らと対応を話し合って領国に帰ることに決まり、魚津を引き払ったのが七日としても、九日には越前に着いているはずである。それが十九日に、柳ケ瀬で秀吉の弔合戦の勝利を耳にしている。ということは、北ノ庄城を出発したのは、十八日ごろになる。

この行動の鈍さは、一向一揆のメッカ、北国の地を抱えていたからである。屈服を余儀なくされている一揆門徒らが、蜂起の機を虎視たんたんと狙っていた。始末の悪いことに、上杉勢が反撃に出てくると、それに呼応する国人が出てくる。

上杉謙信でさえ、戦いのシーソーゲームを繰り返し、越中の寺という寺をすべて焼き払ったといわれるほど、しぶとい北国の地である。事実、本能寺変後、越中、能登の国人らが一斉に蜂起した。一揆勢も立ち上がった。能登・石動山《いするぎ》天平寺《てんぴょうじ》の衆徒らも蜂起している。越前の一揆蜂起の可能性も、充分にあった。

こうした悪条件のなかで、織田家中の組織を組み立てるには、長期間、領国を留守にしなければならぬ。後顧の憂いなく出発するための態勢づくりに手間どった。

これに対する秀吉は、幸運の波に乗っていた。光秀から毛利への密書を携えた密使が、あろうことか秀吉の陣営に迷い込んだ。それを捕えて、毛利方に本能寺変を知らせずにすんだ。運がついているときは、何もかもうまく運ぶ。秀吉が備中の陣を引き払って姫路に向かった直後、本能寺変が毛利方の耳に入った。毛利陣営では、吉川元春が追撃を主張し、小早川隆景が慎重論を唱え、和戦両論が渦まいた。そして大将・輝元は隆景の説に従い、備後（広島県）へ引き揚げた。

秀吉は、毛利氏によって、後顧の憂いなく事を決することができたのである。また、もし光秀の密使が無事に毛利陣営に着いていれば、和議はおろか、秀吉自身の命も保障されなかったのである。秀吉は、明暗の瞬間、幸運の土俵上にいたわけである。

この両者の運不運が、歴史の流れを変え、天下取りの帰すうを決めた。「歴史は微妙な運命の糸によってつくり上げられる」。魚津城兵らが歴史の縦糸とすれば、秀吉と勝家の運不運が横糸。その綾糸のなかに、信長、光秀、勝家の死と、秀吉の天下取りが織り成されていた。

秀吉と勝家の興亡

越中の形勢は急転した。魚津城は、上杉勢に奪い返され、国人らは一斉に火の手をあげ、富山城近くの安《あん》城、小出《こいで》城を乗っ取った。勢いに乗った国人らは連署して、上杉景勝の越中出馬を請い願った（歴代古案）。加・越・能の一揆勢も願い出た。

だが、景勝は、「盆前には出馬する」（六月十二日、本間文書）、「九月中には、必ず出馬する」（九月四日、別本歴代古案）と告げながらも、出陣しなかった。越中に足をのばす余裕がなかったのである。

本能寺変後、上州（群馬県）、信州（長野県）を治めていた滝川一益と森長可が、逃れるようにして領国を去った後、二国の国人らが一斉に蜂起した。それを東から北条氏直、南からは、信長から甲・信二州をもらった徳川家康が攻め立てていた（徳川文書）。

景勝の信州に対する執着は強い。養父・謙信が武田信玄と、この国の争奪をめぐって激突を繰り返している。しかも、川中島四郡を領していた国人らが信玄に追われ、上杉方に身を寄せていた。その地を、一刻も早く取り戻してやらねば、北条や徳川に奪われてしまう。景勝は焦る思いで信州に侵攻し、各地で転戦していた（上杉家古文書）。そのうえ、足元の国内には、佐々成政と通じている新発田重家が頑強に抵抗している。それも片づけなければならなかった。

景勝が信州や国内の戦いに追われているあいだに、成政は安城、小出城をとり戻すと、各地に転戦しては、抵抗する芽をつぎつぎにつみとっていった。翌天正十一年の二月には、越後落水城（青海《おうみ》）近くまで進出して、景勝に戦いをいどんだ。それでも景勝は出てこなかった。そこで軍を返して魚津城を包囲した。佐々勢の猛攻に、城将・須田満親は観念して降伏を願い出た。成政はこれを許し、魚津城兵らを船で越後に帰した。これによって、越中から上杉勢が引き揚げた。上杉方についていた国人らも、弓之庄城主・土肥《どい》政繁と城生《じょうのう》城主・斎藤信利（信和）を残して屈服。越中全域は、成政の支配下に置かれるようになった。

本能寺変の余波は、越中だけでない。前田利家の領する能登も平穏でなかった。上杉景勝のもとに身を寄せていた元能登守護・畠山氏の旧臣らが、景勝の兵とともに、舟で越中女良《めら》港（氷見《ひみ》市）に上陸すると、能越国境の荒山砦《とりで》に立てこもった。これに、石動山天平寺の衆徒らが加わって、火の手をあげた（六月二十三日）。利家は、佐久間盛政や柴田勝家の救援を受けて天平寺を焼き払うとともに、荒山砦を攻めて落とした（前田家譜）。この石動山天平寺攻めは、壮絶をきわめた。山中の諸院は焼きつくされ、衆徒らは、一人もあまさず惨殺された。その数は一千六百六十余名といわれ、物頭《ものがしら》の首二十三が、天平寺山門の左右にずらりとさらされたという。ここにおいて、古くから北陸、信濃、飛騨一帯に及んで信仰を集め、山中に五十坊の甍《いらか》をそびやかして権威を誇っていた真言の古《こ》刹《さつ》は、この世から消え失せた。

柳ケ瀬の役

こうして、成政と利家が、北国で戦いに明け暮れているとき、中央の情勢は大きく変転した。明智光秀を破って主君の敵を討った羽柴秀吉と、織田家の筆頭家老・柴田勝家とのあいだが、日に日に険悪なものになっていたのである。

二人の衝突は、清洲城で行なわれた織田家の跡継ぎ問題で表面化した。このとき、勝家は信孝を推した。信孝は三男であるが、生まれたのが二男・信雄《のぶかつ》と同日で、時間的に早い。武将としての力量があり、信長の生前からも信雄の兄として遇せられ、山崎の弔合戦では彼の名で将兵らを集めている。勝家の考えには、こうした点で諸将に納得されるという信条があった。これに対して秀吉は、信長の嫡子であった信忠の遺児・三法師（秀信）を正当な後継者としていい張り、譲らなかった。そこには、弔合戦をしたという自負心が、勝家だとて容赦はしないという強い態度としてあらわれていた。結局、織田家の跡継ぎは三法師と決まり、政治は、勝家や秀吉らによる合議ですすめることに決まった（浅野家文書）。

このとき、勝家は、秀吉の天下取りの野望を見抜いた。そこで禍根を断つために、秀吉を切腹に追い込もうとした。だが丹羽長秀の密告で逃げられ、ひとまず越前に戻った。

二度目の確執は、秀吉が信孝に、「三法師を後見人（信孝）のもとから安土城に移すように」と督促したことから始まった。「三法師を安土城に移すことは、天下の実権を秀吉に渡す」と思った信孝は、聞き入れなかった。すると秀吉は、戦いに備えるように、新領地・山崎の地に宝寺城を築き（七月十七日、毛利家文書）、ここに移り住んだ。

信長の百カ日法要も勝家が内室・お市（信長の妹）を喪主として京都妙心寺で営んだが（九月十一日）、張り合うように同じ日、京都大徳寺において、養子・秀勝（信長四男）を喪主にして法要を行なった。続いて十月十五日、同所で信長の葬儀を盛大にとり行ない（兼見卿記）、信長の後継者であることを天下に誇示した。この秀吉の数々の専横に対して勝家は詰問状を出すが、かえって秀吉は挑発的な態度に出た。

このような経過から勝家は、信孝を盟主として、信長の老臣・滝川一益と組み、秀吉に対立する姿勢を明らかにしていった。これに対する秀吉も、丹羽長秀を抱え込んで備えを事紀)。

固めると、攻勢に入った。十二月、五万人の軍勢を率いて近江に出陣(兼見卿記)、勝家の養子・柴田勝豊の居城長浜城や、織田信孝の居城岐阜城を攻めて降伏させた(秀吉事記)。そして三法師を手に入れると、安土城に移した。後見役も、信孝から信雄に変えた(武家

ことここに至って、勝家は、秀吉が伊勢・滝川一益の城を攻めたてたのを機に、天正十一年(一五八三)三月九日、北ノ庄城を発って柳ケ瀬の北方、内中尾山に陣した(滋賀県)。伊勢にいた秀吉は急いで引き返し、江北の木之本(滋賀県)に陣を構えた。こうして、柳ケ瀬の役は開始された。

この戦いに、勝家の与力となっていた北国武将らは、柴田方として参陣したが、成政だけは、越中に残った。秀吉と結んだ上杉景勝のおさえとなって勝家の背後を守る役目を引き受けたのである。

景勝は、流寓の将軍・足利義昭から、勝家に味方するようにと勧誘されたが、秀吉と結んだ(読史堂古文書、歴代古案)。その秀吉から越中出兵を促されていたが(歴代古案)、動かず、戦いの推移を見守っていた。この時点では、勝家と秀吉との力は五分と五分。むしろ野戦では、勝家のほうが優位とみられていた。景勝だけでない。徳川家康も、右手に秀吉の書状、左手には勝家の書状を握りながら自重していた。

こうして始まった戦いは、秀吉の勝利となった。敗れた勝家は、居城・北ノ庄城に逃げ帰ると、城に火を放ち、切腹して果てた（四月二十四日、秀吉事記）。信孝も、勝家が滅びると家臣らが逃散したため、知多半島に逃げた。それを秀吉は、信雄に命じて自刃させた（五月二日、秀吉事記）。

勝家は、やっとの思いで魚津城を落城させたが、十カ月後に滅んだ。一方の秀吉は信長に代わって天下統一への道をまっしぐらに進み、やがては、天下を掌中におさめることになる。この二人の興亡を左右したのは、さまざまの偶然や条件が重なり合っているが、魚津城兵らの健闘も忘れてはならない。

第二章　末森の戦い

——勇気が知略をしのぐとき

成政・利家対立の発端

七尾線宝達《ほうだつ》駅（石川県羽咋《はくい》郡宝達志水《ほうだつしみず》町）に降り立つと、前方に小山のような砂丘がうねり続いている。日本三大砂丘の一つ、河北《かほく》砂丘である。砂丘一帯には、森を思わせるような防風林が繁茂し、日本海から吹き寄せる強風や砂あらしをがっちりと受け止めている。砂丘を背にして田園のなかを進むと、右手に、高々とした山があるのが目に入る。山頂に、受像機をつけたアンテナが何本も立っているので、宝達山（六三七メートル）であることがすぐわかる。この山を頂点として、山なみは北に向かって次第に下り、前方に広がる山々は、なだらかな丘陵を思わせる。

このなかで、真正面に幾分高く、前方に張り出す格好で、どっしりと腰をすえているのが、末森山（一四〇メートル）。心なしか、威風堂々として見える。四百年前、この山に築かれていた末森城をめぐり、佐々成政と前田利家が死力を尽くして壮絶な戦いを繰りひろげたのである。

末森城をめぐる攻防戦は、両者が雌雄を争った天目山の戦いといわれ、わずか三日間であったが、日本戦術史上に名高い。第二次世界大戦中、日本陸軍は「寡兵《かへい》、よく大敵を防ぐ」の戦術例として、しばしば引用したという。奥村永福《ながとみ》以下の城兵らが、佐々の大軍によって糧食蔵を奪われ、給水路を断たれ、本丸の門まで焼け落とされ、まさに落城寸前を、味方の援軍がくるまで死守したからである。織田家中でも戦術家として知られていた成政の非の打ちどころがなかった戦略。それを利家が阻んで撤退させた戦いで、両雄の知恵と気力の戦いであったともいえる。

成政と利家は、ともに尾張（愛知県）の生まれで、信長の小姓、馬廻《うままわり》衆、母衣《ほろ》衆、府中三人衆となった朋友である。また、先陣を競い合い、助け合い、ともに輝かしい武功を立てたライバル同士でもある。

元亀元年（一五七〇）、織田勢が本願寺勢と、天満の森、春日井《かすがい》堤で戦ったとき、成政は一番槍で利家は二番槍（信長公記）。このとき、成政が苦戦しているのを、利家が助けている。天正元年（一五七三）朝倉攻めの追撃戦では、ともに先陣をつとめ（信長記）、信長が武田勢を破った長篠の戦いで、二人は鉄砲奉行として活躍した。そして、魚津城攻めでは北国勢として、力を合わせて上杉勢を攻めた。

さらに、領国まで隣り合う隣人関係でもあった。その二人が矛《ほこ》を交えた。どのような経緯《いきさつ》で、争うようになったのであろうか。

猛将と世故にたけた政治家

『利家夜話』を読むかぎりでは、利家が一方的に成政を恨み、それを根に持ち、反感の炎を燃やしつづけていたのがわかる。その原因として挙げているのが「拾阿弥《じゆあみ》事件」である。利家が二十二歳、松と結婚した翌年のある日、大事にしている刀の笄《こうがい》を盗まれた。犯人が茶坊主の拾阿弥とわかるや、利家は、成政が引き止めるのも聞き入れず、信長に成敗の許可を求めた。しかし許されず、仕方なく拾阿弥を許した。ところが朋輩らが陰口をした。

「途中で思い返すなら、いいださねばよいものを……」

「嫁女に、鼻毛を読まれているから盗まれるのだ」

聞いた利家は、かっとなって拾阿弥を切った。それで、信長に成敗されそうになったが、柴田勝家の命乞いで、追放の処分にされた。一年半にわたる苦しい浪人生活であった。その間、かつての同輩は、誰一人として見舞いにこなかったという。利家は同輩らを恨んだ。とくに「佐々内蔵助は、彼《か》の童朋《どうぼう》に目懸け候衆に候故、其時より御中悪《あ》しく、後までも、其分に御座候」（利家夜話）と根にもった。

ついで、利家（二十九歳）が荒子《あらこ》城主になったとき、成政や柴田勝家らがお祝いにやってきた。この席で、みんなが口々に、利家の兄・利久が軍事に暗いので、「前田家は、利家が継ぐのは当然」といったところ、利家が大変な剣幕で怒った。『利家夜話』では、「あのとき、佐々や佐久間がいたから怒ったのだ」と、成政への反感をむき出しにしている。

さらに、柳ケ瀬の役で、秀吉が佐久間盛政の尾山城を落としたとき、「この勢いで越中を討伐しては……」と具申し、秀吉にたしなめられている（川角《かわすみ》太閤記）。

一方の成政は、利家を親しい朋友、隣人として扱っている。本能寺変後、利家は、魚津浜から舟で領国・能登に向かったが、時化《しけ》にあい、明神浜《みようじん》（富山県射水《いみず》市）に避難した。このとき、成政は駆けつけて、舟の修理や食糧の調達をしたうえ、手厚くもてなしている。

また、天正十一年（一五八三）九月末、大坂築城の普請に出かけている利家の留守中を案じ、利家の嫡子・利長に見舞い状を出している。

「もしも、当方に似合ったご用がありましたら仰せください。少しも疎意に存じませんから……」（岩田佐平氏所蔵文書）

成政に反感を燃やしつづけて陥れようとしている利家に対して、成政の人柄の良さが感じられる。だが、歴史家たちは、成政と利家をつぎのように対比させ、先天的に闘争する運命にあったとしている。

猛将と世故にたけた政治家。剛直一徹な性格と、重厚、思慮に富んだ誠実家。放胆、奇略を得意とする戦術と、正攻法だけを守り抜く戦法。そして、文献の多くは、勝者（利家）に阿諛《あゆ》するように、成政を悪くきめつけている。

しかしながら、二人の表立った対立は、めまぐるしい時の流れのなかで命運をかけ、しのぎを削って生き抜かねばならなかったがゆえに起こったといえよう。そこに戦国武将の生きかたの厳しさと悲哀が感じられる。

小牧・長久手の戦いで徳川方に

柳ケ瀬の役で柴田勝家が滅びたことから、成政をはじめ、勝家側に立っていた武将らは、秀吉に降伏した（小早川家文書）。そして、秀吉は畿内を中心として二十余カ国を領有するようになる。破竹の勢いに乗った秀吉は、大坂城を築いて天下統一への足固めを図った。これに反発したのが、織田信長の二男・信雄《のぶかつ》。徳川家康と謀り、秀吉打倒の兵を挙げた。小牧・長久手の戦いである（天正十二年三月六日、家忠日記）。

この戦いは、またもや織田家中を敵味方に分けることになった。成政と利家は、信雄の要請を断わり、秀吉に味方した。勝家滅亡後、北国探題・北ノ庄城主となった丹羽長秀が、秀吉にあてた三月二十九日付けの書状に（前田家所蔵文書）、

「北国は静穏であるから、少しの気遣いもいらない。（中略）佐々成政が秀吉方への参陣

のため、佐々平左衛門に申し付けて、この地（北ノ庄）まで出兵させてきている」と記している。そして、佐々勢は、秀吉の花押《かおう》（書き判）がある四月の「小牧陣御備之図」（浅野家文書）によると、堀秀政の陣につけられている。この秀政の指揮下にあった佐々勢が、三月末に北ノ庄まで出兵してきた佐々平左衛門勢なのか、あらたに、越中から派遣されたものかは、定かでない。「小牧陣御備之図」は、秀吉の陣立案で、実際には、態度を表明していない上杉に備え、出陣しなかったとする説（富山県史）もある。

ともかく、成政は秀吉側についていた。それが、徳川方に回った。成政が徳川方に加担した時期、利家と戦端を開くまでの経緯を加賀藩史料のなかから求めるのは、衡平さに欠けるが、さぐってみたい。

◆

六月二日　徳川家康、元越中城生《じようのう》城主・斎藤信利の本領を安堵《あんど》。戦功をたてるようにと励ます。信利、成政に属す。（古文書集、斎藤利英氏所蔵文書）

六・一一　秀吉、北国の軍を徴発せんとし、上杉景勝に質子を求め、景勝、これに応じる。（歴代古案）

六・二七　景勝が本庄繁長に「成政が、五月中旬より、しきりに和議の使者を寄こすが、応じていない旨」を伝える。（伊佐早文書）

七・二三　成政の重臣・佐々平左衛門、前田家へ結納を届ける。（武家事紀、新選豊臣実録、前田利家記他）

六・二三（末森記）　七・二六（陳善録）　七・二七（三州志）

七月　成政、諸国の浪人を募集。兵士が国内に充満する。（末森記、菅君雑録、前田創業記）

八・上旬　利家の重臣・村井長頼、結納答礼のために富山城を訪れる。（三州志）このとき、佐々方より「八月は祝儀月でない故、九月吉日に」との話が出る。（末森記、陳善録）

八・一七　富山城茶坊主・養頓《じようとん》が利家の家臣・小林重昌に「佐々方、婚意なく、加州併呑の密議をしていた」と密告する。（村井家伝、陳善録、小林重昌墓碑銘）

八・二〇　信雄の家臣・織田信純が香宗我部《こうそかべ》親泰に「越中より、早《はや》能州を攻めたとの連絡あり」と報ずる。（香宗我部家伝證文）

八・二三　前田方、加越国境朝日山に砦《とりで》を築き、松根砦に出兵。（村井家伝、陳善録他）

八・二八　佐々方、松根砦と朝日山砦に示威行動。（末森記、陳善録）

九・上旬　佐々方、能登勝山に城を築く。（三州志）

九・四　利家が秀吉に、成政の背反を報ずる。（前田育徳会所蔵文書、秀吉書状）

九・九　佐々勢、能登末森城を奇襲。（奥村氏所蔵文書、混目摘写）

上杉景勝が家臣・本庄繁長にあてた書状によって、成政が家康と組んだのは、五月中旬とわかる。これは成政に抵抗して越中を追われ、家康に仕えていた斎藤信利が六月二日、家康の仲介で成政に属していることと符合する。

秀吉側についていた成政が、徳川方に肩代わりするには、人知れぬ苦悩があった。三月に火蓋を切った小牧・長久手の戦いは、徳川勢が羽柴勢を奇襲して勝利を収めた後、双方はにらみ合いのまま、時を過ごしていた。そのなかで、秀吉、家康両将の暗躍作戦が活発に行なわれていた。秀吉は、家康の領国をおびやかす手段として越後の上杉氏を味方に引き入れようと働きかけた。これを察知した家康は、上杉氏の南下をくい止めるため、越後の隣国、越中の佐々成政を味方に引き入れようと図った。信雄を通じ、好条件を示して懇請したらしい。

至誠の一家に育った成政としては、亡君の遺児のたっての頼みは拒みきれなかった。しかも、実弟・信宗は信雄に仕えている（佐々家系譜）。生まれ育った比良城（愛知県名古屋市）は、信長の命で留守城とし、実子・雄助が祖父・早川主水正《もんどのしょう》とともに守っているが（早川氏系譜）、徳川方の城として使われている（家忠日記）。

織田方への恩義と情誼、弟や、わが子への心情から徳川方に肩代わりをすれば、それはまた、秀吉の許に人質として差し出している娘を見捨てることになる。

成政の苦衷

こうした板ばさみのなかで、信雄と家康の懇請を受け入れた。しかしながら、行動を起こしていない。むしろ、上杉や前田と結ぼうとさえしている。上杉とは和議を、前田とは婚姻話を進めているのである。このことから推して、家康に、「上杉が信州に攻め込んだ場合にのみ、行動を起こすというのならば……」という条件を出し、了解してもらったのではなかろうか。

この時点では、上杉氏は中立を保っていた。そこで成政は、上杉氏と結んで徳川方に味方させ、信州への侵略を防ごうと考えたらしい。一方、前田方には、あくまで秀吉側であるように見せかけて、婚姻話を進めた。これは戦国武将として生き抜く知恵であり、秀吉のもとに人質となっている娘の命を救うためでもあった。

成政から和議交渉を求められた上杉景勝にとって、魚津落城の恨みが残っている。成政と相通じている新発田《しばた》重家の反乱にも、腹をすえかねている。三十歳という若さも手伝い、「越中東部は、亡父・謙信以来の上杉領土。それを返すならば和議に応じてもよい」と、佐々方の申し出を蹴った。その後、秀吉の申し出を受け入れた。

上杉との和議は実らなかったが、前田家との婚姻話は順調に進んだ。男子のいない佐々家に、利家の二男、利政を婿に迎える話である。利家にとっては、悪い話でなかった。いずれ利政が国主となれば、越中も前田の傘下に入る。話は急速に進んだ。

佐々家から結納の品が届けられ、迎えた前田家では「ことの外、ちそうにて、又若との(利政)に能をさせまいらせられ、引出物に刀、脇指、馬などを平左衛門に給り返されけり」(末森記)と、使者・佐々平左衛門を供応し、話は和気あいあいのうちにまとまっている。

こうして、徳川方に加担したことを隠しつづけている成政が動きだすのが七月。大量の家臣を召し抱えるのである。これによって、常備兵は、二万余りに達したという。

この家臣召し抱えの時期を、前田方が指摘する七月とした場合、兵力の大増強は、戦いに踏み入る序段階。隣国に不審を抱かせる大胆で派手な行動である。だが、戦いをしかける気があれば、佐々平左衛門が結納を届け、前田方が喜んで油断している七月末か八月初旬がチャンスであった。しかし、戦いの行動を起こすことはなく、八月上旬、前田方が結納答礼にきたとき「婚姻は九月吉日に」と申し込んでいる。薄氷を踏むような状態が破れることも予想して、兵力の増強をしたが、それでも行動は慎重であった。

ところで、信雄の家臣・織田信純が四国の香宗我部親泰(長宗我部元親の弟)にあてた八月二十日付けの書状のなかに、つぎのようなことが記されている。

◆——北国の儀《ぎ》も、大形《おおかた》、越中、此方《こなた》へ申す様共《ども》候。早《はや》、能州を相破り候由、申し参り候。然《しか》る時は、越前、能登、一切《いっさい》動くまじく候。（香宗我部伝證文）

これをみると、八月中旬ごろ、成政が徳川方へ、攻めてもいないのに「早、能州を攻めた」と報告している。前田家とは、婚儀の話を進めて秀吉方のように取りつくろい、徳川方へは、前田領に攻め入ったと、虚偽の報告をしているわけである。この状態は、羽柴と徳川の両者を両天びんにかけているように受け取れるが、そこに成政の苦悩の姿を見ることができる。

実は、九月二日、信雄と秀吉とのあいだに、和議交渉が始まっていた。和議は七日に破れているが（家忠日記、西教寺文書）、成政がこの情報をキャッチしていたのか、または厭《えん》戦《せん》気分がみなぎっている戦況から予想したのであろうか。

（九月に入れば和議の交渉が持たれ、戦いは終了する）と判断した。それが「華燭《かしょく》の宴を九月に」と申し出る一方、徳川方に虚偽の報告をしたとも考えられなくもない。

和議交渉に一縷《いちる》の望みをかけていた成政の思いは、一挙にくつがえされた。富山城の茶坊主・養頓《じょうとん》（正林、養雲）が、前田方の家臣・小林重昌のもとに、成政が徳川方に加担していることを密告したのである（八月十七日）。利家は、すぐさま加越国境・朝日山に砦《とりで》を築き、松根砦に兵を出して、戦いに備えた（八月二十二日）。これが発火点となって、成政と利家とが表立って敵対するようになる。

ここで気づくのは、利家が一向宗徒の密告をうのみにして、すばやく反応していることである。養頓は、越中一向宗・正法寺で仏門に仕えていたのを、成政の重臣・前野小兵衛の世話で富山城に上がった。そして養頓の密告を受けた小林重昌も一向宗徒。宗徒らが家康と組んで蜂起する危険がある情勢下で、宗徒の密告を何の疑いもなく取り入れるには、信ずるに足る理由があった。

一向宗徒の法治国であった加賀を領有する利家は、彼らの報復と蜂起をさぐるため、本願寺僧侶であった小林重昌を還俗させて召し抱えた。そして、重昌配下の僧侶たちから情報を集めていた（新選豊臣実録）。つまり、重昌は諜者の元締めで、重昌の甥《おい》、養頓は（肯搆泉達録）、諜者《ちようじや》だったのである。

成政は苦衷打開に、婚儀話を進めていたが、利家も、諜者を富山城に忍び込ませながら何くわぬ顔つきで乗っていたことになる。養頓の密告に利家は驚いたが、成政も大きな衝撃を受けたに違いない。まさか秘密が洩れたとは露知らず、前田方が朝日山砦を築き、松根砦に出兵したことを知って狼狽《ろうばい》した。この成政の驚きと狼狽ぶりは、前田方が朝日山砦を築いてから六日後、ようやく行動を起こしていることからもうかがえる（八月二十八日）。

「佐々平左衛門、前野小兵衛を首将として、鋭甲五千を二隊となし、松根と横根の方より来て、加賀軍をみて愕然《がくぜん》とす」（三州志、末森記）

行動を起こしたものの、利家が救援にくることを知ると、すばやく引き揚げている。情勢さぐりの出兵で、このとき、利家との戦いが避けられないと肚《はら》を決めたのであろう。

がらがら越えの奇襲

前田方との戦いに踏みきった成政が狙ったのは、能登半島の喉頸《のどくび》部に当たる末森城。この城を攻略すれば、加賀と能登とが分断され、前田の勢力が二分される。能登一国が手に入る可能性もある。しかも南北に細長い前田領のなかで、最も幅が狭く、かなりの部分が越中に接している。さらに、この城は天正八年三月の一揆攻めで、柴田勝家らとともに落としている。周囲の状況や配備状態は熟知していた。

南と北を攻める陽動作戦

兵法者・成政が考えた作戦は、まず末森城を落として前田勢力を二分した後、能登を手に入れる。しかるのち、尾山城へと追い上げていくという方法であった。そこで末森奪取の手段として、つぎのように考えた。
▽城攻めには、十倍の兵力が必要となる。末森城兵を千五百とみて、一万五千の兵力を動員するが、城兵の数をより少なくするため、俄攻め《が》（奇襲作戦）を決行する。敵領内で戦うので、短期決戦で片をつけねばならない。そのためにも俄攻めが必要であった。
▽俄攻めの時期を、重陽《ちょうよう》の節句（菊節句）にあたる九月九日（十月五日）とする。
・この日兵士らは祭事を行なうために城外に出る。女たちは、祝宴の準備に追われて心が浮わついている。時刻は、祭事がとり行なわれている未《ひつじ》の刻（午後二時）がよい（奥村正系譜）。
・この時期は刈田の季節で、足場がよく、伏兵の心配もない（末森問答）。
▽攻囲陣の一カ所（搦手《からめて》・長坂口）を空けておく。防ぐに堪えかねた敵は、そこから逃げ、空城を手にすることができる。退路を断って包囲すれば、進退きわまった城兵らは、死にもの狂いとなる。味方の損傷も大きくなる。
▽城奪取が目的なので、城攻めには、鉄砲や大砲は使用しない（鉄砲や大砲は能登攻略用）。兵糧は、城中の物を調達する（末森問答、川角太閤記）。
▽奇襲には、隠密と敏捷《びんしょう》さが要求される。そのために、出兵を極秘とする一方、陽動作戦を立てて敵の目をくらませる。すなわち、

・北は能登国境・荒山砦《とりで》を基地として、能登・勝山に城を築く。この城から鹿島《かしま》平野に侵攻して、能登勢を脅かし、末森救援を阻止する（三州志、前田創業記）。海からは能登の奥部を襲う風評を流して、前田方の去就を迷わせる（前田家雑録）。
・南は佐々平左衛門勢（五百）が、加越国境・鳥越《とりごえ》城を襲うように見せかけて、前田方を翻弄《ほんろう》し、尾山、津幡《つばた》、鳥越城らの末森救援を阻止する（三州志、末森問答）。
このような牽制《けんせい》作戦で北と南に脅威を与えながら、油断している中間帯・末森城を襲う。

末森城奇襲

こうして、成政は末森城奪取にとりかかった。密かに伝令が飛び、越中各城の将士らは、秋の霧雨のなかを末森城に向かった。その数は一万五千（三州志、甫庵《ほあん》太閤記、末森問答など）とも、二万（藤田安勝覚書）ともいわれている。

◆――天正十二年九月九日、永福、重陽《ちようよう》ノ佳節《かせつ》ヲ以テ、城辺《じようへん》ノ山上ニ出遊シ、会々《たまたま》佐々内蔵助成政、鋭士一万人ヲ率イテ、卒然《そつぜん》トシテ来侵《らいしん》……。（奥村正系譜）
抑《そもそも》、天正十二甲申《こうしん》年九月九日、加能境倶利伽羅《くりから》山マテ人数押出ス体ニシテ、一万五千ノ軍兵ヲ率ユ。（末森問答）

九月九日（十月五日）未《ひつじ》の刻（午後二時）。「うわぁー」と、兵士らの雄叫《おたけ》びと法螺貝《ほらがい》の音が末森の野を揺るがした。降って湧いたような鬨《とき》の声に、櫓《やぐら》から外を見下ろした城兵らは驚愕《きようがく》した。黒い濁流が堰《せき》を切って押し寄せてくるように、敵が城に向かって真一文字に突き進んでくる。

このとき、城主・奥村永福《ながとみ》は、麓の鳥毛社《とりげ》で、重陽節の祭事をとり行なっていた。すると、城の異変を知らせる太鼓が鳴った。鳥毛社から城の大手門まで二十分ばかりかかる。息せききって駆けつけると、すでに城門は下りていた。が、危機一髪、かろうじて城内に入ることができた。しかし、従者は佐々勢の槍を受けて死んだ（奥村正系譜）。不意打ちをくらった城内は、蜂の巣をつついたように騒然としていた。何しろ、南の一角に、忽然《こつぜん》と佐々勢が現われたのである。

前田方では、佐々勢が攻めてくるのは間違いないとされ、心構えはしていた（貝塚御座所日記）。だが、襲ってくるのは尾山城なのか。越中に近い鳥越《とりごえ》、津幡城なのか。能登に勝山城が築かれれば、七尾《ななお》城かとも思い、海から攻めてくるという風評に、能登奥の漁師らに警戒をさせていた（前田家雑録）。だが、何といっても、兵力の不足はおおうべくもなかった。どの城も、偽幟《にせのぼり》を立てて偽装するのが精一杯であった。

奥村永福とても、加賀と能登を結ぶ重要な基地の城将として、利家から信頼されている武将。佐々方の来襲には備えていた。攻めてくるとすれば、越中・氷見地方から、下石《さがりいし》を経て、聖《ひじり》川に至る「志雄路《しおじ》越え」の道すじが最短距離である。そこで、城北に当たる聖川の南方（笠掛山）一帯の松に笠をかけ、伏兵がいるかのような偽装工作をした。また、城北の前哨地《ぜんしょうち》に防備陣を張っていた。

　佐々方は、その裏をかいて、東南の平野から堂々と進軍してきたのである。そして周《しゅう》章狼狽《しょうろうばい》している城兵たちを尻目に、騎馬を走らせ、城の鎮守・鳥毛社を焼き払い、城下町に放火した後、吾妻野《あづまの》・天神森に陣を布いた。この隊は、奇襲して城兵の数を少なくするとともに、「城兵の恐怖心をあおる」ために差しむけられた先鋒《せんぽう》隊（八百）であった。黒い旋風が走り抜けるような佐々勢の鮮やかな威かく作戦に、城兵らは恐怖のどん底に陥れられた。それほど攻撃は意表をつき、敏捷に行なわれた。奇襲作戦は成功したのである。

がらがら越えの道すじ

　ものの見事に奇襲作戦を成功させた佐々勢は、どのような道すじをたどって敵地深くに迫ったのであろうか。通説では、木舟城を出発して、小矢部川を渡り、そこから西北に向かい、五位《ごい》（高岡市福岡町）を経て、沢川《そうごう》（福岡町）に着き、沢川の農夫、田畑兵衛《ひょうえ》を道案内として牛首（石川県河北郡津幡町）に出ると、下河合（津幡町）を進み、坪井山に陣どったことになっている。

ここで、佐々勢の行動に疑問が出てくる。すなわち、

▽隠密《おんみつ》を必要とする奇襲作戦であるのに、一万五千余の大部隊（騎馬隊、鉄砲足軽隊、槍足軽隊、小荷駄《こにだ》隊）の一手だけが、延々と長蛇の列をなして敵領内を行軍することはありえない。

▽成政の常套《じょうとう》作戦は、軍勢を二手か三手に分けている。

▽奪取をもくろんで、空けるはずであった城の一手（搦手《からめて》・長坂口）を、野々村主水《もんど》らの隊が陣どっていたことの不可解さ。沢川から牛首を通ったとすれば、計画通り、吉田口に陣取れるはずである。何らかの理由で搦手・長坂口に回った。

そこで、加賀藩史料を調べてみた。

◆――天正十二年九月九日、佐々成政、石動山宮島の谷より、宝達山を越えて末森城下へ攻来る。九日未《ひつじ》のとき也。（混日摘写《こんもくてきしや》、越中古跡粗記、擢萃録《てきすい》、雑観談叢《ざつかんだんそう》）すでにして国兵を悉《ことごと》く澤河《そうごう》に至り、此より宮島越えをなして下河合《しもかわい》に至り……。（前田創業記、菅君雑録、三州志、末森問答、永貞古兵談、残嚢集）

史料によって、越中・沢川から宝達山を越えたという説と、沢川から下河合に南下して加賀に入った説とに分かれている。この混乱は、どうして起こったのであろうか。

それにしても、後者の道すじ（沢川――宮島越え――牛首――下河合）は、末森城の方角とは、まったく反対の南下道である。地図のうえからだけでなく、実際に歩いてみても、大海川に沿った山道（木の窪道）で、ゆるやかな曲折のない坦々《たんたん》とした下り坂道である。沢川の田畑兵衛にだまされて誘い込まれたと伝えられているが、そんなにやすやすとだまされるだろうか。

だまされて南下した場合、下河合から早駆けすれば、三時間近くで尾山城に着く。佐々の大軍が兵衛にだまされてうろついているあいだに、尾山城に通報することができたのである。ところが、丸一日、前田方に気づかれていない。むしろ、沢川からは、宝達山を越えたという前者の道すじが納得いく。

これらのことを総合すると、先鋒隊と主力部隊、それに沢川支隊と、三手に分かれて行動したのを混同して、沢川からの進路を北と南の二つに分けたのではあるまいか。『末森戦闘の研究』『加賀藩国防論』も、この点を指摘している。

では、奇襲作戦を成功させた先鋒隊、主力部隊は、どのような道すじで進んだのであろうか。これについて、廣瀬誠氏（元県立図書館長）が「古跡道程」の資料を示され、「がらがら越え」をしたことを挙げておられる。

「がらがら坂（矢波領）……三国峠より三里ばかり。此坂、佐々成政、加州越道なり」

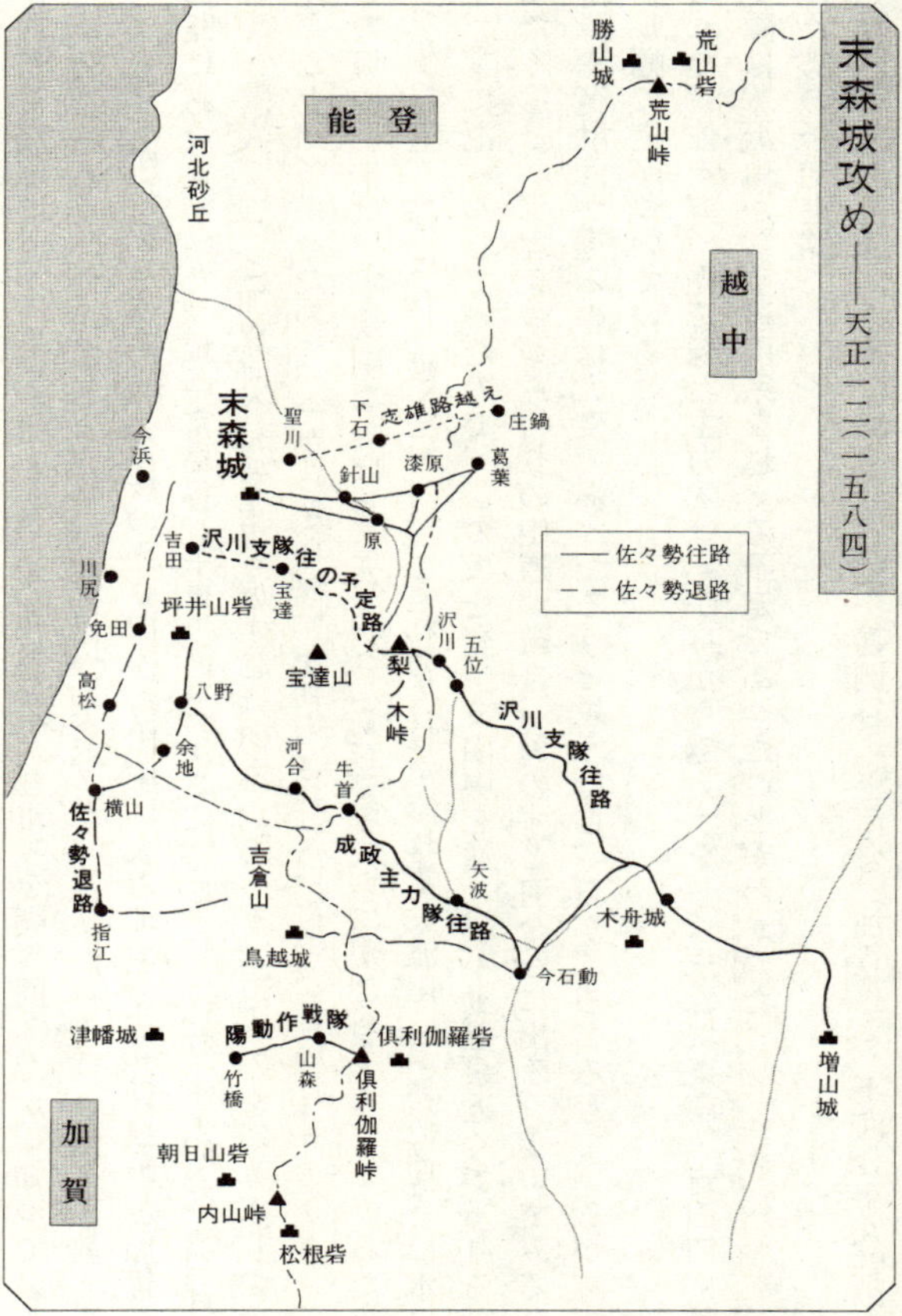

末森城攻め――天正一二(一五八四)
佐々勢往路
佐々勢退路
能登
越中
加賀
河北砂丘
勝山城
荒山砦
荒山峠
末森城
聖川
下石
志雄路越え
庄鍋
今浜
針山
漆原
葛葉
原
吉田
沢川支隊往の予定路
宝達
川尻
坪井山砦
免田
宝達山
梨ノ木峠
沢川
五位
高松
八野
沢川支隊往路
余地
河合
牛首
横山
佐々勢退路
成政主力隊往路
吉倉山
矢波
木舟城
指江
鳥越城
今石動
津幡城
陽動作戦隊
倶利伽羅砦
竹橋
山森
倶利伽羅峠
増山城
朝日山砦
内山峠
松根砦

「がらがら坂」はどこにあるのかと、矢波村（小矢部市）を調べ回ったが、知っている者はいない。諦めかけているとき、竹田藤市氏（矢波）が、祖父からの言い伝えを教えてくださった。「がらがら坂」は、矢波の入り口から山中に入る坂道で、昔は越中と加賀との交通路にあたっていた。越中宮島谷（子撫《こなで》川流域にある二十三カ村の総称——小矢部市西部一帯を指す、越中志徴《しちょう》）と加賀河合谷を結ぶ道すじは何本かあるが、氾らんを繰り返して通行不能のことが多かったので、「がらがら坂」が利用されていたのだという。

この坂道一帯は、不規則な角ばった石ころ（軽石質凝灰岩）がごろごろしているために「がらがら坂」と呼ばれ、歩きにくい。それでも村を流れる矢波川（子撫川支流）は水量が多く、常に氾らんしていたので、この坂を登って山中を通り、不動温泉近くで下りる。ここまでくると、平坦なつづら折りの山道が続き、おのずと河合谷に出る。歩いてみると、騎馬隊や荷駄隊が通るのは大変であったろうと思うほど、石がごろごろしているが、一メートル幅の道がついている。

これで、佐々方の先鋒隊と主力隊は「がらがら越え」をし、末森城東南・吉田口に陣どる支隊は、沢川から宝達山系を越える予定であったことがわかった。

〈佐々勢の予定進路〉

先鋒隊、主力部隊……木舟城—今石動《いまいするぎ》—嘉例谷《かれい》—上河合（加賀領）—下河合—八野—東《あずま》

野の（坪井山＝本陣）

沢川支隊……木舟城―栃丘《とちおか》（栃谷）―五位―沢川―梨ノ木峠―宝達山系越え―宝達―吉田口（末森城山麓）

こうして綿密に、一分の隙もなく組み立てられた成政の作戦の一つ、奇襲作戦は成功したが、思いもよらぬ誤算がいくつも生じた。

田畑兵衛の計略

成政の思わぬ誤算の一つに、沢川支隊が沢川の住人・田畑兵衛の計略に翻弄させられ、予定の行動がとれなかった経緯《いきさつ》がある。末森城東南、吉田口に陣どるはずが、空けておく予定であった搦手・長坂口に陣を張ってしまったのである。このため、末森城兵らに決死の覚悟を持たせ、果ては支隊の多くが討ち死にした。

◆――田畠（畑）兵衛、わざと道にもあらぬ所を行くほどに、山に登り、谷に下り、壁をよじ、岩石に取り付き、松樹《しようじゆ》、葛《かずら》を力にして軍勢皆汗水になり、難儀至極《しごく》せり。田畠兵衛は思ふままに難所に引き入れて、何れともなく逃げ失せりけり。（肯搆泉達録）

『三州志』も、同じような内容をとり上げている。

従来、兵衛については、機転と胆力によって末森城の危急を救った功労者といわれる反面、越中の住人でありながら佐々勢を窮地に陥れた曲者であるとか、恩賞欲しさに自国領主を売ったとか、その評価は相反する。確かに兵衛は、佐々勢をあらぬ道へと誘引して迷わせ、その足で末森城に向かった。だが、城は、すでに佐々勢に包囲されていた。そこで、長男に尾山城へ注進させ、後日、奥村永福に報告した。その功労で広範な地（越中西部と能登南部）の山廻り役（山岳警備役）に命ぜられている。

（なぜ、越中の住人でありながら佐々勢を陥れたのであろうか）

素朴な疑問が湧いた。また、どのような道に案内したのかを、確かめたいと思った。そこで、兵衛の子孫、田畑敏夫氏を沢川に訪ねた。

沢川《そうごう》（富山県高岡市福岡町）は、宝達山系によって石川県と境をなす奥深い山村である。同じ谷あいに、石川県の沢川集落（宝達志水町）があるため、「越中沢川」「能登沢川」と区別されている。周りを、山ですっぽりと取り囲まれた山地（四〇〇メートル）であるが、五十戸あまりの家が建ち並び、立派な農協支所もあって、一つの生活圏を形成し、日常生活には事欠くことがない。

田畑家は、この村の一角にあった。加賀藩山廻り役を二百五十年間も務めあげた歴史を象徴するかのように、庭には杉の大木（町指定文化財）がどっしりと立っている。屋敷の周りには、土塁、空堀がめぐらされ、入口通路の石畳は、屈折しながら門を経て玄関へと導かれている。一見、戦国時代の砦のようで、格式ある家柄であったことを偲ばせている。史料には農民と記されているが、郷士であった可能性が大きい。その疑問は、すぐ解けた。

「わが家の先祖は平氏で、源平合戦の際、能登で転戦。平氏滅亡後は代々、この地に住んでいたが、能登・口郡《くちごおり》（羽咋・鹿島の二郡）の地を領していた郷士だったのですよ」

田畑敏夫氏は、こう語りながら戦国期の能登守護・畠山氏の家臣・三宅家秀花押（書き判）の安堵状を示された。上杉謙信が七尾城を攻めたとき（天正五年九月）、当主・平式部大夫が嫡子ともども口郡領主であった家秀の下で上杉勢と戦い、ともに討ち死にした（羽咋郡誌）。このため、二男・兵衛が家督を継ぎ、姓を田畑に変えた。このとき、蛇崩《じゃくずれ》、十八尾、泉原（ともに石川県羽咋郡宝達志水町）の地を安堵してもらったのだという。

「したがって、兵衛は沢川に居を構えているものの、所領は能登・口郡領主の支配下にあったので、『能登口の住人』という意識が強かった。能登を前田氏が支配し、口郡を治めていたのが末森城主・奥村永福。末森城の危機を知った兵衛のとった行動は、所領地を失う懸念もあって、当然のなりゆきだったのです」

「運のいいことに、佐々勢が行軍の労役として、宝達への道案内を命じた。このとき、佐々勢を道に迷わせ、その隙に、末森城へ注進することを思いついたのでしょう」

沢川からは、梨ノ木峠を経て、能登宝達（宝達志水町）に至る「野田道」があり、古くから利用されていた。すなわち、村の幕金平《まつきんだいら》から尾根づたいに大平山を経て梨ノ木峠へ。峠を下って母呉《ははくれ》（母水、宝達志水町）、鶏坂を通り、野田集落への急坂を下る。野田集落からは、追分峠へのゆるやかな坂を登って宝達山系を越え、あとは下っていけば、押水平野の宝達集落に出る。沢川から三時間もあれば、宝達に着くことができるのである。

「この野田道でなく、違った道を案内したのですが、どのようにして迷わすかを、あれこれ考えながら命がけで行動したにちがいありません」

田畑敏夫氏がいわれるとおり、罠《わな》にかけることを気取られては、わが身ばかりか、一族の命も危ない。後日、だまされたと知った佐々勢の襲撃を受け、村の者にも被害が及ぶ。兵衛としては、命をかけた賭けであったにちがいない。

では、どのようにして佐々勢を迷わせたのであろうか。

暗中の行軍

志雄《しお》山中には、佐々勢が通ったとみられる伝説がある。成政が白馬の首を切って投げ入れたため、冷泉になったという「新宮《しんぐう》温泉」、佐々勢が残していったという「原の地蔵さま」「葛葉」の名苗家に残る茶釜は、佐々来襲を末森城に注進した褒美《ほうび》にもらったという。

また、志雄平床の縦穴に、佐々勢が沢山の書き物を埋《うず》めていったという話も伝えられている。

これらの伝説や山田三治氏（宝達志水町在住、歴史家）の意見、各種の史料をもとにして、田畑敏夫氏とともに、沢川支隊の道すじをたどった。

村の高台、幕金平から大平山を通り、梨ノ木峠に近づくと、目前に宝達山が立ちはだかっている。この宝達山の右側にあって、手前に張り出しているのが前御前山《まえごぜん》。稜線《りようせん》が北の追分峠《おいわけ》に向かって、なだらかに流れている。峠から先は、小さな帽子を並べたような格好で低い峰が連なり、その先を志雄川（子浦川）の谷に落としている。

梨ノ木峠の辺りに立つと、この追分峠から北方の低い山々の向こうに、押水平野《おしみず》が広がっているのが見える。遠く日本海までも望むことができる。もちろん、末森城も目に入る。

「兵衛はこの梨ノ木峠で、宝達山系の裾が志雄川の谷に落ち込んでいる所を指さし、『あの裾野を回れば、押水平野に出ることができます』と、北への道を案内したのではないでしょうか」

田畑敏夫氏の言葉に、私はうなずいた。

当時は霧雨模様で眺望はきかなかったであろうが、方角的に正しく、疑念をはさむ余地はない。鶏坂から野田集落に下りる岩壁を、梨ノ木峠から見下ろすと、さらに深く、切り立ってみえる。荷駄隊が下りるには難儀とみた佐々勢が納得したのも無理はない。もっとも、梨ノ木峠の真下、母呉（母水）から北へ一時間も歩けば、原集落に着く。

また、鶏坂から「樽見《たるみ》の滝」へのそま道もある。『越中古跡粗記』にはこの道を案内して、佐々勢をたるませたところから「樽見の滝」と名づけられたとしている。しかし、田畑敏夫氏と山田三治氏は、この道すじを、つぎのことから否定される。
▽滝から北方は「入らずの森」といわれ、踏み込んだら最後、抜け出ることはむずかしい。
▽急坂なので、騎馬隊、荷駄隊が通るのは無理。
佐々勢は原集落への道すじを進んだらしい。梨ノ木峠――母呉（母水）――原までは、順調に進めば一時間。そこから針山を抜ければ平坦な尾根道が続き、一時間あまりで末森城東の愛宕《あたご》山に着く。

つまり、梨ノ木峠から末森城の近くまで、二時間余りもあれば着くことができる。沢川支隊が九月九日の朝早く木舟城を発ったとして、昼近くには沢川に着く。ここで昼食をとり、休息したあと、原への道すじを進んだとしても、日暮れ前には愛宕山に着くことになる。それが九日の夜は山中をさ迷い、あげくのはてに搦手・長坂口（敷波《しきなみ》）に陣どってしまった。

「兵衛が、佐々勢を迷わせたと考えられる道すじは？」と尋ねる私に、田畑敏夫氏は宝達山系に並行して、手前に一段低く横たわる山なみを指さされた。百山《ひゃくざん》という。

「百山は、低い山なみですが、傾斜が険しいのです。梨ノ木峠から原へ向かう途中で『百山を越え、宝達山系を越えれば、末森城への直線コース』といって、だましたのでは……」

田畑氏の説明に納得がいく。百山は低い。その向こうに横たわる宝達山系も、なだらかに下がっているのを梨ノ木峠で目にしている。佐々勢は、兵衛の罠にまんまと引っかかった。

「山に登り、谷に下り、壁をよじ、岩石に取り付き、松樹《しょうじゅ》、葛《かずら》を力にして、軍勢皆汗水になり、難儀至極せり」（肯搆泉達録）という具合に、難儀しながら百山を登って下り、また宝達山系をよじのぼっているうちに日が暮れた。いつのまにか兵衛は姿をくらましていた。山中で夜を迎えた沢川支隊は、闇のなかを寒さにうちふるえながら迷い歩いた。さ迷いながら北のほうに向かったグループもあろうが、大部分は明け方になって、敷波（宝達志水町）への道すじをたどった。そして、敷波で態勢を整え、総攻撃に遅れはしたものの、戦闘に参加することができた。その陣どった場所が、皮肉にも空けておくはずの搦手・長坂口であった。

一方、成政は、沢川支隊の遅れで、急きょ本陣にいる野入勢から六百を、吉田口に回した。沢川支隊（三千）の穴埋めとしてはわずかな人数であったが、総攻撃は予定どおり行なわれた。

攻防史に残る末森の激突

佐々勢の末森攻撃は、十日払暁を期して一斉に行なわれた。前野小兵衛ら大手口攻撃隊は、またたくまに大手大門をくぐって若宮丸を落とし、続いて、吉田口から攻め込んだ野入勢とともに三の丸を落とした。午後になって、戦いはいよいよ激しさを加えた。まもなく二の丸を落とし、糧食蔵を奪い取り、敵を本丸へと追いつめていった（三州志）。

◆――敵大勢寄候ヲ城中ヨリ様々粉骨ヲ尽シ防《ふせぎ》候由、其後ハ二ノ丸、三ノ丸ヲ明、本丸ヘツボミ有之由、此時、敵手シケク、本丸ヲ攻メ、水ノ手ヲ切リ、城中ノ人々難儀仕由。

（奥村永福御武功賞書）

というように、申《さる》の刻（午後五時）には、本丸の城門を焼き払い、水の手を断ち、本丸を裸同然にした。落城は時間の問題であった（横山山城守覚書）。このころには、あたりは闇のとばりに包まれていた。霧雨から小雨に変わっていた。

成政、夜攻めをとらず

成政は、このまま攻め立てれば落城は目に見えていると思ったものの、夜攻めである。夜攻めは、暗闇のなかだけに味方の損傷が大きい。勝手知った敵の伏兵に襲われる危険もある。そのうえ、雨のために粘土質の城の周囲は滑りやすく、行動が難渋をきわめる。何よりも城兵らが最後の砦と決死の覚悟で立ち向かってくるので、落とすのに時間がかかり、真夜中に入ることが予想された。

これらの悪条件を、朝から休むまもなく戦いつづけてきた将士らが乗り越えられるだろうか。——こう考えて、諸将を本陣に集め、評議をしたのは当然のことである。評議では意見が対立し、互いに譲らなかった。

前戦の諸将は、口を揃えて攻撃中止を進言した。越中からの長距離強行軍と、休むまもない激戦に、将兵らは疲労している。沢川支隊にいたっては、九日の夜半は志雄山中をさ迷い歩き、十分な睡眠をとらぬまま戦闘に参加しているので、疲労は極度に達している。それを押してなお、闇夜と雨のなかでの戦いは無理であるという。そして、

◆——今囲《かこい》ヲ解イテ、城兵ヲシテ意ノ如《ゆ》クトコロヲ縦《ほしい》ママナラシメバ、則、大半城ヲ棄テ逃亡センカ。（前田創業記）

と、「夜のあいだに城兵を逃亡させたほうが上策」という意見が、大勢を占めた。

これに対して、夜攻めの強行を唱えたのが、前田勢の後詰《ごづめ》阻止隊、神保氏張《じんぼうじはる》である。

◆──氏春（氏張）、成政へ度々申されけるは、夜明《あけ》ば利家後詰すべし。後巻《うしろまき》これあれば、味方敗軍うたがひなし。夜中に、むりに城を落としたまへ。（中略）今度利家後詰せずんば、一代男はなるまじ。そこの所を思召候へ……。（桑華字苑《そうかじえん》）

諸将を相手に、必死に説得している氏張の声が聞こえるようである。

互いに譲らず、結論がでないので、成政が決断を下した。成政とて、短期決戦をもくろんでいた。この段階で囲みを解いても、奥村永福が城を棄てるとは思われなかった。成政は利家と親しかっただけに、永福の気骨と義に厚い律義さをよく知っていた。

利家が、織田信長の命で兄・利久をさしおいて荒子城主に決まり、入城しようとしたとき、利久の城代家老であった永福が「主君の書を見ぬ限りは城を明け渡せぬ」と拒んだ。そして利家から利久の手書を見せられると城を明け渡し、浪々の旅に出た（奥村永福御武功覚書）。その後、利家に仕え、忠節を尽くしている。

永福が、城を棄てて逃げる可能性は薄い。とすれば、夜攻めを強行したほうがよい。城兵らの疲労は極度に達しているし、落城を寸前にして恐れおののいている者も多い。もう一押しすれば落城できる──。このような成政の気持を揺らしたのは、将兵らへの思いやりであった。霧雨のなかの強行軍と、泥濘のなかでの激戦。気力、体力とも限界に達している将兵らを、このうえ追いつめれば怪我《けが》人が続出するのはわかっていた。のちのち、敵

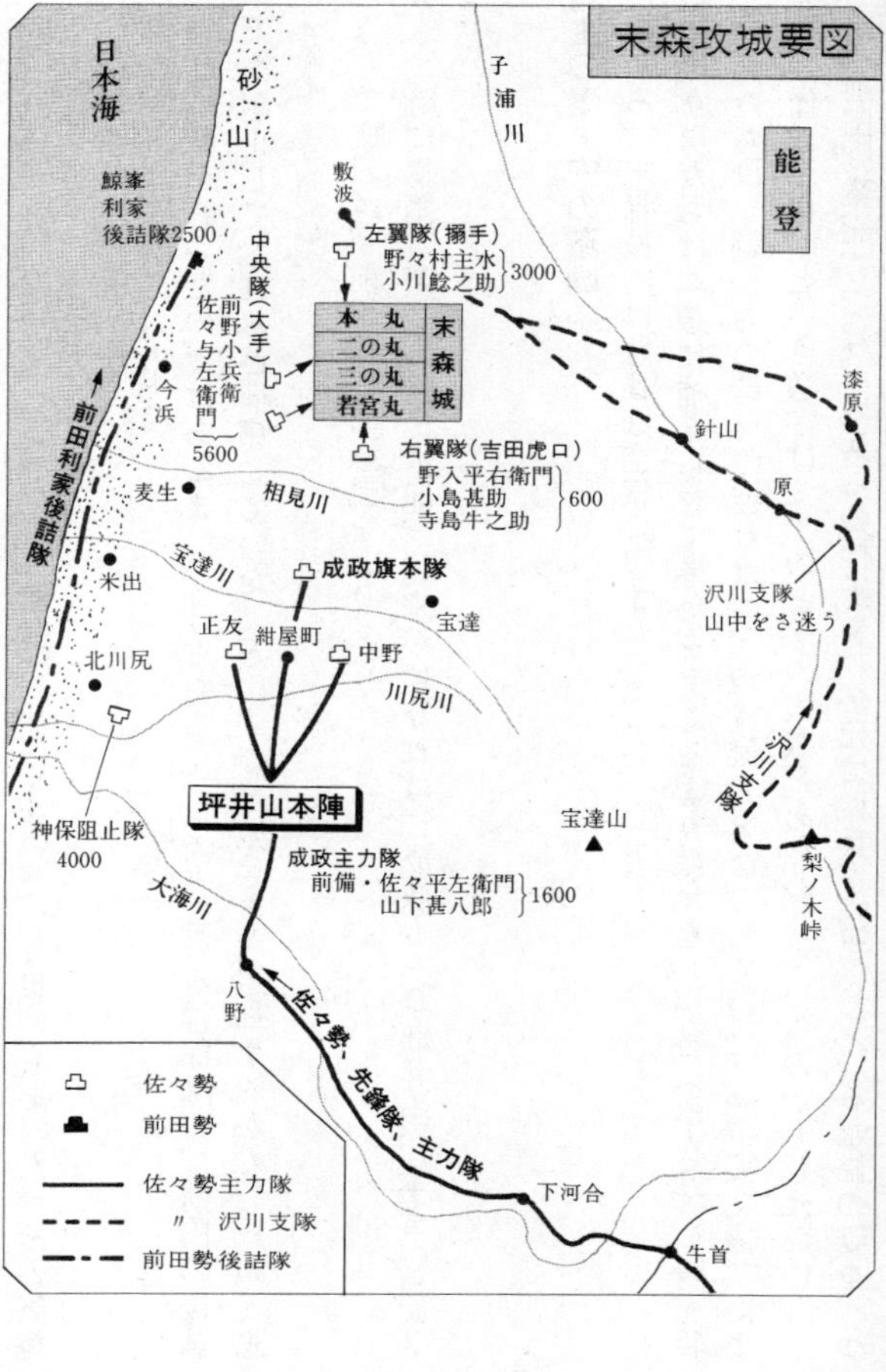
末森攻城要図
日本海
砂山
子浦川
能登
鯨峯
利家
後詰隊2500
敷波
左翼隊(搦手)
野々村主水
小川鯰之助
3000
中央隊(大手)
前野小兵衛
佐々与左衛門
5600
本丸
二の丸
三の丸
若宮丸
末森城
今浜
前田利家後詰隊
右翼隊(吉田虎口)
野入平右衛門
小島甚助
寺島牛之助
600
漆原
針山
原
麦生
相見川
宝達川
米出
成政旗本隊
宝達
沢川支隊
山中をさ迷う
正友
紺屋町
中野
北川尻
川尻川
沢川支隊
坪井山本陣
宝達山
神保阻止隊
4000
成政主力隊
前備・佐々平左衛門
山下甚八郎
1600
梨ノ木峠
大海川
八野
佐々勢、先鋒隊、主力隊
佐々勢
前田勢
佐々勢主力隊
〃 沢川支隊
前田勢後詰隊
下河合
牛首

地で戦いつづけるためにも、一兵たりと無駄にしたくないという思いもあった。その気持ちが、一瞬、

「明朝、猛攻すれば一挙に片がつく」

という油断を誘ったのではあるまいか。もちろん、川尻《かわじり》にいる神保隊が、前田の後詰《ごづめ》(救援)を阻止してくれると信頼していた。万に一つ、城兵らが退却するかもしれぬと思った(異本末森問答)。

こうして成政は、前線諸将の意見をとりあげた。

◆――時に霧雨冥蒙《めいもう》、山路に滑泥《かつでい》、往来《おうらい》不便なれば、成政も一旦坪井山、本営へ退く。(三州志)

城主の妻・安《やす》の激励

このころ、末森城内は悲壮な空気に包まれていた。

城中の女房たちは「敵に捕えられて辱めを受くるよりは」と、黒谷(死人谷)に身を投げた。男たちは、朝からの戦いで疲れはて、戦う気力をなくしていた。『事実文編』による「城兵僅に三百」という数字は、このときの人数をあらわしているのかもしれない。そして、『前田創業記』では、城兵らの様子や、必死に城兵を励ましている永福の姿を、つ

ぎのように伝えている。

◆――僅かに本丸を守って武力を励ます。糧秣《りょうまつ》乏しからずといえど、水乏し。因《よ》って諸卒口乾き、心甚《はなは》だ疲れ、危きこと糸の如し。守兵共に衰え、勢尽きたり。奥村永福、目をさらし、大声にて兵を励まして曰く

「大兵を前といえども憂《うれ》ふるべからず。吾先にしばしば告諭《こくゆ》せる処なり。当《とう》に骸《なきがら》を此城に曝《さら》し、勲功を子孫に募《つの》るべし。卿がともがら努力せよ」

守兵其機に乗りて奪戦し、剣頭《けんとう》火を散らす。（前田創業記）

永福だけでなく、妻の安《やす》も薙刀《なぎなた》を抱えて城内を回り、兵士らを叱咤し、激励しつづけていた（甫庵太閤記）。

「主君（利家）が、必ず助けにきてくださるぞ」という信念に満ちた安の言葉は、くずおれようとする城兵らの気力を立て直した。兵士たちだけでない。永福も、最後の決心を固めて切腹しかけようとしたとき、「後詰があるのに、死んでは甲斐がない」と諫めている（武老物語）。

佐々勢が夜攻めをあきらめたことが城兵たちにとって天佑となり、安の主君への信頼感が城をもちこたえさせたのである。

前田利家の焦り

利家が末森城の危急を知ったのは、九月十日。
「九月六日来着、能州ヨリ参詣衆申ス趣ハ、越中国佐々内蔵助色立《いろだつ》ニ、コレハ一定也《いちじようなり》」（貝塚御座所日記）とあるように、利家をはじめ領内の者たちは、佐々勢の襲来は必ずあると思っていた。だが、どこを狙ってくるかが判然としなかった。そこで利家は、各城に城の守りを固めるように指示した。だが、兵力の不足で焦りを感じ、神頼みの思いであった。この日も、城中に僧侶を呼び、戦勝祈願の祈禱をしていた。そこへ、末森城の危急を知らせる伝令がつぎつぎに入った。

十日辰《たつ》刻（午前八時）――伝令不明――佐々成政、人数を出し、九日、其先手を以て末森城を攻む（藤田安勝覚書、末森問答）。

巳《み》刻（午前十時）――奥村重右衛門――佐々成政の軍勢約五百名。九日午頃、森（津幡町）を通過、西進せり（混目摘写、末森問答）。

未《ひつじ》刻（午後二時）――山田仁左衛門――佐々成政、一万の軍勢を率いて、九日未刻より末森城を攻撃す（奥村永福御武功覚書、前田創業記、三州志他）。

夜――粟蔵の彦十郎――佐々成政、大軍を率いて末森に向って進攻せり（臼井氏見聞雑記)。

十一日午刻《うま》(午後零時)——田畑新兵衛——佐々成政の軍勢約三千。九日夜、沢川及其付近に宿営せり(田畑兵衛由緒書)。

佐々勢の奇襲は九日未《ひつじ》の刻(午後二時)で、総攻撃が十日の払暁なのに、伝令は十日午前。そして末森城の伝令が到着したのが午後二時。あまりにも遅すぎる。それほど城内は恐怖と狼狽で混乱し、すぐさま伝令を出す余裕がなかったのか。もっと早く出していたかもしれぬが、佐々勢の通行止め、検問という監視の網の目をかいくぐるのは容易でなかったのかもしれない。

それにしても十日辰《たつ》の刻(午前八時)には通報を受けているのに、利家は動いていない。まさか、領内深く侵入してくるとは予想もしなかったので、驚きと信じられない気持が錯綜《さくそう》していたのか。九日から十日にかけて、佐々平左衛門勢が加賀竹橋付近(津幡町)に来ているという情報も入ったので、対処のしかたを決めかねていたことも想像される。それが、末森城からの伝令によって、佐々勢襲来の確かなことを知った。

もう躊躇《ちゆうちよ》はならなかった。ただちに重臣を集めて評議を開いた。利家としては、「即刻、末森救援に向かう」意思であった。ところが重臣らは怖《お》じ気づき、口を揃えて「末森城の救援は無理。秀吉の来援を待って佐々勢を討てば……」(三州志)と述べ立てた。なかには、

「末森城を落とした佐々勢が、いまにも尾山城に攻めてくるかもしれぬ」と怯《おび》える者もいる。そこで利家は、ともかく津幡城まで出陣し、そこで救援するかどうかを決めることにした。

利家が出陣のいでたちをして玄関に出ると、まだ馬の準備が整っていない。気をもんで声を荒らげる利家を、見かねた妻のまつ（芳春院）が諌めた。

「そのように慌ただしく出立するより、松任《まつとう》の利勝（利長）の到着を待ったらどうか」

すると、利家は刀を振り上げてどなったという。

◆――「婦人、何ソ武事ヲ知ランヤト、長刀ヲ操《あやつ》リ、復《ま》タ強《しい》テ言フコトアラハ、則《すなわ》チ、之ヲ斬《きる》カ如クシ給フ。因《よっ》テ芳春院殿、大イニ驚キ、言フコトヲ罷《や》メ給フ」（前田創業記）

利家としては「救援せねば」と焦り、いらだっているのに、重臣らはただただ怖じ気づいている。そのようなことで気を腐らせているところへ、妻も出陣に水をさした。それで思わず、かっとなったのであろう。

自領を守る気迫と勇気

尾山城を出立した利家が、馳せ参じてくる将兵らを調整しながら津幡城に着いたのが、戌《いぬ》の刻（午後八時）、この城で評定に入った。ここでも諸将は周章狼狽、為《な》すところを知らず。末森救援に反対するばかりであった。

◆――越兵巨大ニシテ驍《ぎよう》勇也。公、之ヲ援クルモ利アルマシ。今能登州ノ兵ヲ挙《あげ》テ向ハンモ、僅ニ、三千ニ過クヘカラス。重テ、羽檄《うげき》ノ来ルヲマツテ可否ヲ決シ、出軍センニ、敢《あえ》テ晩《おそ》シト云可《いうべ》カラスト、諸将此議ニ一定《じよう》ス。（三州志）

評議中に、利家の決心を思いとどまらせるため、末森城に向かって進んでいた先鋒隊を津幡城に呼び戻したりもした。佐々勢の襲来に萎縮し、手を変え、品を変えて反対する諸将の不甲斐なさに、利家は顔色を変えて怒った。

◆――人は一代、名は末代、自国へ一足なりと踏入られ、あまつさえ、奥村・土井・千秋を捨殺しにし候へば、天下を知りても、人の嘲《あざけ》り如何せん。（中略）内蔵助とは、互に若年より度々の合戦に出合候。然《しかれ》とも、此利家を越事、一度もなかりし。（末森記）

この利家の言葉のなかに、

▽死を賭《と》しても、自領を守ろうとする武将の意地。
▽部下を助けねばならぬという思い。
▽ライバル成政に、おめおめ負けてなるものかという敵愾《てきがい》心。

などが、にじみ出ている。鋼鉄のように固い利家の心を変えることはできないと思った諸将は、利家に従うことにした。

「さて、出陣しよう」と城門に出ると、兵卒らは雨をさけて民家に入り、寝そべっている。木陰で雑談している者、弓は持っても弦《つる》を外している者など、見るに堪えぬ体たらくである（末森記）。これらの者たちを奮起させて雨のなかを出発させねばならぬ。ましてや、津幡城に呼び戻された先鋒隊の士気は萎《な》えている。それを、また出発させるのである。利家としては、並み大抵でなかったろう。松任から駆けつけた利勝（利長）とともに、叱咤号令をかけながら進んだという。

二千五百の兵を引き連れて津幡城を出発したのは亥《い》の刻（午後十時）、夜はすっかりふけていた。しかも、夕刻から降りだした雨は次第に激しくなり、前田勢はしのつく雨のなかを進んでいった。山際を通って鵜ノ気（宇ノ気）まで進んだとき、高松村の百姓が連れてこられ、末森城包囲の佐々勢や、川尻《かわじり》で待ち伏せている神保勢の動静を知った。ここから砂丘を下り、海際に駒を進めた（異本末森問答）。川尻川近くにくると、神保勢が布陣していた。岸一帯に、前田勢の後詰を防ぐための水杭が打ち込まれている。そこで、水杭から外れた河口を、一騎ずつ、馬が声を立てぬようにと、舌を昆布で巻いて渡った（末森記）。神保勢が河口を横切る一団を見つけて発砲したが、それは殿《しんがり》隊であった。そのころ利家をはじめとした先鋒隊は、すでに川尻村を経て、末森城とは目と鼻の先に当たる砂丘（鯨峯）に向かっていた。

この朝、城を枕にして戦う覚悟を決めていた末森城兵らは、朝もやをついてあがった味方の喊声と、「鯨峯砂丘」に翻る主君の馬印《うまじるし》「鍾馗《しようき》」を目にして、蘇生の思いをした。城兵らはただちに、大手口と搦手口に分かれて進んでくる味方に呼応して、城内から打って出た。佐々勢とのあいだに華ばなしい戦いが展開された。

このなかで搦手・長坂口に陣取っていた沢川支隊は、前田勢の挟撃にあい、主将・野々村主水《もんど》をはじめ、数多くの将兵が討ち死にした。田畑兵衛の計略にはめられて夜の山中をさ迷い、心ならずも搦手・長坂口に布陣。寝不足と激戦に疲れはてていた沢川支隊が、今度は利家勢と城兵らに挟撃されるという悲運に遭遇したのであった。

神保氏張、無念の失態

利家の来襲を知った成政は、歯ぎしりして悔しがった。成政の思わぬ誤算は、ここでも起きたのである。

「成政せうぎに腰を掛け、城の方をにらみ、しらあわせをかみ、はぎしりをして居られたり」（桑華字苑）

原因は、後詰阻止隊・神保勢の失策であった。たとえ夜攻めを中止しても、神保勢が防いでいたならば、城は確実に落ちていたのである。この神保勢の失態は責任者氏張《うじはる》が、利家の後詰（救援）があることを強調して、夜攻め強行を訴えながら、当夜は坪井山本陣にいたのである（桑華字苑）。城を手に入れたあとの能登攻略について、成政と打ち合わせをしていたという。

氏張は、能登守護・畠山義隆の二男として生まれ、長じて、越中守山城主・神保氏純《うじずみ》の養子となった（寛政重修諸家譜）。このため、能登の地理に明るい。土地の者にも馴染《なじ》みが多かった。成政と打ち合わせをすることになった氏張は、嫡子・氏則《うじのり》に、前田の後詰が必ずあることを伝え、厳しく見張るように命じた。氏則は、長年父とともに越中各地を転戦して戦いなれていたので、信頼していた。全権を任された氏則は、前田迎撃の手を打ったが、通過させてしまった。

津幡城から末森の野への道すじは三本あった。

(1) 山街道……津幡《つばた》—指江《さっせ》—横山—元女《がんにょ》—鉢野（八野）—紺野町—上田

(2) 中街道……津幡—鵜ノ気（宇ノ気）—横山—内高松—面田《めんでん》（免田）—麦生《むぎう》

(3) 浜街道……津幡—鵜ノ気（宇ノ気）—外高松—川尻—今浜

佐々勢の末森攻撃隊は、このうちの山街道を進んだのであるが、この道すじの防御は坪井山本陣が受け持っていた。そして、前田救援隊がやってくる可能性の多いほかの二道は、神保勢が受け持っていた。すなわち、川尻川を前にした砂丘の松原に本隊を、川を越えた外高松（河北郡）に支隊を配置していた（末森問答）。

　この二つの街道は、起伏の多い砂丘の連なり（河北砂丘）で、丈高い雑木や雑草が繁茂し、警戒配備には困難であった。ことに、前田勢が渡った川尻川の河口は、濁流が海岸の砂丘を突き抜いたような様相をなし、川幅、川の湾曲、砂丘の大きさ、繁茂している雑草のために海岸を見通すことは無理な死角となっていた（末森山合戦史考）。そのうえ、歩いてみればわかるが、砂の粒子が細く、水気を吸えば吸うほど、固くしまる。これは、砂岩の多い宝達山系、とくに上大田《かみおおた》から箕打《みのうち》（ともに河北郡）にかけての山一帯は、砂岩でおおわれているからである。

　ここから崩れた砂が大海川から日本海に入り、荒波にもまれてさらに細かくなる。そして砂浜に打ち上げられて砂丘をつくるが、波打ち際は水分を吸うので固くしまり、舗装道路のようになって、車を走らせることもできる。一足ごとに砂のなかにめり込む越中の砂浜では、考えられぬことである。

　この異なった地理条件を神保勢が見落とした。まさか、波打ち際を騎馬隊が通るとは思いもせず、砂丘の雑木や雑草が警備を困難なものにしていた。さらに、しのつく雨降りである。雨に打たれた雑木が音を鳴らし、打ち寄せる波音が前田勢の足音をかき消してくれるという天運も加わった。沢川支隊の行動変更から、本陣の一部をさいて右翼攻撃隊に回し、その分を神保勢で補うため、神保勢にしわ寄せがきていたこともある（混目摘写）。

何より大きい失態は、物見の兵の報告から「前田勢の後詰はない」と思ったことである（加賀藩諸記録）。前田先鋒隊が引き返し、津幡城周辺にいる前田勢の様子からも、十日の夜は行動を起こさないと判断して、外高松の布陣を川尻川まで後退させたのである。

前田方の状態から氏則の判断は、無理からぬことであった。むしろ、能登の将兵らが手をつかねて傍観し、その他の将兵らも怯《おび》えきっているのを引きずり、雨のなかを決死の覚悟で行動した利家の気迫と勇気を称えねばなるまい。当然、氏則は成政や父から激しい叱責を受けた。その責任を感じてか、末森の戦い直後、荒山砦、勝山城を襲ってきた前田勢と戦い、壮烈な最期をとげている（寛政重修諸家譜）。

自主退却を決意

戦いはにらみ合いの形のまま十一日を過ぎ、十二日の朝、成政は撤退することを決断した（末森記）。敵国内での長陣は、孤立化する危険があり、末森城から奪った糧食にも限度があったからである。この佐々勢の撤退ぶりは堂々たるもので、加賀藩史料のいずれもが、敵方であるにもかかわらず、惜しみなく賞賛している。

◆――越中勢も足を乱さず、成政下知《げぢ》にて軽々と引取。段々に備のきたる事、さすが内

蔵助も物なれたる大将と申者も多かりけり。(末森記)

◆——今浜、山の近辺、備も鶴翼《かくよく》にたて、一勢〳〵引たるは、げにも名将とそ見へたりける。(前田家之記)

勢揃いした佐々勢は、まず前進して前田勢を襲うと見せかけ、その後、成政が黄色の陣羽織を黒羽織に変えた。それを合図に、全軍が一糸乱れず退きだした。何日かぶりに晴れ渡った秋空の下、金の馬印や指物、諸将の鎧《よろい》が朝日に映え、かぶとや槍の穂先が目を射るほどにきらめいている。それらが、金色のさざなみを立てながら整然と遠のいていったという(末森問答)。さぞかし、美しい絵巻き物か、絢爛《けんらん》たる舞台のようであったにちがいない。この心憎いまで秩序だった華麗な演出ぶりを、末森城内にいた前田勢は心を奪われて見とれていたという(異本末森問答)。

佐々勢は、二隊に分かれて退却した。主力隊は山街道を進み、もう一隊は浜街道を進み、行く先々で伏兵を恐れ、村々を焼き払っていった。一方では、尾山、津幡両城の迎撃を防ぐために諜者らを使って風評を流した。

「末森はすでに落城。利家以下、枕を並べて討ち死にした」

「成政、大軍を率いて尾山城に迫る」

風評を信じた領民らは怯え、右往左往しながら南に向かって逃げた。鳥越城は、城将以下兵士らが城を捨てて逃げだした（末森記）。尾山城内の驚きはさらに大きく、利家の妻まつ（芳春院）をはじめ各将の妻たちは自決寸前であったという（村井長時筆記）。なにしろ大坂表《おもて》まで、末森、津幡、今庄城らの落城の噂が流れていた（貝塚御座所日記）。

示威してきた佐々勢は、横山の地で合流すると指江《さつせ》まで進み、ここから道を北にとって吉倉山で休憩。その後、眼下の鳥越城が空城になっているのを幸いに奪い、越中に戻った。

こうして、万に一つの失敗もないと思われた成政の緻密な戦術が破れ、利家は末森城を守りきった。それは、天運、地の利が幸いしたとはいえ、捨て身で立ち向かった利家の気迫と勇気、部下を思い、主君を信じた主従の信頼関係が成政の知力を上回ったといえよう。

以後、二人の興亡は、はっきりと明暗に分かれる。利家は、秀吉をバックにして勢力を伸ばし、越中を支配下において前田百万石を確実なものにしていく。ついには、豊臣家大老として秀吉に頼られ、加賀藩祖として三百年の歴史のなかで輝くようになる。一方の成政は、秀吉に攻められて降伏し、最後は秀吉に切腹を命じられて滅びる。

利家は、やっとの思いで末森城を守り抜いたが、鳥越城は奪われ、能登勝山に築城を許し、能登の村々が焼き払われるなど、佐々勢に自領を蹂躙《じゆうりん》されるままにしたことが、よほど悔やしかったらしい。秀吉に、「案ずることなく捨て置け、決して事を荒立てるな」（前田家所蔵文書）と戒められているにもかかわらず、鳥越城の奪還を目指した。能登の城将らには、勝山城や荒山砦を攻めさせた。それでも足りず、佐々方の内部攪乱《かくらん》を狙った。その的として、氷見《ひみ》阿尾城主・菊池武勝に目をつけ、味方になるようにと働きかけた（十一月八日、松雲公採集遺編類纂）。

越後の上杉景勝も秀吉から中立保持を求められていたが、利家と共同戦線をはって越中に侵入し、境、宮崎両城を奪った（青木文書）。秀吉としては、信雄《のぶかつ》とのあいだに進めていた和議交渉は九月七日に破れたが（家忠日記）、せっかくつかみかけた和議の糸口を、北国で戦いをされることによって断ち切られることを案じたのであろう。

東と西から挟撃され、日に日に緊迫の度を深めていく成政のもとに、突如、驚くべき情報が入った。十一月十二日（十二月十三日）に、信雄が秀吉と講和を結んだという（家忠日記）。信雄は、末森の戦いに呼応して、伊勢の一揆勢とともに和泉の秀吉勢を攻め、家康も家臣らを美濃や伊勢に出兵させて、戦いの炎は再び燃え上がっていた（佐久間軍記、寛永諸家系図伝）。その矢先の講和締結である。

成政にとっては、青天のへきれきとでもいうべき中央政局の激変であった。和議交渉の成立を願い、見守っていたなかで、利家に足元をすくわれて余儀なく立ち上がり、引くに引けない状況にあった。そのなかで、味方になるようにとそそのかした当事者が、突如寝返ったのである。やりきれない思いがした。

そのうち、和議交渉は信雄と秀吉とのあいだで進められ、家康が加わっていないことに気づいた。家康の意向を打診するとともに奮起を請い、越中への加勢も求めなければならないと思った。それには、越中に座して不安と焦燥に駆られているよりは、じかに家康に会って説得するよりほかに手立てはないと考えた。そのためにも、事は急を要した。

こうして、越中存亡の危機に立たされた成政は、局面の打開をはかるため、浜松に向かった。

第三章　真冬の北アルプス越え——伝説か真実か

「さらさら越え」史実検証

成政が浜松の家康に会うため、厳寒の積雪期に家臣らを引き連れて、北アルプス（立山連峰、後立山《うしろたてやま》連峰）を踏破した「さらさら越え」（ざら越え）は、江戸期に著わされた数多くの書物によって、広く知れわたった。これを知った人びとは、

「さすがは豪勇な佐々成政よ」

「奇跡だ。神業というほかはない」

と驚き、絶賛したという。

一月中旬すぎ、わが国で積雪の最も多い三千メートル級の山々を越え、日本列島のなかで一番面積の広い地域を縦断したのである。わが国では最も古い集団登山であり、真冬における登山のさきがけといえる。しかも、往時は人界の果てとみられ、不知不信の地として妖異《ようい》を説くばかりであった黒部《くろべ》奥山の秘境にスポットを当て、人間とのふれあいを示した。

このことは、戦国の一武将としての戦国史上よりも、日本の登山歴史に残る壮挙、黒部の開拓者としてのほうに、大きな意味を持つ。

古書にみるさらさら越え

この「さらさら越え」について、『甫庵《ほあん》太閤記』は「佐々内蔵助、励真忠、雪中さらさら越之事」と題して、その壮挙を称《たた》えている。

◆──先君の恩顧を忘れずして……越中にて義兵をこし、秀吉卿には敵対せり。◆──天正十二年霜月下旬、深雪をもいとはず、さらさらこえとて剣難無双の山路を行迷ひぬ。（中略）真忠の心ざしを天感じ給ふにや、思ひの外、やすやすと麓の里に着《つき》にけり。（中略）かく義を守り、信を厚くせしによって、秀吉卿とは不和にぞ成《なり》にける。

この書によると、成政は留守をする期間を二十日間とみている。すなわち、前田方が成政の留守を察知するのに十日間、尾山城の利家の耳に入って、富山城攻めを決定するまでに五日間、陣ぶれをして出立準備をするのに五、六日。兵法者・成政らしい緻密な計算で、冬の休戦期間とはいえ、前田や上杉と事を構えているだけに、違《たが》えることのできぬ日数であったろう。そして、留守中は病であると称して、毎日膳をすえさせ、伽《とぎ》の者や通いの小姓らには起請文《きしょうもん》を書かせて秘密を守らせた。

こうして、十一月二十三日（十二月二十四日）密かに富山城を出立。「雪になづまぬわかきばらを百人ばかりめしつれ、大山の嶺《みね》わきに攀上《よじ》り」山下の煙を目当てにして里に下りた。この里で、一夜の宿を取った後、里人の道案内で上諏訪（長野県）に着き、この地から家康に飛脚を立てて出迎えを受け、十二月四日、浜松に着いた。そして、浜松城で家康と対面。秀吉討伐について話し合った。翌日は、清洲城で信雄と評議を尽くし、また、深山の山路をたどって越中に立ち帰った。

『絵本太閤記』も同じような内容を伝え、『肯搆泉達録《こうこうせんたつろく》』は、奥山道を熟知している禅僧・玄同が道案内を務めたとしている。

さらさら越えの諸説

「さらさら越え」については、数多くの書物に紹介されながらも表現や時期、人数、場所に少しずつのずれがある。

〈名称〉

▽更々越（絵本太閤記、肯搆泉達録、拾纂《しゅうさん》名言記、大日本地名辞書）

▽さらさら越（甫庵太閤記、温故知新《おんこちしん》、加越能大路《たいろ》水経、長湫《ながくて》合戦略譜）

▽ざらざら越（末森記、箕浦《みのうら》五郎左衛門聞書、三壷記、東遊《とうゆう》記、越中志徴《しちょう》）

▽沙羅沙羅越（当代記、三州志、越中志徴）

▽この他、砂良砂良越（菅君栄名記、前田創業記）、砂良越（菅君雑録）、佐良佐良越（甲子《かっし》夜

話）、「ささ越え」「ざら峠越」「皿峠越」もある。

〈時期〉

▽『甫庵太閤記』は、富山城出立を十一月二十三日、上諏訪へは十二月一日、浜松城には十二月四日に到着したとしている。到着日はいくぶんずれはあるが、出立日を十一月二十三日としている書物が多い（肯搆泉達録、三壺記、菅君栄名記、武徳編年集成、前田創業記）。
▽これに対して、『絵本太閤記』（一月十三日）、『加越能大路《たいろ》水経』（十一月二十四〜二十七、二十八日）、『菅君雑録』（十一月二十二日）、『東遊記』（極月二十七日）、『当代記』と『武徳大成記』は十二月としている。

〈人数〉

▽百人ばかり（甫庵太閤記）　▽九十四人（肯搆泉達録）　▽五十余人（絵本太閤記）
▽供の者、六人（川角太閤記）　▽わずかの近習（東遊記）　▽二百人（微妙公夜話）
　書物によって揺れのあることが、伝説的色彩を濃くしているが、大筋については、十二月ごろ（一月ごろ）の厳寒期に「さらさら越え」をし、信州路を経て浜松に着いたことになる。
　ところで、「さらさら越え」とは、どの場所を指すのであろうか。

◆――大山の嶺《みね》わきに攀《よじ》上り――　（甫庵太閤記）

◆——白妙に降積《ふりつ》みし数丈の雪を踏《ふ》み分け、道もなき嶮岨《けんそ》を凌《しの》ぎ、立山の傍《かたわら》、更々《さらさら》越にぞかかりける。（絵本太閤記）

二書とも、場所が漠然としている。そして『肯搆泉達録』のなかで、僧玄同が語っているのを読むと、立山の地獄谷や立山温泉、黒部峡谷の面影がちらつく。

◆——さてさて難所にて、人倫《じんりん》絶えたる所なり。山嶽《さんがく》、天に連《つら》なり、四時《しじ》雪あり、夏日《かじつ》を知らず。寒風肌《はだえ》を裂《さ》き、手脚亀《かがま》り、ここに過ぐる道もなく、巌石《がんせき》を攀《よ》ぢ、脚下《きやっか》深うして煙雲鎖《えんうんとざ》し、幾千丈あるをみず。藤蘿幾年《とうらいくとせ》となく生《お》ひ茂《しげ》りたるが、深渓《しんけい》へ架《か》し、橋のごとくなると攀《よ》ぢて過ぐる所もあり。また脚下《きやっか》火燃え、渓水《けいすい》沸《わ》きのぼり、熱湯となり、煙漠々《ばくばく》として暗く、只尺《しせき》を分《わか》たず。実に言語には尽《つ》くしがたし。

『肯搆泉達録』には、備考として、「立山御前堂片原（雄山頂上付近）より、数十丈の谷底は真一文字に下りける」とある。

場所をはっきりさせているのが、つぎの書である。

◆——立山湯谷川、この谷南に温泉あり。成政、信州へ越ゆるの時、この温泉に入浴せりと。この温泉道に松尾と云ふ大難所あり。上り下り三里。これを沙羅々々と云ふと。（三州水経）

◆——越中佐々成政、雪中に信州越の時、此山の温泉へ入湯して、日和を考て、同月弐

拾七、八日の頃、東照大神宮へ内通の事ありしとなり。さらさら越とは此事也。（加越能大路水経）

◆小鳶《ことんび》谷より立山山脈を越え、黒部川の縦谷を横絶し、針木峠を登り、信州北安《あ》曇《ずみ》郡仁科《にしな》へ出づる者を云ふか。或は皿峠越とも云ふ。無双の絶険なり。（大日本地名辞書）

これらのことから、立山・弥陀《みだ》ケ原の松尾峠から立山温泉、ザラ峠、黒部川、針ノ木峠を経て信州仁科（大町市）に出たことがわかり、北アルプス越えを「さらさら越え」としている。

一方、厳冬の「さらさら越え」は不可能とし、秀吉と信雄の和平後の遠州行きを不合理と唱えたのが、加賀藩軍学者・有沢永貞《ながさだ》である。

◆芦峅《あしくら》ノ者ニ問フニ、冬日立、立山ニ登ル事ハ絶エテナキ事也。禅定《ぜんじよう》ハ、六、七月ノ両月ニ極ル。年ニヨリ寒気遅ケレバ、暮、秋ニモ、不動堂迄《まで》ハ上ル事アリト云。十一、二月ノ比、人ノ通フ事ナシ。（中略）其上、今年十月ニ至テ、秀吉ト信雄トノ和平相済ムナレバ、霜月、臘月《ろうげつ》、深雪踏分《ふみわ》クベキ理ナシ。（長湫合戦略譜）

『越登賀《えつとが》三州志』の著者、富田景周《けいしゅう》も、この説に賛成して、「是《これ》ハ、十一月ト七月ト字体似タルヲ謬写《びゅうしゃ》セル事疑フベカラズ。此《この》誤リ、太閤記ヨリ因襲シテ、諸書ニ及ベリト見ユ」と断じている。

末森の戦い以前とする考えは、この二書のほか、加賀藩創業記の書（末森記、末守御後巻始末、村井又兵衛夜話、陳善録《ちんぜんろく》）に見受けられる。いずれも、成政がさらさら越えをして家康と密約。その後、前田に縁談を持ちかけたとしている。また、開戦前には佐々与左衛門《よざえもん》（成政の甥）、開戦後の十一月には、成政が越えたとして、二回説を唱えている書もある（前田創業記、北陸七国志、肯搆泉達録）。

現代でも、厳寒期の北アルプス越えを疑問視する人が多い。何しろ、三千メートル級の峻厳な山やまである。真冬は、六、七メートルの積雪があり、寒気は厳しい（零下十七、八度）。そうした寒さに対する装具も完備していない。相当の食糧運搬も問題であるという。「休戦期間とはいえ、東西に敵を受けている窮状のなかで、留守をすることができえたかも疑問である」

「成政自身でなく、成政の意思を伝える代言者（特使）の班組織だったのでは……」

という声もある。

さらさら越えの真偽

はたして成政は、厳寒期に北アルプスを越えたのであろうか。

浜松到着については、実録的価値の高い『家忠《いえただ》日記』の天正十二年十二月の項に、

「廿五日丁卯《ひのとう》、越中之佐々蔵助、浜松へこし候」と明記され、家康と対面した翌二十六日（一月二十五日）には、三河・吉良で鷹狩りをしていた信雄とも会っていることを伝えている。

また、天正十三年五月二十四日、家康が成政の重臣・佐々喜左衛門にあてた書状のなかに、

「旧冬、成政御越し候以後、度々芳心、喜悦候の条、此の度、吏（使）者差し越し候（後略）」とある（田安徳川家入札目録図版所蔵）。家康花押《かおう》（書き判）の書が、真冬における浜松到来を証明しているだけでなく、その後も、成政が家臣を遣わし、情報収集に努めているのである。

その他、寛文十二年（一六七二）、箕浦五郎左衛門が、実父・多賀鷗庵《たがおうあん》（堀秀政の弟、家康に仕えた）に聞いた話をまとめた書にも、暮の浜松到来が述べられている。

真冬に、浜松へ行ったことが確実として、厳冬の北アルプス越えが無理ならば、つぎの三ルートが考えられる。

(1)　越中—加賀—越前—美濃—浜松
(2)　越中—越後・糸魚川—信州—浜松
(3)　越中—飛驒・高山—美濃—浜松

このなかで(1)と(2)は、敵地内の集団通行なので不可能。(3)は、当時、飛騨一円（白川郷を除く）を支配していたのが三木（姉小路）頼綱で、家康方に味方していた。したがって、飛騨までは進むことができるが、美濃は秀吉の支配圏。南下は無理である。このことから、飛騨野麦峠を越え、信州深志（松本市）に出たという説がある（菅君雑録）。だが、成政と姉小路とは、行動を同じくしていた程度で、交渉はない（飛騨史考）。飛騨に向かったという形跡も見当たらない。

　こうして考えてくると、可能性の高いのが、やはり北アルプス越えである。それを裏付けるのが、『榛葉《しんば》文書』。『榛葉文書』には、天正十二年十月十七日付けで、家康の重臣、大久保忠隣《ただのり》、本多正信が連名で、松川村（長野県大町市）を領していた榛葉（新屋）但馬守《たじま》にあてた書状が載っている。

◆――越中国からの通行人の世話をよくしてくれているとのことで、主君・家康が大変喜んでおります。この気持ちをそなたに伝えるようにと、われら両人に申しつけました。今後も、越中からやってくる人々の面倒をみてくださるようにお願いいたします。

十月十七日といえば、成政の使者が、家康から不破《ふわ》彦三あての親書（譜牒《ふちよう》余録）をことずかった翌日にあたる。十六日、成政の使者が家康と対面して、越中情勢を報告した後、不破彦三を味方に引き入れるために、彦三の身上保証を求めている。彦三は、成政や利家ともに府中三人衆として越前府中、三万三千石を領し、柴田勝家の与力《よりき》となった光治（天正八年没）の嫡子で、勝家滅亡後、秀吉に降伏した。その後、秀吉の不興を買って領地を没収され、前田家に寄食していた。成政が、この彦三を反秀吉派に引き込もうと、「彦三の身上保証と領地の安堵」を頼んだ。

このときの使者が、家康と対面した際、榛葉但馬守から丁重な接待を受けたことを語ったので、家康が大久保、本多の両人に、但馬守への礼状を命じたらしい。

成政の使者が但馬守の館に足をとどめたという事実は、北アルプスを越えてきたことを意味する。このルートは、古くから塩の道の短距離区間として、雪の降らない時期に利用されていた。商人だけでなく、忍びの者も頻繁《ひんぱん》に利用していたことが、永禄十三年（一五七〇）二月二十六日と推定される寺島職定《もとさだ》（池田城主）の文書によって知ることができる。職定が支配していた芦峅寺《あしくらじ》百姓に出した通告状である。

◆──急度《きっと》申し越し候。仍《よ》って、信州へ罷《まか》り透《とお》るの儀、先づ以て相留むべく候。此の上も罷り越すに於いては、諸商人、成敗せしむべく候（立山一山会文書）

つまり、自国防衛のために山路を閉塞《へいそく》することを、厳しくいいつけている。商人に偽装して信越間を往来している忍びの者を取り締まるためであった。

この時期、信州一帯を支配していたのは、武田信玄。彼は、越中の一向宗徒や国人らの許へ盛んに密使を遣わしては、上杉謙信に抵抗させていた。寺島職定の主君・神保長職《ながもと》も信玄と結んだ一人であったが、度重なる謙信の猛攻と、頼っていた能登守護・畠山義綱が謙信の庇護を受けるに及んで、上杉方に付くことを決めた（永禄十一年夏）。これに反対したのが、嫡子・長住《ながずみ》や寺島職定の一派。長職は、これらの不平分子を抑えるために謙信の出馬を要請し、謙信が池田城を攻めた（永禄十一年八月）。

このため、職定は降伏し、長住は信長のもとに亡命した。策士・信玄は、長職が上杉方についたとみるや、上杉方に属していた松倉城主・椎名康胤《やすたね》を寝返らせ、飛騨の江馬輝盛《えまてるもり》に命じて越中に侵攻させた。

寺島職定の通告状は、こうした事情から敵対関係に入った武田方の密使の通行を遮るという戦略的意味を持っていた。

何より北アルプス越えを決定づけているのが、昭和三十四年（一九五九）愛知県江南市の吉田龍雲《たつも》氏宅で発見された『武功夜話』（吉田蒼生雄訳）織田信雄に仕えていた小坂雄吉の直孫・雄翟《かつかね》（吉田と改姓）が三百九十年前の慶長年間に書き記した記録である。

この書に、成政に従って山越えをしてきた前野嘉兵衛（記録時は三十代後半）が、従兄弟《いとこ》である雄翟の父・雄善ともども、つぎのように証言している、

◆――遙々《はるばる》家居を出で、越・信の剣山雪峰千里を相越え……寒天に暖を囲む遑《いとま》非ず、

北風骨を貫き、粗衣の粉雪を払って故地を彷徨す。

『武功夜話』では、『家忠日記』同様に十二月二十五日、浜松に着いている。そして三十日に清洲城へ参上し、天正十三年正月四日に発っている。

成政主従は厳寒期確実に北アルプスを越えたのである。

なお、このルートを成政が利用していたことを知った豊臣秀吉は、天正十三年八月の富山城攻めに際して、成政が徳川領に逃げ込むのを防ぐため、先鋒隊に芦峅寺《あしくらじ》を攻めさせている（徴古文書など）。後年、加賀藩も、成政のルート利用を知って北アルプス一帯の立ち入りを禁じるとともに見分をし（芦峅寺十三郎由緒）、奥山廻り役（監視役人）に監視させている。藩主が万一の場合、江戸から逃げ帰る「隠し道」にもした（東国古道記）。

さらさら越えの道すじ

成政がさらさら越えを実施したとなると、芦峅寺から北アルプスを越え、信州・野口村大出《おおいで》（大町市）に着いたことになる。この間のルートとして挙げられているのが、六つある。

(1) 芦峅寺—立山温泉—ザラ峠—中ノ瀬平—針ノ木谷—針ノ木峠—野口村

(2) 芦峅寺—立山温泉—ザラ峠—中ノ瀬平—南又谷—七倉沢—野口村

(3)　芦峅寺—立山温泉—ザラ峠—中ノ瀬平—北葛沢—野口村
(4)　立　山—内蔵助平—中ノ瀬平—針ノ木峠—野口村
(5)　立山一ノ越—中ノ瀬平—針ノ木峠—野口村
(6)　上市—伊折《いおり》—馬場島《ばんばじま》—ブナクラ峠—剣岳・大窓—池ノ平—二俣—内蔵助平—中ノ瀬平—針ノ木谷—針ノ木峠—野口村

どの道すじも、芦峅寺より中ノ瀬平に行き着くことができるが、通説となっているのが(1)のコース（三州水経、菅君栄名記、加越能大路水経、芦峅十三郎由緒、越中志徴）。古くから塩の道の短距離区間として利用されていた。

(2)(3)は、(1)の針ノ木峠から籠川沿いの迂回《うかい》路でなく、針ノ木谷から北葛岳に登って尾根伝いに、あるいは七倉岳と北葛岳の鞍部《あんぶ》から七倉沢を渡って、高瀬川渓谷沿いの道に下りたとするコース。信州側では、かなり支持されている。

(4)は、『立山曼陀羅《まんだら》絵図』（立山信仰布教のための名所地図、竹内淳一氏所蔵）に描かれている。それには、立山大権現からお告げを受ける「佐々内蔵助成政」の名が書き込まれ、主従が大汝《おおなんじ》山と真砂《まさご》岳の鞍部から内蔵助平に下りる場面がある。

(5)(6)は、ともに越中に伝えられ、加賀藩奥山廻り役の定例道。とくに(6)は、道中の伊折や内蔵助平に成政の「埋蔵金伝説」が伝えられ、内蔵助平には、成政が宿ったといわれる岩穴もある。ただし、内蔵助平の名が地図上に現われるのは、文化初頭（一八〇四～）に作製された「奥山御境目ならびに谷々川筋等略絵図」からで、それ以前の山絵図には記入されていない。しかしながら、(6)のコースを踏破された藤平彬文《あきぶみ》氏（登山家）の話では、ほとんど標高二千メートルを超すことがなく、積雪、気温の点から可能であるという。

成政が、通説のコースをたどったとして、期日はいつごろであろうか。

富山城出立は、書物によって揺れはあるが十一月末（十二月末）として浜松に到着したのが十二月二十五日（一月二十四日）、翌日、家康と対面している（家忠日記、武徳編年集成）。その間、一カ月近くかかっている。山越えをして野口村大出で一泊（肯搆泉達録）、上諏訪の高島城主・諏訪頼忠《よりただ》に家康の許へ飛脚を立ててもらっているので（甫庵太閤記、武徳編年集成）、高島城で一、二泊。それから逆算して、北アルプス越えの期間が十一月末（十二月末）から十二月二十日前後（一月十八、九日ごろ。大出・大姥《おおうば》堂由来は二十日としている）の二十日間あまりとなる。

雪がなければ、昔は一日に十里を歩いたので、越中から浜松までの往復は八日間ほどで足りる。成政は、使者らの体験と積雪を考慮して二十日間と見積もったわけだが（甫庵太閤記）、越えたのは大寒の時期、一番雪が深く、寒さが厳しい。その厳しい自然に堪えうる装具や、大量の食糧補給も問題となる。寒気、疲労、飢餓に直面する山越えである。加賀藩の軍学者や現代の人びとが疑問視するのも、その点にある。ところが、藤平彬文氏が、「戦国期は暖冬だったのですよ。暖冬の七百年周期のときに当たっていたのです」と知らせてくださった。

立山連峰に成育している立山杉（樹齢五百〜千年）の年輪を見ると、戦国期は一様に広いという。暖冬の年は木の発育が良好なので、年輪の幅が広く、冷夏の年は狭くなる。これについては、阿里山（台湾）の檜（樹齢千二百年）の年輪を調べられた志田順氏（故人、東大教授）も暖冬であったことを指摘され、七百年周期説を唱えられている。厳寒期に現われる諏訪神社のおみ渡り（諏訪湖面の氷が割れる現象）が、室町時代から戦国期にかけて現われなかった年が多い（諏訪神社記録）。その有無からも七百年周期がわかるという。『寒暖の歴史』（西岡秀雄著）にも、「わが国には七百年を周期とする寒暖の循環があり、室町時代から安土・桃山時代にかけての十五、六世紀は、暖期の頂点に当たっている」と記されている。

◆――カンジキというものに乗っておとしければ、真忠の心ざしを天感じ給ふにや。思ひの外、やすやすと麓の里に著《つき》にけり。（甫庵太閤記）

◆――各カンジキにて渡りければ、かえって常よりも過ぎやすく（後略）。（肯搆泉達録）

◆――足軽二百人先に立、雪を踏ませて参に、山の谷、雪吹埋、陸地のことくなって、

却《かえ》って道よく候と申伝候。（微妙公夜話）

暖冬とはいえ、このように、やすやすと越えることができたのであろうか。

さらさら越えをたどる

北アルプス越えのコースをさぐるため、夏の一日、富山城址を出発。成政主従の足取りをたどった。

富山城から東に向かうと、常願寺川《じょうがんじ》に突き当たる。この川を渡ると、成政が厚く信仰していた一夜泊《いちやどまり》の社《やしろ》（成正霊王―浄正社）がある。この社で山越えの無事を祈ったという。この地から川沿いに南へ進むと、岩峅寺《いわくらじ》（中新川郡立山町）があり、ほどなく芦峅寺《あしくらじ》（同町）に着く。ともに、立山信仰のメッカとして栄えていた宗教集落である。

立山は、平安期のころより擬死再生（生きているうちに死後の極楽を保証する）の霊山として修験僧らが峰入りしていた（本朝法華験記、ほか）。その後、山岳仏教の隆盛とともに、仏徒による霊山修行の風習が広まり、それにつれて麓の芦峅寺・岩峅寺に堂塔が建てられた。それを祭礼する集団組織もつくられた。ことに、芦峅寺の組織「立山一山」は衆徒と社人によって構成された独自なもので、一山共有の土地を保持しながら血脈相続を重んじ、固い結束のもとに活動していた。

衆徒らは宿坊を営み、夏は、檀那《だんな》（登拝にきた人びと）を宿泊させるとともに、立山登拝の先達を務め、冬になると、諸国に出かけて立山信仰の布教に努めた。衆徒や社人のほかに、「仲語《ちゅうご》」もいた。現今のガイドにあたるが、立山開山縁起を語りながら案内するという宗教的教化も兼ねていた。この仲語は、夏以外は農業、炭焼き、伐採、猟にたずさわるが、衆徒らの諸国廻りの従者を務める者もいた。

こうして、立山講は全国に広まり、成政が国主であった天正中期の芦峅寺の組織は十八坊二十社人。立山仲宮寺《ちゅうぐうじ》（立山権現を祀った神社と仏を祀った仲宮寺を合わせた総称）は盛況を呈していた。仲宮寺の中心的存在であったのが姥堂《うばどう》（祖母堂、媼堂）で、女人《にょにん》成仏霊場としても広く知られていた。この堂には、本尊の姥三尊を中心に、日本六十六州をかたどって六十六体の姥像が安置してあった。俗に「オンバさま」と呼ばれ、寿命長久、五穀豊穣、子孫繁栄、諸願成就の仏として崇拝されていた。

雄山神社名誉宮司・佐伯《さえき》幸長氏は、

「衆徒らは全国を行脚するため、天下の形勢、地理に明るく、情報網を持っていた。また、道中、身に危険が降りかかることが多いこともあって、胆力があり、悪者と渡り合う技も心得ていた。これは仲語《ちゅうご》も同様で山中での仕事柄、山人としての修練を積んでいた」と

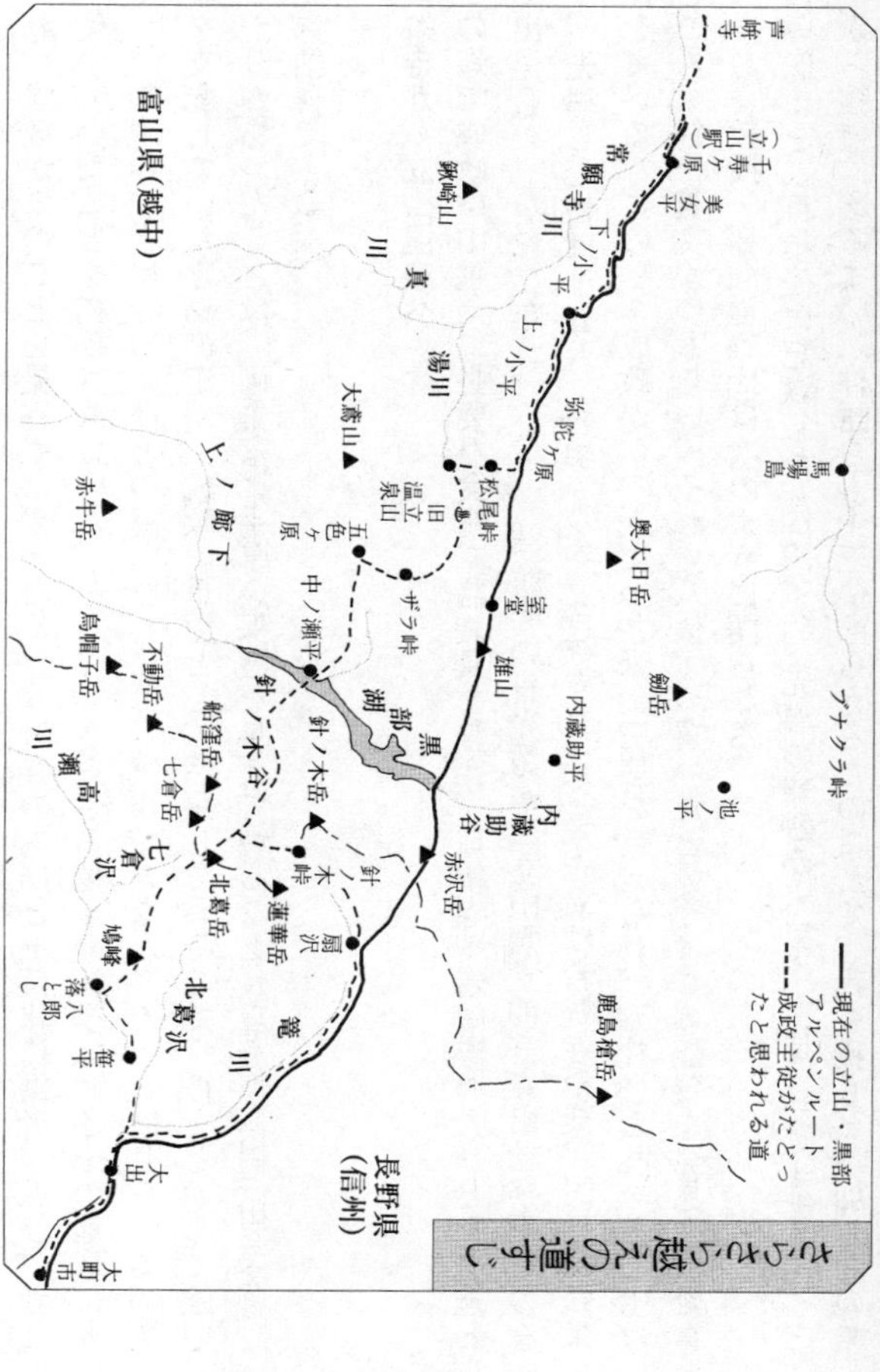
さらさら越えの道すじ
現在の立山・黒部アルペンルート
成政主従がたどったと思われる道
富山県(越中)
長野県(信州)
芦峅寺
千寿ヶ原(立山駅)
美女平
常願寺川
鍬崎山
下ノ小平
上ノ小平
真川
湯川
弥陀ヶ原
大鳶山
松尾峠
旧立山温泉
五色ヶ原
ザラ峠
室堂
奥大日岳
馬場島
雄山
剱岳
ブナクラ峠
内蔵助平
池ノ平
黒部湖
中ノ瀬平
上ノ廊下
赤牛岳
烏帽子岳
不動岳
針ノ木谷
針ノ木岳
内蔵助谷
赤沢岳
船窪岳
七倉岳
七倉沢
高瀬川
北葛岳
蓮華岳
針ノ木峠
扇沢
鹿島槍岳
鳩峰
籠川
北葛沢
落し八郎
笹平
大出
大町市

いわれ、成政がこのことを見逃すはずがなく、芦峅寺の人びとを情報提供者、忍びの者として使っていたことを指摘されている。そして「さらさら越えの壮挙は、冬山の地形に通じていた芦峅寺や岩峅寺の人びとの協力なしには、実現できなかった」と断じられる。両集落を支配していた寺島職定《もとさだ》が、成政の重臣として活躍しているので、彼をとおして強いつながりがあったことは、両集落に手厚い保護を与えていることからも（立山一山会文書）容易に納得できる。

芦峅寺から立山温泉へ

この地で成政は山越えに必要な食糧、諸装具を整え、芦峅寺や岩峅寺の人びとを先達として出発した。享和二年（一八〇二）芦峅寺の日光坊が『立山媼《うば》堂仲宮寺出世祭事』のなかで、先導したのは十五人（岩峅寺六人、芦峅寺九人）、大先立は岩峅寺衆徒、円光坊弘栄と記している。このとき成政から一人につき米十三俵を与えられ、お礼にお札を差し上げたところ、銭一貫文ずつもらい、それで八俵ずつ買ったという。この記録を発見された富山大学名誉教授・高瀬重雄氏は次のように語られる。

「いい伝えを二百年後に記録したとはいえ、先導の報酬が米二十一俵（約六十七万円）とあるから嘘ではあるまい。仲語らも十三俵もらえるとのことで、我も我もと参加したのではあるまいか」

こうして、十五名の先達者のもと、仲語、猟師、木びき、修験者（肯搆泉達録）らが同道した。

成政は芦峅寺で、随従してきた家臣らに浜松行きを明かしたという。家臣として、挙げられているのが佐々与左衛門、いたわ《ママ》勘右衛門、松木内匠（川角太閤記）、石黒左近、辺見与十郎（武家事紀）、舟木政吉（越中志徴・城戸家譜）、建部兵庫助政秀（寛政重修諸家譜、甫庵太閤記、肯搆泉達録）。

このうち、石黒と辺見が道中の服装について語っている（武家事紀）。「鈴を腰にぶら下げ、肩輿《かたこし》の脇に付いた」「バンドリミノを羽織にいたし、カマを腰にさしていった」屋根のついた囲いのミコシに成政が乗り、家臣らが交互に、囲いの下に取りつけた二本の長柄を担ぎながら進んだというが、険阻な山道、しかも積雪のある坂道をコシで行くのは、かえって困難危険である。疑わしい記事であるが、とにかく一行は常願寺川上流にある立山温泉に着き、ここで日和《ひより》を待った（三州水経、菅君栄名記、加越能大路水経）。

立山温泉は天正八年（一五八〇）に発見され、打ち傷、切り傷、中風、神経痛などに効能があり、猟師や木びきらのあいだで利用されていた。湯屋は山腹の岩くつにあり、厚さ一尺あまり（三十五センチ）の松板で囲い、三畳ほどの湯壺のなかに、高さ二メートルの岩の上から湯が滝のように落ち込んでいたという（加越能大路水経、越中志徴）。岩くつにあった腰かけ岩に、成政の手の跡が残っているとか、近くの岩に馬の足あとが残っているとかいわれ、後年は「内蔵助湯」として、公文書にも使用されている（温故集録、上・中新川郡雑記）。この温泉も、安政五年（一八五八）の大地震で、真上の鳶《とんび》山が崩れ、埋没した（越中古実記）。

芦峅寺から立山温泉までは、現在、芦峅寺の近く、千寿《せんじゅ》ケ原（地鉄立山駅付近）から建設省立山砂防工事事務所（当時）の軌道で、終点・水谷出張所に行く。ここから湯川（常願寺川支流）沿いに三十分近く歩くと、岩の間、川の中から熱湯が噴き出ている光景を目にすることができる。成政の入湯場所は、それよりも上流でザラ峠に近い。

昔は、芦峅寺より立山温泉までは、立山登拝コースを利用した。芦峅寺—藤橋（立山駅付近）—材木坂—美女平—ぶな坂—下《しも》ノ小平《こだいら》—上《かみ》ノ小平—弘法《こうぼう》—追分《おいわけ》（弥陀《みだ》ケ原）—松尾峠—立山温泉。

「午前四時に芦峅寺を出発。八里の登拝コースを歩いて、午後一時ごろには室堂に着いた」（佐伯幸長氏）

立山温泉は、立山・室堂（二四五〇メートル）の手前、弥陀ケ原（一九八〇メートル）から右に折れ、松尾峠を越えて下った所にある。宝暦十四年（一七六四）の調書に「芦峅寺より立山温泉、八里行程」と記してあるので、室堂着と同じく、午後一時ごろには着く。だが、積雪期。途中の桑谷の中室（避難所）で、一泊したことも考えられる。

立山登拝コースでなく、常願寺川を遡っていけば、おのずと立山温泉に着く。この道すじを歩かれた佐伯栄治氏は、

「厳寒期は渇水して川幅が十分の一になるので、雪の川原を歩いた。途中に、ナダレの起こりやすい『鬼ケ城』があるが、川の中心あたりを歩いていれば、ナダレに巻き込まれることはないのだが、歩きなれた立山登拝の道すじを選んだと考えたほうが妥当」

といわれる。常願寺川の川幅が広くなったのは、安政五年（一八五八）の大氾らん以後である。それ以前は、V字型だった可能性が大きいからだという。

厳寒期、積雪の多い北アルプス越えについては、芦峅寺の人びとは口を揃えて、「技術的に難しくない」といわれる。

「山の猟師、修験者らは、太古より丈余の積雪をものともせず、山小屋一つない深山を駆け回っていた。厳寒期に、紺のもも引、紺のシャツ一枚で立山を歩いていた人たちを見て育った」（佐伯幸長氏）

「厳寒期でも、手先、足先を冷やさねば、絶対大丈夫。皮のソッペ（足袋）が命の親だった、と聞かされている」（佐伯昭治氏）

「成政を案内したのが、命がけで山仕事をしていた人びと。どんな小さな沢も知っている。ナダレの危険場所も心得ている。そのうえ、ものすごく山勘《やまかん》が働き、危険予知能力を持っていた」（佐伯栄治氏）

岩魚は、悪天候になる半日前には、エサ取りに焦る。鉄砲水が出る三時間前ごろには、砂を飲んで体におもりをつけ、岸辺の石裏にひそむ。それとまったく同じ動物的第六感であるという。

「炭焼き仕事をしていたとき、食糧の差し入れに谷を登ってくる家人の匂いがわかった。姿は見えないのに匂いの濃さで、どの辺りを登っているかが推測できた。熊の匂いも敏感にかぎとっては、避難したものだ」（佐伯金蔵氏）

「自然が人間に問いかけ、訴えていることが見抜けなくては山男でない」（佐伯金蔵氏）

成政は、こうした山男たちを先達として山越えしたのである。

立山温泉から針ノ木谷へ

立山温泉で日和を見て出発した成政一行は、ザラ峠を越えて中ノ谷を下り、刈安峠に登って中ノ瀬平（平ノ小屋付近）に進んだといわれている。

立山温泉からザラ峠までの道すじは荒廃しているが、昭和五十九年九月に調査された牧野裕至氏（旧建設省職員）の話では、旧立山温泉からザラ谷川沿いに進むと、渓谷が狭くなり、目前に鷲《わし》岳と獅子《しし》岳の鞍部《あんぶ》に突き当たる。この鞍部がザラ峠（二三四八メートル）である。谷と峠との標高差は五百メートルくらいで、勾配は急傾斜。しかも、ざくざくしたガレキ（火山岩）の坂で、一足進むごとに足がガレの山に埋《うず》まり、ずるりとすべり落ちる。アリ地獄のようにガレとともにずり落ちていく感じで、登るのが大変であるという。

「むしろ積雪期のほうが、谷すじが積雪で塞《ふさ》がり、標高差が少ない。ガレキに埋まることもなく、登りやすい。しかし、谷すじはナダレの可能性が高いため、横の傾面の上を進んだのではなかろうか。また、付近の尾根を通った可能性もある」

付近の尾根というのは、多枝原平《だしはらだいら》から小鳶《ことんび》山、大鳶《おおとんび》山を経て五色《ごしき》ケ原に出る道すじで、昔は、ザラ峠は下るのに利用され、温泉からザラ峠に向かう人はこの道を利用した。八時間もかかるが、楽な行程である。だが、成政が休んだ旧立山温泉から多枝原平に出るには、二時間近く逆戻りをせねばならぬ。やはり、四、五時間で登れるザラ峠への道すじを選んだと考えたほうが妥当である。

ザラ峠を登ったにしろ、鳶山コースを進んだとしても、成政一行は五色ケ原で一泊した可能性が大きくなった。そこで、立山駅から立山黒部アルペンルートを利用して立山室堂に行き、一の越からザラ峠に向かって尾根縦走をした。「佐々成政、さらさら峠。いまじャオナゴも楽に越す」の民謡の言葉どおり、一ノ越から四時間余りでザラ峠に着いた。足元一面に、石塊《せっかい》が散らばっている。かたわらの鷲岳の斜面が、無残に引きさかれたようになって赤褐色の山肌を露出している。自然の暴威に身ぶるいさえする。十五万年ほど前に立山火山が噴火し、陥没したカルデラの姿であるが、昔の人びとはそうは思わない。安政五年の地震による鳶《とんび》山崩れ（日本三大崩れ）が重なって起きる土砂崩れを、さらさら越えに結びつけた。

「ザラ峠付近の土砂が崩れ落ちて常願寺川をうずめるのは、峠でつぎつぎと死んでいった佐々成政の家来たちの怨念がなせる業」

「成政の従者らの死骸をダビに付すため、一帯の木を切って以来、山崩れが始まった」

峠からひと山越えると、五色ケ原高原に出る。立山の火山活動によって形成された高原で、高山植物が咲き乱れる自然の庭園である。ここから平坦な尾根道を東に進んで三時間。コバルト色の黒部湖が見えたと思うと、平《たいら》ノ小屋に着いた。

平（中ノ瀬平）は、黒部川流域唯一の盆地。四囲がネズコ（黒桧）、杉、松などの樹林がうっそうと茂っているため、細長い壺の底にいる感じがする。この底を流れている黒部川は、この地から上流を「上ノ廊下」、下流を「下ノ廊下」と呼び、昔は対岸（針ノ木谷）に渡るとき、「篭の渡り」を使った。手前の岩壁から向こう岸の岩壁に張り渡した藤蔓《ふじつる》の太綱に下げた篭に乗り、綱をたぐって進むのである。篭といっても、一文字に組んだ木や竹を藤蔓で結わえただけの鳥の巣のようなもの、後年には、綱が針金となり、針金に吊《つる》した板に腰をかけ、空中ブランコのようにして渡ったという。

成政一行は、この黒部川をどのようにして渡ったのであろうか。

平ノ小屋の主人（佐伯覚英氏）の話では、渇水期なので川幅が狭く、水深も浅いという。

「川のところどころに石を置き、飛び石伝いに渡っていけるが、丸太を渡したほうが良策」

聞きながら、黒部峡谷で猟をしていた宇奈月町の人たちの言葉を思い浮かべた。

「飛び石伝いは、厳寒期、石の表面にかぶっている水が凍っているので、滑りやすい」

「四百年前はいまよりも川幅が狭く、厳冬期は家の前の川を下駄《げた》をはいて渡るようなものだが、足が冷えると行動力が鈍くなる。寝つきも悪くなる」

「代々、場所によって、何間物の丸太を渡せばよいかが伝えられているので、それに従って渡河した」。やはり、いくらも手に入る川柳、ブナ、ナラなどの丸太を川に渡して通るのが安全である。

「平の渡し」へは、さほど苦労せずとも渡ることができる。そこから針ノ木谷に入る。冬期でなければ、針ノ木谷―針ノ木峠―扇沢―野口村という一日コースになるが、厳寒期である。この針ノ木峠越えについて、同宿されていた立山連峰の山小屋の人びとから否定的な意見が述べられた。

「中ノ瀬平までは、立山温泉で日和を待つというメリットがあった。ザラ峠越えも、谷すじが雪でうまっているので登りやすい。五色ケ原高原で休むこともできた。だが、後立山連峰には、ザラ峠より数等高い針ノ木峠があり、峠の前後はナダレの巣だ」

「道案内の猟師らが、そのような危険地帯を選ぶはずがない」

針ノ木峠は、針ノ木岳（二八二〇メートル）と蓮華《れんげ》岳（二七九八メートル）の鞍部《あんぶ》であるが、峠というよりは、山陵（二五四一メートル）で、ザラ峠よりは二百メートル近くも高い。そのうえ、峠から扇沢への道中には針ノ木雪渓がある（日本三大雪渓の一つ）。

「針ノ木峠越えが無理だとすると、どこを通ったのであろうか」。考えていると、平ノ小屋と一ノ越山荘の主人（佐伯秀胤氏）の話し声が耳に入った。

「後立山連峰は、七倉《ななくら》沢を渡ったのではなかろうか」

「うん、冬場は、あの沢に猟師が入っていたと聞いている」

聞くと、七倉沢は沢が小さく、短いので、ナダレの心配がない。たとえナダレが起きても、小さいので、危険が少ないという。

「このあと、針ノ木越えをしますか？」

道案内をしてくださっている谷川宗隆《むねたか》氏（愛媛大学教授）がささやかれたが、七倉沢の場所が見当もつかず、針ノ木越えが不可能ならば、越える必要もないと思い、首を左右に振った。

翌朝、渡し舟に乗って、対岸にある平の渡し場に着き、針ノ木谷に入った。谷は、ネズコ、ツガなどの強風に負けない常緑針葉樹が、うっそうと林立している。日本海から運ばれた大量の雪は、立山連峰によってたたき落とされ、後立山連峰には冷えた強風が吹きつけるので、それに負けぬ樹木が生息しているのである。しばらく樹海のなかを進んでいたが、奈落の底を歩いているようで薄気味悪い。そうそうに引き返すと、平の渡し場から舟に乗って黒部ダムに行き、アルペンルートを利用して大町駅から富山に戻った。

後立山連峰

針ノ木峠越えを諦めて富山に帰ったものの、調べると大町市側に、成政一行の通行を示す伝説が、いくつもある。

▽鳩峰（一八六二・五メートル）

山中で進退きわまった一行が、行路の安全祈願のために大姥尊像《おおうばそんぞう》を拝んでいると、一羽の鳩が現われたという。

「鳩が飛んできたからには、里が近い」とて、鳩が飛んできた方角を目当てに進み、高瀬川沿いの道に下りることができた。以後、鳩が飛んできた峰は鳩峰に、そこから高瀬川沿い道に下りる場所は「佐々峠」「佐良佐良峠」と呼ばれている。

▽八郎落とし

成政の従者・八郎が雪庇《せっぴ》を踏み抜き、高瀬渓谷に転落したことから地名が付けられたという。

▽笹平

「八郎落とし」から高瀬川沿いに下った平坦地。成政が通行したことにちなみ、「佐々平」と命名されていたが、現在は「笹平」に改められている。

▽大姥堂（四方堂）

籠川と高瀬川の合流点にあたる野口村大出にある。立山登拝の裏参道口として知られ、秘仏・大姥尊像は、成政が山越えの際、道中安全のために立山仲宮寺よりもらい受け、里人に寄進したと伝えられている。

これらの場所は、高瀬川流域にある。信州側が、北葛岳（二五五一メートル）あたりから高瀬川渓谷に出たとするのも、このようなところからきていることがわかった。

◆――信州大町の西に高瀬川あり。この川、五六岳に出づ。又、北の方の野口入の水に

会う。越中の佐々成政、ここに至る故に、佐々越ともいう。(信濃地名考)

鳩峰を地図で調べると、北葛沢と七倉沢の中間にあるが、北葛岳とは尾根続きである。北葛・七倉の鞍部(二三二六メートル)から七倉沢に下りたか、北葛岳から尾根伝いに鳩峰方向に向かったか。いずれかの道すじをたどった可能性が出てきた。

立山越えから一カ月後の秋、大町市に出かけた。

駅頭に立つと、目の前に蓮華岳の威容が見える。その左に一段低く、蓮華の太刀持ちのように控えている三角形の山が北葛岳。その左隣に七倉岳が立っている。七倉・北葛の鞍部も目で捉えることができる。大町市から葛《くず》温泉行きのバスに乗り、後立山連峰の山裾、野口村大出で降りた。静かな里である。辺りは森閑として物音一つせず、人の姿もない。

目指す大姥堂は、停留場のかたわらにあった。堂の前に立て札があり、成政が大姥尊像を寄進した由来が記されている。ご本尊を見たいと思って堂に近づいたが、厳重に戸締まりがしてある。金網戸からすかし見ると、奥に厨子《ずし》がある。そのなかに安置してあるらしい。

大姥尊像を見ることができず、仕方なく北葛岳一帯の写真を撮って帰ることにした。適当な場所を求めながら、何気なく農家の庭先に足を踏み入れると、縁に、七十歳あまりの老婆が日向ぼっこをしていた。松沢菊代さんである。松沢さんは、成政の取材をしていることを聞いたとたん、目を輝かした。

「ご先祖さまのお導きだ」というと、家のなかに招き入れ、松沢家に伝わる話を語りだした。

天正の昔、松沢家の先祖が仲間と猟に出かけ、山中を歩いていると、人びとの話し声が聞こえてきた。近づくと、岩穴のあたりで人びとが折り重なるようにしていた。それが成政一行で、成政主従十八名と猟師ら三十名あまりの総勢五十名の集団であった。一行は、立山連峰を越え、後立山連峰を渡ってきたものの道がわからず、食糧もなくなり、立ち往生をしているという。全員が疲労困ぱいしている。凍傷にかかっている者や、餓死寸前の者もいる。

驚いた先祖は、非常食糧の三度栗（カチ栗）を分け与えると、急いで村に戻った。まもなく村人たちの救助隊が繰り出し、一行を無事に救出した。助けられた成政は、村人らに金品を与えて礼を述べるとともに、大姥尊像の守護を頼み、浜松に向かった。

語り終わった松沢さんに、真冬の北アルプス越えが疑問視されていることを話すと、顔を赤くして弁明された。

「真冬はカモシカ猟の真っ最中。昔は、寒《かん》になると山に入ったものだよ」

大出村の人びとは大正十四年（一九二五）捕獲禁止令が出るまで、カモシカ狩猟にたずさわり、カモシカが国の天然記念物指定（昭和九年五月一日）になるまで、密猟を続けていたという。

カモシカは「シシ」とも呼ばれ、毛皮は美しさ、品のよさにおいて最高であり、防寒具に適しているので、重宝がられていた。冬になると、カモシカの体に寒さを防ぐための冬毛（銀鼠色の細い毛）が生える。この冬毛は軽くて水はけがよく、暖かい。毛氈《もうせん》を織る際に混ぜ合わされたことから、「氈《かも》を織る鹿」＝カモシカと命名されたという。

したがって狩猟は、毛皮の上質な冬場に行なう。冬場といっても、雪の降り始めは雪質が柔らかいので、雪のなかを泳ぐようにラッセルせねばならず、狩猟どころか、歩くだけで疲労する。二月下旬より三月にかけては、全層ナダレの時期に入る。カモシカの冬毛も抜けだし、体の皮下脂肪が抜けて痩《や》せ、肉がまずくなる。肉は淡白でくせがなく、山国での貴重な蛋白源として高い値で取り引きされていたが、美味なのは寒の時期。その他、角は、かぜの妙薬やカツオの一本釣りの擬似餌《ぎじえ》に使われていた。

このようなことから、カモシカ猟は一月中旬から二月初旬にかけて行なわれた。二月初旬は雪質がしまっているので歩きやすいが、一月中は降るばかりである。それでも、気温が一定していて、ナダレの危険が少ない。木々が雪に埋《うず》もれて見通しがいい。カモシカの足跡が残っている。見つけたカモシカは、雪に足を取られて動きが鈍く、捕獲しやすい。

「寒の時期は、カモシカ猟の最盛期」

松沢さんはこう言うと、猟をしていた村人らを集めてくださった。

厳冬期の北アルプス

松沢家に集まった人たちや、山小屋経営者、登山家など、厳冬期に後立山連峰を歩き回られた方がたの話を総合すると、山の様子や猟のことがはっきりしてきた。「天候とナダレの心配さえなければ、冬山のほうが行動しやすい」という。

夏や秋は、草木が伸びてヤブとなり、歩きにくい。秋は道が濡れているために滑りやすい。それに比べ、冬山は一面の雪原を真一文字に進めばよい。カンジキをつけていれば、凍った雪面を歩くのは平地を進むようなものである。坂は滑り降りればよい。動物（熊）たちは冬ごもりをしているので、危険が及ぶこともない。

この冬山を「道すじの安全を確保しては、キャンプを進めていった」というのが、一致した意見であった。すなわち、まず、先鋒隊がキャンプ地までラッセルして道をつくる。つぎに、輸送隊がソリで食糧や荷物を運ぶ。何人かがキャンプに残って周辺を整備し、迎える準備をする。

「そして翌日、成政主従が雪の上につくられた一条の道をたどって進む」

このように、尺《しゃく》とり虫のように前進して、人間と物資が移動していくという漸進《ぜんしん》法を、奥山に入る猟師らは自然発生的に採用していたという。

〈道すじ〉

「冬場はナダレを考え、近辺の安全地帯を通るのが常。針ノ木越えの道すじを変更したのは当然のこと」と、この地でも芦峅寺の方がたと同様な意見が出された。

「七倉・北葛の鞍部に登ったとすれば七倉沢を渡り、高瀬渓谷に出るので、鳩峰は通過しない。したがって、北葛岳から尾根伝いに鳩峰に向かい、鳩峰付近の尾根を越えて高瀬川沿いに出たのではあるまいか」（柳沢昭夫氏、立山登山研修所長）

「ただ、七倉沢は沢が小さく、短く、高瀬川流域に出るには最短距離。厳冬期は、谷が雪でうまっていて、昔は、よく猟師らが入っていた沢。七倉・北葛の鞍部から七倉沢に入った後、ナダレのことを考えて上方に登り、鳩峰に向かった可能性もある」（松沢宗洋氏、船窪小屋経営）

このことから二つのコースのいずれかを渡ったことになる。

(1) 中ノ瀬平—針ノ木谷—北葛岳—鳩峰—佐々平（笹平）—野口村

(2) 中ノ瀬平—針ノ木谷—七倉・北葛の鞍部—七倉沢—鳩峰—佐々平—野口村

〈服装〉

▽一般には、袷《あわせ》の着物か、綿入れを着ていく程度。素肌にカモシカの毛皮や、毛糸着（汗を吸わぬ）一枚のときもあった。ときには、防水着（柿の渋汁につけたもの）、バンドリ（シナの木の皮で作ったもの）を着たこともある。

▽凍傷のできやすい手先、足先の保温にテトウ（皮手袋）、ソッペ（皮足袋）をつけることもあるが、足の先を包むウソ（シナの皮で作ったもの）だけでよい。かかとは、素足でも凍傷にならぬ。

「こうした服装で、山小屋や岩穴、雪洞に泊まる。木の下で、葉のついた枝を敷蒲団《しきぶとん》や掛蒲団《かけぶとん》代わりにして寝ても、風邪《かぜ》一つひかなかった」

「雪は、大量の空気を含有しているので、断熱効果が大きい。雪洞内は、外気が零下二十度でも零度。入り口を狭くし、床の片隅を掘り下げて冷気を落とし、毛皮や木の枝をマット代わりにすれば、さらに暖かい」

「雪洞は、木の幹を背にしてつくると、木のぬくみで保温率が高い」

〈食糧〉

▽山小屋、岩穴をベースにするため、秋のあいだに米、塩、味噌などを運び、貯蔵しておく。猟に出かけるときは、当座の食糧分（干飯、塩、味噌）を持参するほか、シッペ（麦の

粉とご飯をこね合わせたサンドイッチ風のもので、ネギ味噌、大根葉味噌、栗などをはさむ）を腹巻きに入れ、温かいうちに食べていく。
▽副食はカモシカ一頭あれば事足りる。味噌で焼いて食べ、残りは雪中（冷蔵庫代用）に埋め、必要のつど、取り出して焼く。燻製《くんせい》とし、非常食糧にもする。
▽水分（水、味噌汁など）を十分に取る。凍死するのは、水分が欠乏した場合に多い。
▽火は、ダケカンバの皮がタキツケ用として最適（油を燃やすように、黒煙を上げて燃え上がる）。その上に生木や枯れ枝を燃やすが、冬の木々は眠っているために水分が少なく、燃えやすい。
〈携帯品〉
▽食糧以外に、火打ち石、銃、ナタ、トビガキ（カンバ、六尺棒の鳶口《とびぐち》ニッケル式のもの。雪が深いときは杖となり、枝に引っかけて上り下りするのに使用する）。
▽炭俵を丸めて持参することもある。雪洞の入り口にぶら下げることもあれば、マット代わりに利用することもある。
猟師や登山家の人たちが問題にされたのは、「天候」と「アワ」（ホウナダレ）であった。

〈天候〉

一月に入ると、冬型気圧配置が定着して、強い北西の風が吹き荒れ、寒波の状態が続く。

だが、厳寒期でも気圧配置は移り変わり、季節風の強さにも強弱が現われる。

好天──▶低気圧が接近して気温上昇、巻雲、高積雲が現われる──▶帯状巻雲、層積雲が出る──▶積雲、層積雲の飛来が急となり、雪降り──▶西寄りの強風で気温が急降下──▶暴風雪が続く──▶季節風が弱まり好天。

「何しろ、猛吹雪が七、八日ほど続いたあと、好天が二日から三日間ある。その間を見はからい、一気に行動する」

「現代の人たちは勤めているせいもあるが、自分の日程にあわせて行動するから遭難する。猟師らは、自然と対話し、自然に順応し、待つということを心がけていた」

〈ナダレ〉
▽一月の時期には、アワ（ホウナダレ、表層ナダレ）が発生する。このナダレは、厳冬期の低温のとき、固くしまった傾斜地の旧雪と、多く降った新雪（ドカ雪）の重力の摩擦力の釣り合いが破れ、新雪部分だけが滑り落ちる現象。発生頻度は少ないものの、スピードと破壊力がある。速度は毎秒四十〜六十メートル（時速百四十四〜二百十六キロ）。新雪が深いほど速度がはやく、数十メートルの高い雪煙を上げ、毎秒百メートルで走るものもある。新雪は多量の空気を含んでいるため、ナダレの先頭が速度を落とすと、後ろからきた雪に空気が圧縮される。すると、紙鉄砲と同じ原理で前方の雪に推進力を与え、加速度をつけ、

大旋風を巻き起こすのである。

▽鳥の羽ばたき、ウサギの跳躍、人間の話し声、声を上げた響きだけでも起きかねない。その点、場所や時間帯が定まっている全層ナダレと異なり、予知することはむずかしい。

▽アワの危険を避ける方法

・大きな樹木が繁茂している場所は、比較的安全。

・アワは、気温の低下する夜中、夜明けに起こりやすい。

・降雪中と降雪直後は行動しない。新雪が旧雪になじむまで（一日）待つ。

「このように用意周到に行動しても、ナダレに巻き込まれることがある。それを恐れては猟ができぬ。天運に任せて行動した」

「むしろ暖かいと、雪が柔らかくなり、歩行困難。寒気の厳しいほうが雪面が凍っている。そこを、金カンジキをはいて進めば歩きやすい」

「晴天の二日目に行動すれば、中ノ瀬平から大出までは楽な一日コース。だが、大集団である。鞍部の肩あたりで一泊した可能性もある」

後立山連峰麓の人たちの話を聞いていると、越中と信州とでは、北アルプスに対する考えかたが大きく異なる。

信州の人たちは、厳寒期の冬山をホームグラウンドとして自由自在に駆け回っておられる。それは大出から後立山連峰までが短距離であることが原因している。日本海から運ばれた大量の雪が立山連峰でたたき落とされるので、積雪が少ないということもある。寒気は、大町市（七四〇メートル）の寒の時期は、平均して零下十五、六度。十七、八度も珍しくない。したがって寒気に耐えられる体力がつくられている。

このような地理的、気象的条件の違いのうえ、越中側は、加賀藩が黒部奥山の入山（立山登拝コース以外）を禁止。厳重な秘密主義をとったため、人間の入り込めぬ妖怪の住む場所として恐れられた。一方、松本藩は、自由に山入りをさせていたことも影響している。

「厳冬期に、平小屋から針ノ木谷を通り、蓮華岳から尾根づたいに大出のほうへ、また、北葛岳から鳩峰を経て下降した記録もある。針ノ木峠越えも条件がよければ、針ノ木雪渓を急いで滑り降りることもできる」（柳沢昭夫氏）

中ノ瀬平から信州野口村（大出）までは、立山連峰を踏破するよりは楽であり、天候や時間帯によっては、針ノ木峠越えが不可能でないこともわかった。

成政も、積雪量に違いがあることを知っていて、立山連峰さえ乗り越えればよいと思ったに違いない。そこで、芦峅寺から立山温泉までは、芦峅寺近在のものを大勢駆り集めて、雪道をつけさせたのであろう。

「足軽二百人先に立、雪を踏ませて参に、山の谷、雪吹埋、陸地のごとくなって、却て、道よく候と申伝候」（微妙公夜話）というのも納得できる。

松沢菊代さんの家には、成政が道中安全を願い、「オンバさま」のほか、親鸞上人直筆「帰《き》命《みよう》尽十方《じんじっぽう》无《む》礙《げ》光如来」の軸も持参したことが、語り伝えられている。軸は、成政の近侍で重度の凍傷にかかった松沢新助に与えられたという。菊代さんの家で療養していた新助は半年後、菊代さんの先祖の弟に背負われて越中に向かったものの病状が悪化、来馬《くるま》（長野県北安曇郡）の地で、この世を去ったという。

「背負っていった先祖の弟は、新助の死後、世話になった村人、仁助《にすけ》の娘をめとり、その地に住みついたというから、軸は来馬にあるはず……」

菊代さんの言葉に、来馬に出かけると、軸は村の西方《せいほう》堂に安置してあった。いまもって、毎年松沢一族（先祖の弟の子孫、松沢姓を名乗る）が「初代新助祭り」を行なって供養しているという。一族の本家筋に当たる松沢一登氏（大町市在）の家に、西方堂由来を記した江戸初期の巻物が保管してある。それには、大出の菊代さんから聞いた話とまったく同じことが記されていた。

四百年来、大出と、はるか離れた来馬とで、互いに知らぬまま、一方は口伝え、もう一方は由緒書で同じような内容を伝えているのである。成政一行の飢餓を救ったという三度栗も、最近まで、ともに植えられていた。そして互いに松沢新助にかかわりのある家として、松沢姓を名乗っている。

不思議な出会いに巡り合って富山に戻り、江戸後期の文人、橘南谿《なんけい》の著書『東遊《とうゆう》記』や、『甲子《かっし》夜話』を調べた。それには、大町市で聞いた内容と同じことが記されていた。

◆――雪中に立山を真すぐに越えたる艱難《かんなん》、なかなか言葉につくすべからず、その越えたる跡を、成政がざらざら越といいて、唯今にも勇気の者は、越中富山より信州松本へ、一、二日間に越ゆる事なり（中略）常の道を廻りて行かば、富山より松本へ六、七十里にも余れる所を、一日か二日の間に行く道なり。

このこと、唯寒中より早春の間にすべき事にて、常の時はなりがたしとぞ。その仔細《しさい》は（中略）数十丈の雪積る時には、断岸絶壁の所も皆一面の雪と成り。たとえころび落ちたるも、雪の上なれば、その身損ずる事なし。また、大樹喬木《きょうぼく》といえども、皆雪に埋《うずも》れて一面の平地のごとし。猛獣、また、皆逃げ隠れて穴に住めば、人を害することなし。この故に、寒気に堪え忍びて、命、全うしければ、谷嶺池川の差別なく、真っすぐに越えらるることなり。（東遊記）

橘南谿は、このように書き記したあと、「出羽奥州に入りて、見るに聞くに、立山のざらざら越の事、初めて誠《まこと》の事と思い悟りぬ」として、八甲田山の冬山越えの様子と照らし合わせている。

ちなみに、『武功夜話』には、尾張に着いた成政一行の様子について、つぎのように記録されている。

◆――御舎弟前野小兵衛、佐々平左衛門従者三人、当屋敷に罷り越し候なり。熊の毛皮の胴着、同半袴、四尺に余る野太刀を負い、頭巾の出で立ち、髯面《ひげづら》の中に眼光奕々《えきえき》、長途憔悴《しょうすい》して相貌極めがたし。

このようにして無事に北アルプス越えはしたものの、困難辛苦を重ねてやってきたのである。厳しい寒気と疲労、凍傷。道案内者を信頼しているとはいえ、ナダレへの恐怖感に襲われたことであろう。飢餓も襲ったであろう。それを『武功夜話』の文面が如実に語っている。成政は、このとき四十九歳（西春日井郡誌、早川家系譜）。すでに老年期に入っている。強靭《きょうじん》な体力で戦場体験も重ねているとはいえ、尋常ひと通りの山越えでなかった。

「何としてでも、浜松へ……」

乾坤一擲《けんこんいってき》の賭けの頂点にあって、全身、火の塊であったに違いない。

浜松城で家康と対面

野口（大出）の里で体を休めた一行は、一路南に向かい、諏訪湖畔に立つ高島城にたどり着いた。ここで成政は、城主・諏訪頼忠《よりただ》に、家康への連絡を頼んだ。

成政の内意を受けた頼忠の使者が、浜松城に飛んだ（武徳編年集成）。戻った使者の口上から家康が喜んで待ち受けていることを知った成政は、高島城を出立。遠州街道を飛ばして駿州府中に入ると、家康の家老・本多作左衛門が乗馬五十頭、伝馬百頭の用意をして出迎えていた（武徳編年集成）。ここから作左衛門の案内で浜松に着き、その夜は大久保忠世《ただよ》の屋敷で休み、翌十二月二十五日、浜松城で家康と対面した（家忠日記）。

家康は、真冬の北アルプスを踏破してきた成政の豪胆さに驚き、それまでしてやってきたことで歓待した。その家康に成政は再挙をすすめた。

◆――願クハ、再タビ兵ヲ起シテ秀吉ヲ撃《う》チ玉《たも》フベシ。然ラバ、我レ越中ヨリ軍ヲ起シテ京師ヲ挟《はさ》ミ撃チ、速《すみや》カニ秀吉ヲ誅《ちゅう》シテ、永ク麾下《きか》ニ属シテ寸忠ヲ竭《つく》サン。（武徳大成記）

◆――今、公ハ、旧国二州ノ外ニ、信玄カ分国、駿、甲、信三州ヲ領シ玉フ。成政早クモ謙信ノ分国、越中ヲ治ル上ハ、信玄、謙信同意スルニ似タリ。勝利 掌《たなごころ》ノ中ニアル（中略）。（武徳編年集成）

家康を信玄に、己れを謙信に見たて、両者が力を合わせれば秀吉を倒すことができると、必死に説得している成政の姿が浮かんでくる。だが、家康は応じなかった。次子・於義《おぎ》丸（義伊、結城秀康）を秀吉の養子にするという条件で和睦を結び、石川数正《かずまさ》に守らせて大坂城へ送ったばかりである（家忠日記）。養子とは名目で、人質である。これについては家康が反対して和睦を蹴ろうとしたのを、重臣らに説得され、やむなく承諾したいきさつがある（武徳大成記）。何よりも、信雄《のぶかつ》が秀吉と結んだ以上、戦う大義名分が消滅していた。

「信雄、秀吉和睦ありし上は、我より軍を起し、秀吉と干戈《かんか》を動かすべきにあらず。其方思立事あらば、随分加勢すべし」（改正参河風土記）

と答えるしかなかった。

この家康の援軍加勢を、重臣・酒井忠次が「此度ノ盟ヲ破リ玉フヘシ」（武徳編年集成）と諫めている。そして成政が、己れを謙信に、家康を信玄に見たてたことに怒っている。「徳川家は、信長公の生前には対等の地位でいた。それを信長の家臣であった成政が、徳川家を対等に扱うとは奇怪」

このことに、徳川家中の意思が反映している。和睦に反対する家康を説き伏せたばかりなのに、佐々方に援軍加勢となると、静かな水面に石を投げ入れるようなものである。於義丸の身上をも考えた忠次が、成政の言葉に事よせて諫めたのであろう。

結局、成政の血気に満ちた果敢な行為は、歴史の歩みを変えることはできなかった。だが、アルプスにまつわる歴史に、欠くことのできない一ページを飾った。

帰途の道すじ

帰途は、どのコースをたどったのであろうか。

浜松城で家康の苦衷を知らされた成政は、その足で清洲城に向かった。この城で織田信雄を説得するも聞き届けてもらえず、止むなく越中に戻ることにした。前野小兵衛の兄・小坂雄吉《おざかかつよし》（信雄家臣）の屋敷（江南《こうなん》市前野町）で首尾待ちをしていた小兵衛や佐々平左衛門らを引き連れて、尾張を立った。年が明けた正月四日（二月三日）であるという。（武功夜話）

◆――上下信州ヲ通。（当代記）

◆――又、深山の大雪分けて越中へ帰るとて（中略）。（参河後風土記）

◆――又、深雪に、山路をたどりたどり越中に立帰りけり。（甫庵太閤記）

信州を通ったことはわかるが、具体的な場所が示されていない。

成政が天正十三年三月十九日、飛騨高原郷住人・村上義長に差し出した礼状がある。

（鈴木景二執筆「佐々成政の浜松行き道筋試案」上越市史）

◆――旧冬、そちらの地域を通行した折り、種々の御高配をいただき、ことに、山口まで送りいただいた。（後略）

これによると、飛騨山口（高山市）を通って富山城に戻ったことがわかる。

加賀藩史料や高田藩史料を通して、野口村大出（大町市）から「上路《あげろ》コース（信州来馬《くるま》—山之坊—越後橋立《はしだて》—上路—越中境までの延喜古道《えんぎこどう》）」をたどったことがわかる。

「道案内役は、この地から越中に戻ったという」（大出村故老の話）。恐らく、芦峅寺衆徒の一団が通行した道すじであろう。

一方、成政主従は信州路を通り、高原郷より神通川すじを避けて二《ふた》ッ屋街道（越中飛騨街道）を選んだらしい。

尾張江南から飛騨山口に至るには、つぎの道すじがある。

○郡上《ぐじょう》街道（尾張江南—関—美濃—郡上八幡《はちまん》—高山）

○中山道《なかせんどう》（尾張江南—中津川—塩尻）を経て松本—安房峠—飛騨山口

しかしながら郡上街道（岐阜城の池田輝政始め、美濃の多くの武将は豊臣方）と中山道（豊臣方、森忠政《ただよし》支配地）は、いずれも豊臣勢力圏。徳川勢力圏内を通行し、つぎのような道すじをたどった可能性がある。

尾張江南—岡崎、新城《しんしろ》を経て遠江佐久間—信州塩尻—松本—安房峠—飛騨山口—二ッ屋街道（飛騨角川《かどかわ》—二ッ屋—越中大長谷《おおながたに》—八尾《やつお》）—富山城

成政の村上義長宛《あ》て書状を通して、一行は心急ぐ旅路であるだけに早馬を駆って走り、飛騨山口を経て、一月中旬すぎには富山城に戻っていたことがわかる。

富山城
八尾
剣岳
立山
二ッ屋
角川
神岡
穂高岳
焼岳
松本
高山
山口
安房峠
乗鞍岳
塩尻
飯田
江南
清洲城
佐久間
岡崎
新城
浜松城

なお、往路について、「富山城―越中有峰―飛騨・高原川沿い―安房峠―信州松本―浜松城」という説もあるが、考えられにくい。

天正十年（一五八二）十月二十七日、飛騨・神岡城は三木頼綱《よりつな》の攻撃によって落城。城主・江馬輝盛《えまてるもり》は討ち死にする。逃げのびた江馬氏遺臣らは越中・有峰に隠れ住み、たびたび神岡城奪還を試みる。三木氏は小牧・長久手の戦いで徳川方となる。三木氏の同盟者・成政一行の有峰通過では一戦交える可能性があった。

また、天正十二年九月、高原川上流・焼岳《やけだけ》が大噴火。高原川が氾濫して下流に新しい川筋（現神通川）ができた。この大噴火と河川氾濫によって、山容が大きく変わったという。翌年一月の天正大地震で、またもや焼岳が大噴火。今日の奥飛騨温泉郷が開ける。したがって、有峰―高原川沿いの通行には無理がある。（飛騨市史、富山市史）

現代版・さらさら越え

成政が越えた「さらさら越え」に、神経を尖らせたのは、成政のあとに越中を支配した前田利家。慶長三年（一五九八）黒部峡口・中山村（宇奈月町）の百姓・松儀伝右衛門《でんえもん》を大坂加賀屋敷に召し出し、奥山事情について聴取した。

利家にとって気味が悪かったのは、立山連峰に秘密の抜け道が存在していたことである。成政がその間道を利用して、家康と交流を深めていたことから、間道を利用して、家康が越中に侵入することができる。

さらさら越えルートの禁止

利家は自国防衛の立場から、さらさら越えの道すじを御締《おしまり》山（一般の立入禁止区域）とした。そして芦峅寺にその監視を命じ、道すじで発見した者は、打ち捨て御免として厳しく警戒させた。ただし、立山登拝の道は許したが、定められたコース以外は法度《はっと》とした。

加賀三代藩主・利常は、この程度の対策では安心できなかったらしい。寛永十七年（一六四〇）全山をあげて御締山とし、「奥山廻り役」（監視役人）を設けて山中の巡察を命じた。ついで、慶安元年（一六四八年）には、芦峅寺の社人・佐伯三左衛門、十三郎父子を小松城に呼び出すと、「さらさら越え調査隊」（岡田助三郎らを中心とした六十名）の道案内を命じた。日本山岳測量のさきがけである。

一行は、芦峅《あしくら》寺《じ》姥《うば》堂からザラ峠、中ノ瀬平、針ノ木峠を経て、信州野口村馬留（大町市）までの距離を、二十間縄尺を使って正確に測量した。さらに、黒部峡谷への道すじも調べた。以来「さらさら越えの道すじ」は、奥山巡察の主要道となった。

「奥山廻り役」任命の当初の目的は、信州や越後との国境警備という軍事的意味を持っていたため、針ノ木峠下の黒部川側「むらさきの帖場《ちょうば》」に関所を設けて越境者を取り締まった。その後、天下泰平が続くと、信州の材木伐採、狩猟、漁猟に目を光らせるようになった。

このような強引なまでの加賀藩の政策が、従来、曖昧模糊《あいまいもこ》としていた国境を明確にして自領に編入することに役立つとともに、森林資源が藩政を大きくうるおすようになる。藩では、奥山廻り役には、見聞一切を秘密にさせ、親兄弟にも洩らさぬように固く誓わせた。この厳重な秘密主義が、越中人をして黒部奥山を秘境という以上に、妖怪の棲息《せいそく》する魔の地域と恐れさせ、明治に至るまで厚いベールに包まれてしまう。

一方、信州人にとっては、距離的に近い後立山連峰は、ホームグラウンドである。伐採、狩猟、漁猟の宝庫を見逃すはずはない。山々を自由に駆け巡り、ときには奥山廻り役の目を盗んで越境もした。幕末になると、野口村の庄屋・飯島善右衛門が、「さらさら越えルート」を本格的に開きたいと思い、松本藩に願い出た。だが、五回に及ぶ請願にもかかわらず、許可は得られなかった。

明治初年、加賀藩の御締山の禁制が解かれ、奥山廻り役も廃止された。これを知った善右衛門の息子・善蔵が、父の遺志を継いで石川県士族らと図り、「さらさら越えルート」

の開通にあたった。そして、明治九年、野口村から芦峅寺にわたって牛が塩荷を積んで通れるほどの街道（道幅約三メートル）を切り開いた。これが「針ノ木新道」または「加賀街道」であるが、利用者が少なく、針ノ木谷の崩壊が甚だしいことから明治十五年に閉鎖した。

ここにおいて、信州と越中との物資交流路は断たれるが、ルートを利用した英人ウェストンらの外国人たちによって世界に紹介され、登山道として復活する。そして明治三十年ごろより登山の風習が生まれるに至って、多くの登山者が「さらさら越えルート」を横断するようになった。

立山黒部アルペンルート

昭和六十一年五月三日、雪に閉ざされ、冬眠していた立山黒部アルペンルートが、五カ月ぶりに再開された。

朝早く、富山駅から電車に乗った。水田に映る太陽と競い合うようにして、富山平野を走り抜けていた電車が、立山信仰の里、岩峅寺からは、佐々成政の足取りを追うようにして、常願寺川渓谷に沿っていく。次第に峡谷が狭まり、電車が速力を落として傾斜地を上がっていく。しばらくして終点、立山駅に着いた。芦峅寺は、この駅から歩いて三十分近

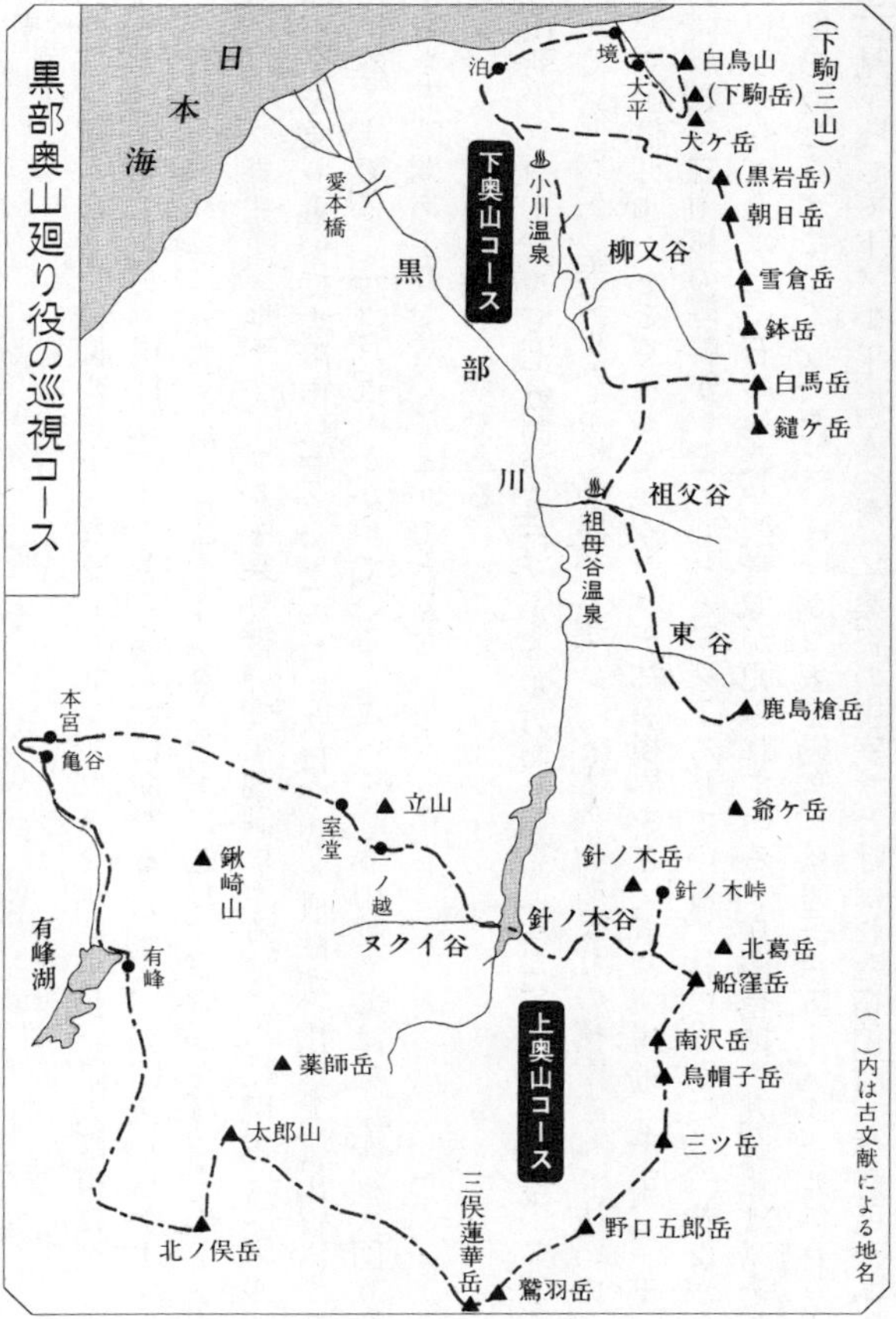
日本海
泊
境
犬平
白鳥山
(下駒岳)
犬ヶ岳
(下駒三山)
(黒岩岳)
朝日岳
雪倉岳
鉢岳
白馬岳
鑓ヶ岳
下奥山コース
小川温泉
愛本橋
黒部川
柳又谷
祖父谷
祖母谷温泉
東谷
鹿島槍岳
爺ヶ岳
本宮
亀谷
立山
室堂
一ノ越
鍬崎山
針ノ木岳
針ノ木峠
針ノ木谷
ヌクイ谷
有峰湖
有峰
北葛岳
船窪岳
南沢岳
烏帽子岳
上奥山コース
薬師岳
太郎山
三ツ岳
北ノ俣岳
野口五郎岳
三俣蓮華岳
鷲羽岳
(　)内は古文献による地名

黒部奥山廻り役の巡視コース

く の場所にある。

　この立山駅から立山信仰ルートをなぞり、北アルプスを越えて長野県大町市に至る立山黒部アルペンルートが「現代版・さらさら越え」にあたる。まず、立山駅からケーブルカーで、真上の美女平《びじょだいら》に登った後、高原バスで室堂平《むろどうだいら》に進む。室堂からは、立山トンネルバス、ロープウェイ、地下ケーブルを乗り継いで黒部湖に至る。さらに関電トンネルバス、高原バスを乗り継いで大町市に着く。このコースは、佐々成政が富山城（富山市）から大町市に着くまでに、一カ月近くかかっているところを、春山越えではあるが、大回りをしながらも三時間あまりで着くことができる。

　いよいよ「さらさら越え」である。

　立山駅からケーブルで七分間。五百メートルの標高差を一気に登って美女平（九七七メートル）に着いた。美女平からは高原バスが、一メートルあまりの積雪をくり抜いてつくられた立山信仰ルートをくねっていく。ブナ林が視界をさえぎり、樹齢一千年、一千七百年といわれる立山杉の巨幹が、どっしりと腰を下ろしている。林のなかには、昔ながらの修験道があり、道ばたに石の地蔵や観音像が祀《まつ》られている。立山登拝の人びとは、それらの仏像を道しるべにして登ったという。ぶな坂を過ぎ、落差三百五十メートルの称名滝《しょうみょう》を左に見下ろして下ノ小平《しもこだいら》に入った。「桑谷の中室」と呼ばれた宿泊所、休憩所があったところで、成政主従も泊まった可能性がある。ここを過ぎると、雪の壁が次第に高くなり、大木の姿は見られなくなる。

しばらくすると、雪壁が切れて、白銀の大平原に出た。新雪が陽の光できらめき、目がちかちかする。弥陀ケ原高原追分《おいわけ》（一九八〇メートル）である。美女平から十五キロ。高さにして千メートルあまり登ったことになるが、ここまでは坦々とした歩きよい道。成政一行は、ここから東に折れて松尾峠に進み、真下の立山温泉に向かったが、バスはそのまま山上へと向かう。

追分から次第に雪壁が高くなり、バスの高さを越えるようになった。区切られた青空の下をバスが蛇行《だこう》していく。太陽が雪壁で見え隠れし、左手の雪壁のすき間からわずかに見えていた雪の城壁大日岳《だいにちだけ》（二六〇六メートル）も、やがてまったく見えなくなってしまった。積雪の多いことで知られる大谷《おおたに》の雪壁の高さは、二十メートル近くもあるという。氷室のなかをくぐり抜けているような感じで、積雪の断層を眺めていると、突然、壁が切れ、パッと視界が開けた。室堂平（二四五〇メートル）に着いたのである。

群青色の空が広がっている。あまりにも深い空の青さに驚く。一点のしみもない大雪原の四囲は、山々が雪をかぶって白銀の殿堂と化し、陽の光で輝いている。葉桜の下界（富山市）から雪壁のタイムトンネルをくぐり抜けて二時間。大雪原に立っていると、真冬に引き戻されたようで、胸がきゅんと引き締まる。そして、雪をまとった山々の堂々たる威容と神々しさに、息をのんでみとれてしまう。

出陣式の再現

雪原を散策していると、勇壮な太鼓の音がしてきた。大町市観光協会が、毎年アルペンルートの開通を記念して、「イベント・佐々成政の北アルプス越え」を実施しているが、その一行が到着した合図である。急いでホテル立山の屋上に向かった。屋上の向こうに、鎧《よろい》、かぶとに身を包んだ高橋大町市長扮《ふん》する佐々成政が、三十名あまりの家臣を従えて立っている。一行のなかには、「佐々成政、針ノ木越え」と書いた旗をかかげている者もいれば、佐々家の家紋「滋目結《しげめゆい》」や、佐々の旗印「金のし」を持っている者もいる。「オンバさま」を背負っている武士も見える。

「さらさら越え」の出陣式が始まった。勇壮な泉嶽《せんがく》太鼓が打ち鳴らされ、祝砲が鳴り、ホラ貝やドラの音が山々にこだまするなかを、成政が雪の上を渡ってくると、会場のクス玉を割った。真っ赤な玉のなかから紙吹雪が散り、「祝、開通」の字幕が下がる。それが張り渡されると、成政が腰の刀を抜き、高々とさし上げた。

「各々方、出陣を祝ってエイエイ、オー！」

「エイ、エイ、オー！」

「エイ、エイ、オー！」

従者らが槍をさし上げながらかちどきを上げると、雪の上を行進した。「さらさら越え」の再現である。勇壮な泉嶽太鼓に励まされながら雪上を踏んでいく一行の姿に、当時の成政主従の悲壮な覚悟のほどが偲ばれる。

こうして出陣式を終えた一行は、イベント参加者らとともに酒を酌み交わし、沙羅沙羅鍋料理（ホテル立山の考案）で腹ごしらえをすると出発した。室堂駅からトンネルバスに乗って立山直下をくぐり、立山連峰の裏側・大観峰《だいかんぼう》（二三一六メートル）に着く。ここからロープウェイに乗って眼下の黒部平（一八二八メートル）に下りる。一本の支柱もないロープウェイ（一七〇〇メートル）に乗っていると、空中散歩をしているようなスリルを味わう。

そして、白銀に包まれている立山連峰を背に、目線の位置で捉えられる後立山連峰の雄姿を前にすると、別天地にいるような気がする。二十メートル近くの雪の回廊をくぐり抜けてやってきた立山連峰は、白銀の殿堂が連なっていたが、後立山連峰は、沢すじにだけ雪を残し、藍《あい》と白とのコントラストが山肌の厚さを際立たせている。真下に見えるダムの湖面が、雪で白く光っている。黒部奥山の一大パノラマに心を奪われているうちに、黒部平に着き、さらに、地下ケーブルに乗り継いで黒部湖（一四五四メートル）にたどり着いた。

四百余年前、佐々成政が芦峅寺から中ノ瀬平までを、日和を見、辛苦を重ねて越えたところを、「現代版さらさら越え」は、春山の荘厳さに目をみはり、雄大なパノラマを目にして驚嘆の声を上げ、いとも簡単に秘境へと着く。

ケーブルカーを降りて地下道を出ると、そこは、黒部奥山のまっただなか。かつては猿も落ちれば上がれなかったという谷であり、山岳人しか目にすることができなかった峡谷に足を踏み入れたのである。さすがに、川を渡ってくる風は強く冷たい。幅八メートル、長さ四百九十二メートルの黒部ダム堰堤《えんてい》は、一見、黒部川にかけられた橋に見える。だが、歩むほどに、オワンを切った格好のアーチを描いているダムの全貌が視界に入る。ダムが、貯水された一億九千九百万トン（大阪市民が五カ月間に使う水道量に当たる）の水圧を、がっちりと受け止めている。

成政一行がダムの中心まで進んだとき、ダム駅の方向からミノカサ姿の村人が五名、やってきた。「大出村百姓」と書いた旗印を掲げている。村人の一人が成政に近づいた。

「この雪のなかをご苦労でごわした。さぞ、ご難儀でござんしたんだべえ。おらが村じゃ、村の衆が殿さまの来るのを、今か今かと待っているだに。あらぁ、五人《ごったり》、ここからご案内しあす」

ここから成政一行とイベントの参加者らは、大出村百姓の案内で、黒部ダム駅からトロリーバスで扇沢へ。さらにバスに乗り換え、後立山連峰を簡単に通り抜けて、大出村大姥堂に着いた。

大姥堂の境内には、村人らが総出で出迎えている。

「ご苦労さまでした」

「さあさあ、体を休めてください」

村人らのねぎらいの言葉を受けた成政は、道中安全のために同道してもらった大姥尊像（模型）を御堂に安置し、無事に山越えできた感謝の金子を奉納し、武運長久を祈った。その後村人らに、大姥尊像を守ってくれるように頼んだ。これに対して、遠山正人氏（大姥堂保存会長）が、「私ども百姓、末長く祭り申しあげます」と約束し、浜松への道中無事を祈った。

一切の儀式が済むと、村人らから酒や甘酒、焼き餅と称するマンジュウなどが振る舞われた。乗り物を乗り継いでの道中ながら、朝早く富山を発ってきたために疲れていた。その身に、もてなされるマンジュウはおいしかった。村の女衆らが、朝早くから材料を持ち寄って作ったものだという。山菜や、菜の花のよごしが入っている素朴な味が、村をあげての歓待の感激とあいまって一層おいしく感じられた。

形式的なショーでもなければ、セレモニーでもない。その昔、佐々成政主従と野口村の

人びととのあいだに繰り広げられた情景、そのものである。村人らが、

「先祖たちが佐々成政を迎えたように、村をあげて歓待しよう」

とて、イベントに自主参加していることを知らされると、感動はさらに高まった。

成政は、地元越中よりも信州の人びとの心に強く焼きつけられ、追慕され、置いていったと伝えられる大姥尊像はいまでも秘仏として手厚く祀られているのである。

大姥堂で元気を取り戻した成政主従は、再び列を組むと、大出村の人々の見送るなかを浜松へと旅立った。

第四章　早百合のぶらり火——愛妾惨殺の真相

早百合伝説

佐々成政に関する伝説で、楽しい夢とロマンを運んでくれる埋蔵金伝説（補章）と対極にあるのが、おどろおどろしした早百合《さゆり》伝説。越中の伝説といえば、必ずといっていいほど挙げられている。したがって、大人ばかりでなく、子どもたちのあいだにも広まっている。

この話は、『絵本太閤記』をはじめとして、『肯搆泉達録』『越中古実記』『越中の伝説』など、数々の書物で広く世間に紹介され、成敗のしかたが残酷なことで、成政の名を有名にした。

これによって、佐々成政といえば、極悪非道の暴君、短気で猜疑《さいぎ》心の強い武将として信じ込まれるようになる。いまもなお、姦通《かんつう》伝説の代表格に据《す》えられている（戦国史事典）。

はたして、成政は横暴非道、猜疑心の強い国主であったのだろうか。

さらさら越えが招いた噂

成政の側室に、早百合という絶世の美女がいた。彼女は、呉服《ごふく》山（呉羽山）の麓、呉服村の豪農、奥野与左衛門の娘で、成政が領内巡視をしたおりに見初められたのだという。

書物によっては、紺屋の娘で、評判の小町娘であったのを見出されたとか、成政が桜狩りの帰途、路傍で土下座している群衆のなかにいた花をあざむく美女・早百合を見初めたとかいわれている。ともかく早百合は、「誠に類《たぐい》少なき国色なれば、成政の寵愛《ちようあい》深く、しばしも傍《かたわら》を放さず、弥《いや》増しにも思召しありしが……」（肯搆泉達録）というように、成政の寵愛を一身に集めていた。それが、成敗を受ける羽目に立ち至った。

これについて、『絵本太閤記』は、「さらさら越え」と結びつけている。すなわち、成政が浜松の徳川家康を訪ねるべく、従者を選んだ。このとき、小姓・竹沢熊四郎が病と称して、一行に加わるのを拒んだ。

解せぬ思いで旅立った成政は、数々の苦難を乗り越えて「さらさら越え」をし、浜松にたどり着いた。だが、期待は裏切られた。やるかたなき鬱憤《うつぷん》と今後の対策を考え、万死に一生を得た思いで、富山城に戻ってきた。その耳に入ったのが、身重の早百合と竹沢との密通の噂である。「早百合のはらんでいるのは、竹沢の子である」という風評に、疑心暗鬼になっているおりもおり、早百合のねやの戸口に、竹沢が持っている錦の火打ち袋が落ちていた。

早百合が寵愛されているのをねたんだ側室らの謀《はかりごと》とは知らない成政は、嫉妬《しつと》でかっとなった。「竹沢が密通、疑いなき事実！」と叫び、竹沢を庭に呼び出すと、帯びていた青江村正三尺三寸（約一メートル）の太刀で、抜き打ちに切り殺した。その足で、早百合の部屋に駆け入ると、丈なす黒髪を左手に巻いて引っ下げ、神通川の川沿いに走り出た。そして、持ちたる髪を逆手に取って宙に引き上げ、さっと切り殺した。それでも心が治まらず、柳の枝に黒髪を結びつけてぶら下げると早百合の親兄弟をはじめ、一族十八人の首をはねさせた。

『肯搆泉達録』では、時期をはっきりさせていないが、内容は『絵本太閤記』と似ている。早百合が寵愛されているのをねたんだ奥女中らが、陥れようと相謀った。そこで、成政の近侍《きんじ》で、藩内きっての美男子、岡島金一郎の紙入れを盗みとり、早百合の部屋の入り口に落としておいた。翌朝、かねて示し合わせていた目付役が紙入れを拾い、成政に差し出した。

成政が紙入れのなかを改めたところ、岡島金一郎に与えた小柄が出てきた。嫉妬に狂い、逆上した成政は、ただちに岡島金一郎を召し出すと、調べもせずに言い放った。

「汝は、身が妾、早百合と密謀いたし、殊更《ことさら》、夜前《やぜん》、部屋へ忍び入り、この方が雑言悪言《ぞうごんあくげん》して楽しみ居《お》り候ふ様子。さてさて悪《にっく》き者なり。されば、主人の目を掠《かす》めたる天罰により、事、明白に顕《あらわ》れては自業自得《じごうじとく》なり。悪き不忠の奴《やつ》かな」

とて、太刀をスラリと抜き、金一郎の咽《のど》をイグリ、ズタズタに斬《き》り殺し、目もあてられ

ぬ有様なりし。さてまた早百合を呼び出し、

「その方、言語《ごんご》道断なり。岡島金一郎と密通の事、明白に相知れたり」

と、眉《まゆ》逆立て、大いに怒り、種々呵責《かしやく》すれど、早百合はもとより、

「少しも、さる覚えなし」

とて、わび入れど、成政は小柄の證拠などを挙げ、なかなか聞き入れず、つひに、早百合をはじめ親類十二人、神通《じんつう》川の辺《ほとり》へ召し出し、手討《う》ちにし、早百合一人は無残にもツルシ切りにしけり。（肯搆泉達録）

◆――成政、大いに怒り、糺問《きゆうもん》せずして直ちに両人を捕え、城の西にあたる神通河畔の磯部《いそべ》堤《つつみ》の一本榎の下で鮟鱇斬《あんこうぎ》りとなし、親族十余人をも殺した。（富山市史）

無残にも、早百合は惨殺された。それも「鮟鱇《あんこう》のつるし切り」のようにして処罰されたという。

頭に、釣り竿《ざお》を乗せた格好をしている魚・鮟鱇は、冬場の味覚の代表である。魚体が柔らかいので、つるして料理する。まず、口のなかに縄を通してつるしたあと、口から水を差し入れ、外皮をそぎ、肉をさき、肝《きも》や腸などを取り、骨を切るという順に区分していく。

血迷った成政が、この鮟鱇を料理するように、早百合の体を切り苛《さいな》んだという。『越中の伝説』では、親族の首を打ち落とすたびに、つるした早百合の柔肌《やわはだ》を切りつけて、なぶ

り殺しにしたと、伝えている。

無実の罪で成敗される早百合は、当然恨んだ。無念の思いを残して、この世を去った。

◆――早百合が死するとき、罵《のの》り叫び、歯をかみくだき、血の涙を流し、美しかりし紅顔、たちまちに変じ、悪相をあらわし、

「おのれ、成政、この身はここに斬罪《ざんざい》せらるるとも、怨恨《えんこん》は悪鬼となり、数年ならずして、汝《なんじ》が子孫を殺しつくし、家名断絶せしむべし」

と、叫びながら斬《き》られたり。

見る者、目をおおい、聞く者、毛髪動く。(絵本太閤記)

◆――早百合は、いと恐ろしき面もちにて血涙を流し、歯を喰ひしばり、申しけるは、

「何の科《とが》なき者を、奥女中の嫉妬《しっと》にて、目付役と申し合わせ、無実の罪に落さる。五十四万石、落城さするも、この恨みをはらさで置くべきか」

と言い捨てて、瞑目《めいもく》したり。(肯搆泉達録)

伝説を裏づけた一本榎

富山市内の西を流れる神通川の東側に「磯部《いそべ》の土手」と呼ばれる堤防があり、桜並木が続いている。桜は、大正天皇の御大典を記念して植樹されたもので(大正三年)、春ともな

れば、花見客で賑わっていた。土手は、神通川を越えて、長々と横たわっている緑の呉羽《くれは》丘陵が眺められ、うしろを振り向けば、立山連峰の連なりを一望に収めることができる絶景の地にある。

この桜並木の中間帯（護国神社裏）に、戦前まで、一本榎《えのき》が立っていた。幹の周囲は約五メートル、高さが二十メートル近くもある巨樹で、繁茂している枝葉が大傘を広げた格好で、桜並木のなかに鬱然《うつぜん》と抜きん出ていた。昔は、神通川を上り下りする舟の目印になっていたという。

舟の目印ということもあったが、この一本榎に早百合がつるされて、鮟鱇切りにされたということで知られていた。この場所に、富山城搦手口《からめてぐち》（磯部口）の城が建ち、神通川が外堀の役目をしていたので（富山之記）、搦手を守る城門際で成敗されたことになる。

里人たちは、早百合が怨念《おんねん》を残して死んだに違いないと思い、榎に早百合の恨みを含んだ霊が住んでいると信じ込んだ。そして「一本榎を切ると、早百合のたたりがある」と恐れ、一帯に生い茂る雑木を伐採していくなかでも残してきた。

この一本榎の存在が、伝説の事実を裏づけさせ、いやがうえにも早百合への哀音を奏でさせる一方で、怨念のこもったおどろおどろしたものにしていた。したがって、人びとは、桜の行楽のかげに、一本榎にまつわる哀れと、人間のねたみ心や恨みについて考え、この地は観光、伝説の名所となっていた。それは、また処罰した成政の残忍性を植えつけさせることにもなっていた。

こうして、残されてきた一本榎も、昭和二十年（一九四五）八月、アメリカ軍の富山空襲で、焼夷弾《しょういだん》の直撃を受けて枯死。現在は、その後に石碑「磯部さくら」（桜の植樹記念碑）が建ち、かたわらには、枯死した一本榎の種が落ちて育った二代目榎が二本。すくすくと伸びている。

怨念のぶらり火

子どものころ、早百合伝説を聞かされた私は、非業の死をとげた早百合を限りなく哀れに思うとともに、怖いもの見たさで、友だちと誘い合っては磯部の土手に出かけたものである。

一本榎に近づくほどに、川風に鳴り騒ぐ葉音が、早百合の怨咨《えんし》の声に思え、妖気《ようき》を感じさせた。榎の巨樹にはしめ縄が巡らされ、木の柵で囲いがしてあった。恐る恐る近づくと、きまって誰かが叫んだ。「早百合姫のお化けが出た！」「きゃっ！」。私たちは、怯《おび》えながら逃げ散るのが常であった。

早百合は一本榎を残しただけでなく、亡魂《ぼうこん》伝説も残した。早百合の死後、神通川べりに夜な夜な怪しげな青い火玉が現われた。里人らは、これを「早百合火《さゆりび》」とか「ぶらり火」ともいって恐れていたことが『越中伝説集』や『絵本太閤記』に記されている。

◆――今も猶《なお》、越中富山神通川の辺《あたり》に、風雨の夜は、女の首を軒《のき》て、吊下《つりさ》げたる貌《かたち》の鬼火顕《あらわ》れ出づるを、土人號《なづ》けてぶらり火と云ふ。

又、風雨もなき夜にても、さゆりさゆりと大声に呼ば、此ぶらり火顕《あらわ》れ出づるよし。

数百年の星霜を経《へる》と雖《いえど》も、一念の怨《えん》気消せずして、世の人の語り草と成りぬ。（絵本太閤記）

古老たちのあいだでも、まことしやかに語り合われていた。

「風雨の夜、神通川べりに、女の首に似た鬼火が現われる」

「風雨なき夜も、一本榎のあたりで、『さゆり』と大声で叫べば、早百合の生家、呉服村の方角から火玉が飛んでくる」

「早百合一族の獄門首が、川の上を漂うているのを、見た者がいるそうだ」

また、五月雨《さみだれ》降る夜に、榎の周囲を「早百合やーい！」と呼びながら三度回ると、早百合の亡霊姿が現われるという話も伝えられていた。

この話を確かめるために、肝《きも》試しも兼ね、男の子や青年たちが、よく土手に出かけたという。五月雨降る夜を選び、細ぼそとしたロウソクの明かりを頼りにして、おっかなびっくりで「早百合やーい！」といい、一本榎の周囲を回る。

一度目は、それでも空元気を出して声を張り上げるが、次第に恐ろしくなり、二度目を回り終えるころには、心もそぞろに声もかすれてくる。肝心の三度目にさしかかると、誰からともなく「お化けが出た！」と叫ぶ。その声に怯えて、皆がわっと逃げだす。

逃げたとたんに、ロウソクの火は消える。暗夜をあわてて逃げるので、桜の幹にぶつかる。土手からころげ落ちる者もいる。それらの上げる悲鳴に、怯えは一層高まり、命からがら逃げ出す体たらくの肝試しであったようだ。その体験者の一人が、回顧しながら語ってくれた。

「亡霊なんか出るものかと力《りき》んで行ったものの、いざとなれば怖《お》じ気づく。いまから思えば、勇を鼓してもう一度叫び、絶世の美女に対面すればよかったものを……」

亡魂伝説は、昭和の初めまでいいはやされたが、『越中伝説集』には、「早百合火」は、また「糠塚《ぬかづか》のふらふら火」とも呼ばれていたことが記されている。

呉服山の麓、呉服村西方に当たる朝日友坂（富山市婦中町）の神社上方に「糠塚」と呼ばれる場所があった。火の玉は、ここから飛び立っていたという。ここに住んでいる山鳥が、天候によっては羽根から光を発し、神通川を飛んでいるのが「早百合火」と混同されたらしいという。その山鳥も、明治の末に姿を消している。

早百合の亡魂は、一本榎や神通川べりだけにとどまらず、成政の行く先々に出没している。

▽成政と前田利家との天目山の戦いとして知られる末森の戦いの際、末森城攻めに向かった佐々勢が能越国境、宝達《ほうだつ》の山中で、早百合の亡霊に悩まされた。それが、成政勢の退却につながった。

▽成政が浜松の徳川家康を訪ねるため、「さらさら越え」をした雪中で、早百合に似た雪女郎が現われ、一行の行く手を阻んだ。

▽富山城攻めの豊臣勢と戦った佐々勢は、早百合の亡霊に悩まされて惨敗した。

そのほか、

▽成政時代の馬場《ばば》跡（富山市稲荷町）に残存している墨染桜の根元に洞穴がある。その洞穴は、一本榎まで通じている。

▽逃れられない運命を悟った早百合が、日ごろ信心していた立山権現《ごんげん》に心願を立て、女の魂である銅鏡を芦峅寺姥堂《あしくらじうばどう》に奉納した（雄山神社に現存）。

など、早百合にかかわる話は、事欠かないほど取り沙汰されてきた。

早百合は亡魂となって、この世に迷い出て、成政の悪名を高くしただけで足りず、終生成政につきまとっているが、ついには、佐々家を断絶させたというのが「黒百合の話」である。

寧々・淀殿の黒百合争い

『絵本太閤記』には、後年、成政が秀吉に切腹を申し渡されたのは、黒百合献上によって、秀吉の正室・寧々《ねね》と側室・淀殿との対立による暗闘に巻き込まれたのだとしている。その黒百合は、早百合の化身で、早百合の怨念によって滅びたとし、つぎのような話を載せている。

　さらさら越え後、成政は秀吉に攻められて降伏し、大坂城に出仕する身となる。その後、秀吉の正室・寧々の推挙により、再び大国、肥後の国主になった。喜んだ成政は、寧々へのお礼を考え、思いついたのが白山（石川県）大汝峰（二六八四メートル）の南方、千蛇ケ池に咲いている黒く可憐な花「黒百合」の進上である。さっそく、越中の家臣に命じて取り寄せ、献上した。

　寧々は北国の珍花に喜び、いまをときめく側室・淀殿に見せて、自慢のたねにと考えた。そこで、淀殿を招く茶会を催し、席上で披露することに決め、千利休の娘・綾に活《い》けさせた。当然、固く口止めさせた。ところが、この珍花のことが、偶然の事情から淀殿に洩れた。聞いた淀殿は、ライバル寧々に負けじと、密かに使者を白山に走らせ、黒百合をどっさり取り寄せた。

茶会当日、寧々が銀の花入れに活けた黒百合を得意気に披露した。淀殿は、何くわぬ顔つきで相づちを打ち、ほめそやした。

「都の者が見ることができぬ北国の珍花。一生の見始めにして見納めでございます」

茶会が終わって三日後、大坂城内で花摘み供養の会が行なわれることになった。局《つぼね》たちは、回廊に夏花筒をかけ並べ、野の花をさした。このとき淀殿は、竹筒に、ツツジなどの卑しい花に混ぜて、黒百合を活け捨てにした。黒百合は、茶会に活けてあったものよりもひとしお色が濃く、生き生きとしていた。

そうとは知らぬ寧々は、秀吉とともにやってきて驚いた。珍花と自慢していた黒百合が、主もない竹筒の中に、卑しい花とともに活け捨てにされている。三日間に、百里もある北国より取り寄せることはできようはずがない。

「さては佐々成政、世に多くある花を珍花とだましたばかりか、他の局たちにも贈り、私に恥をかかせた」

激しい屈辱を感じた寧々は、成政を憎み、綾を疑い、秀吉に種々の告げ口をした。彼女の妹の夫・浅野長政も、一緒になって告げ口をした。このため、成政は切腹に追い込まれた。綾の父・千利休も切腹させられた。

『絵本太閤記』は、このように記したあと、つぎのように結んでいる。

◆──惜しむべし、一方の英俊《えいしゅん》、女子の舌頭《ぜっとう》に命を落しけるは、拙《つたな》かりし運命也。是《これ》も、先に成政が手に殺されし早百合といへる女の怨念《おんねん》にて、今度黒百合の事より滅亡しけるにやと、そぞろに怪む者も多かりけりとや。

『肯搆泉達録』も、黒百合が災いとなって、成政が失脚へと追い込まれていった経過を記しているが、『絵本太閤記』の内容とは、いくらか異なっている。

淀殿が花合わせの会を催したとき、諸大名より種々の花が献上された。そのなかで、成政が越中立山に咲いている黒百合の花を献上した。

黒い百合の花を見て、怪しく思ったのが秀吉。易者に占わせた。すると「黒百合を献ぜる者、謀反を企《くわだ》て居れり。戦乱の兆《きざし》なるや」と答えた。

おりしも、前田利家から成政の謀反を注進してきた。秀吉は利家に、国境警備を厳重にすることを命じ、利家はただちに加越国境に砦《とりで》を構えた。これによると、成政が黒百合を献上したのは、利家が朝日山砦を築いた（天正十二年八月二十二日）直前にあたる。

いずれにしても二つの話に共通しているのは、成政は、黒百合の花がもとになって滅びたという点である。

絶世の美女と近侍《きんじ》の美男子との不義密通、嫉妬に燃え狂った城主が折かんのはてに惨殺する。それに怪談が加わり、天下人・秀吉の正室と側室とが繰り広げる黒百合の争いが相乗効果を上げる。軍談、講談、芝居の戯作《げさく》にとっては、絶好の素材であった。

江戸の町々で、講釈師らが扇をたたいて、おもしろおかしく語れば、芝居の上演では、成政が早百合を折かんする場面を強調して観客の涙をそそらせ、極悪非道の城主の哀れな末路を描いて、溜飲を下げさせるというように筋立てていく。

江戸時代、富山城下町の芝居小屋に、このような戯作がよく上演された。小屋の看板には、怒髪《どはつ》天をつき、目尻をつり上げ、八の字髭を逆立て、刀を振りかざした仁王姿の成政が、恐怖におののく早百合を右足で踏んづけている絵が描かれてあった。この下に人びとが押し寄せ、小屋は、いつも大入りの盛況であったという。

近くでは、歌舞伎や映画、歌劇に発表されている。歌舞伎では明治二十三年三月、東京新富座興業に「富山城雪解清水」が上演された。配役を見ると、市川左団次の成政、中村歌右衛門（当時、福助）が早百合を演じている。また大正初年には、日活映画が文士・鶴見越山の脚色した「神通川の怪火」を封切りした。ついで、昭和十六年には、宝塚歌劇月組が、寺嶋信夫作の「黒百合」全六場を、東郷静男の演出で公演している。

また、昭和五十三年十月、歌舞伎座の芸術祭参加作品として、大場美代子作の「成政」（四幕十場）が川口松太郎演出のもとに、延若らによって上演されている。

戯曲や映画に取り上げられただけでなく、因果応報の悪い手本として、僧侶たちの説教のなかにも織り込まれた。むろん、小説にも、怪談の主人公に取り扱われ、姦通《かんつう》伝説では必ず顔を見せている。

秀吉の富山城攻め

「さらさら越え」後の成政の動きを見ると、表だった行動を差し控えている。もはや事態は急変した。それにあわせて行動しなければならぬ、と思い決めたらしい。

成政の思いは通じなかったものの、中央政局の状況を把握《はあく》したことが、唯一の収穫であった。もし、浜松に出かけなかったならば、北陸で孤立したまま徒らに焦燥の日々を過ごしていたかもしれなかった。

悲　況

このあと、成政の気持ちは秀吉と結ぶ方向に傾いていくが、どのような形で結ぶかを、前田利家と戦闘状態に入っているだけに、いろいろと思案したに違いない。そして、「打って出るよりは守りを固めること。ただし、前田方に隙を与えて越中に踏み込まれぬように、威かく作戦を続ける。その間に、家康の仲介で秀吉と結ぶ」ということに決めたらしい。

ところが、利家にすれば、末森城を攻められて自領を荒らされただけでなく、自領に勝《かつ》山《やま》城を築かれ、鳥越《とりごえ》城を奪われている。その奪還と、秀吉と信雄、家康が和睦して有利な立場に立っているだけに、この際、成政をたたきのめしたいのが本音であった。

しかしながら、秀吉に兵を動かすことを戒められている（前田家所蔵文書）。家臣たちも、成政の威力に恐れてすくんでいる。越後の上杉景勝も、末森の戦いの直後は、呼応して越中を攻めようと出馬を告げ（青木文書、前田家所蔵文書）、国境いの境、宮崎両城を攻めて奪いながらも、以後、音沙汰がない。秀吉から「前田と佐々との争いに、中立を保持してほしい」と依頼されたからだという。

利家はしかたなく、秀吉に越中出馬を願う一方、勝山、鳥越城の奪還と神経作戦を進めることにした。神経作戦では、越中西部の穀倉地帯・蓮沼《はすぬま》攻めと、かねてから（天正十二年十一月八日）触手をのばしている越中氷見《ひみ》阿尾《あお》城主・菊池武勝を味方に引き入れることにした（松雲公採集遺編類纂）。

天正十三年（一五八五）二月二十四日から二十五日の払暁《ふつぎよう》にかけて、前田方、村井長頼《ながより》勢が千余の兵を引き連れて越中西部・蓮沼と、近くの勝興寺《しようこうじ》跡寺院（勝興寺は伏木国府《こくふ》に移っている。天正十二年十一月十四日）を奇襲してきた（村井家文書）。蓮沼には、蓮沼城跡（戦国期守護代・遊佐氏の居城であった）を中心として、一帯に穀倉蔵が建ち並んでいた。前田勢は、それらの穀倉蔵や寺院を焼き、郷民らを男女の区別なく切り殺して引き揚げた。おりからの風にあおられた火は、みるまに広がり、蓮沼三千軒は一夜のうちに、この世から消え失せた（末森記、肯搆泉達録）。

怒った成政は報復作戦に出た。一カ月後の三月二十一日から二十二日の払暁にかけて、尾山城とは目と鼻の先にある鷹《たか》ノ巣《す》城（尾山城番城、金沢市）を焼き打ちし、郷民らを切り捨てると、太谷川（小矢部川支流）を渡って引き揚げた（村井家譜、末森記）。

成政は、このほかにも奇略戦法を用いて、前田方をおどした。

▽三月暗夜、能登の城々に兵糧を送る前田勢を奇襲。奪った兵糧米、千俵ばかりを切りあけて川に流すと、引き揚げた（川角太閤記）。

▽四月二十五日、越中浦々の船頭らに命じて、船を武者船に仕立て、尾山城と目と鼻の先にある宮のこしの浦（金石港）の沖合一帯に並べさせた。前田方が泡をくって船の用意をしている隙をついて、竹橋（石川県津幡町）に攻め入り、前田勢をたたくと、さっと引き揚げた（川角太閤記）。

佐々方の威かく作戦に負けじと、前田方も逆襲した。四月二十日には、末森城主・奥村永福が越中上野（氷見市）を夜襲して放火（国初遺文）。ついで村井長頼が越中高窪（南砺市）を夜襲して引き揚げた（村井家伝）。

このような成政と利家の小ぜり合いが繰り返されているとき、秀吉から利家に上国を命じてきた（五月二十日、加能越古文叢）。利家は取るものも取りあえず、上国した。実は、再三、秀吉に越中出馬を願い出ていた。それに対して秀吉は、「近く越中出馬をする」（三月七日、中垣文書）、「五月には、必ず出馬する」（四月、歴代古案）、と告げながらも、延び延びになっていた。

秀吉にとって、天下統一実現の前に立ちふさがっているのが、徳川家康であった。戦いの矛を収め、人質は取ったものの、油断できない存在である。何とかして孤立させたいと思った。そして考えたのが、家康に味方した者たちを討ち、家康と結んでいる手や足を断ち切ることであった。

そこで、成政が前田と上杉に挟まれて身動きがとれぬことから、紀伊雑賀《さいが》・根来《ねごろ》攻めに取りかかった。三月二十一日、十万の大軍を率いて根来寺を攻め落とし（小早川家文書）、さらに雑賀へ進んで、一揆の中核、太田城を攻め落とした（四月二十二日、太田文書）。続いて、高野山金剛峯寺の武装解除を命じて、武器を没収した（高野山文書）。

こうして、またたくまに、和泉・紀伊二国を平定すると、四国の長宗我部征伐にとりかかった。その後、佐々攻めに入るため、利家に戦いの準備をさせようと、大坂に呼んだのである。

「四国の長宗我部を抑え、大坂の背後を安全にしたうえで、越中に出陣する」

秀吉の言葉に利家は帰国すると（六月六日、北徴遺文）、ただちに佐々攻めの準備にとりかかった。

利家の誘いに、なかなか応じなかった越中阿尾城主・菊池武勝が、成政に背いて前田方についたのは、このようなときであった（村井家伝、末森記）。

悲況のなかでも固く結束していた佐々方の一角が崩れた。

家康、成政の助命を請う

秀吉が佐々攻めをするにあたって、心を配ったのは、家康の出方であった。成政がさらさら越えまでして家康を訪ね、密議をこらしたことは、蜂須賀彦右衛門から聞いている（川角太閤記）。その後も、密使をあいだにして相通じている。それだけに、家康の出方が問題であった。また、たとえ、越中攻めで勝利をおさめても、成政が徳川領に逃げ込むことになれば、厄介である。家康が紀州、一向一揆の残党を迎え入れていることからも考えられることであった。

ところが、成政は五月ごろから秀吉と結ぶことを模索し、手中に収めていた加賀鳥越城や、加越国境くりから砦《とりで》の守備を撤していた（末森記）。そして、家康のもとに使者を遣わし、和議の斡旋を依頼している。つぎの書状は、それに対する家康の返書である。

旧冬、成政御越し候以後、度々芳心、喜悦候の条、此の度、吏（使）者差し越し候。然れば、上方和与の儀、近日信雄御上洛に付き、御請求の旨に候間、石川伯耆守《ほうきのかみ》差し上ぐべく候。急度《きっと》相済むべく候。御心安かるべく候事に候。後者を期し候。恐々謹言。

五月二十四日　　家康（花押）

佐々喜右衛門尉殿

（徳川義宣『新修徳川家康文書の研究』）

書状によって、家康が成政の和議斡旋の頼みを了承し、石川数正を織田信雄のもとに遣わして、信雄から秀吉に申し込むことにしていることがわかる。家康の要請を受けた信雄は、大坂に出かけた。そして、秀吉に家康の内意を伝えたが、それについての結果を家康に報告することもなく、湯治に出かけてしまった（加藤文書）。成政と約束した手前、焦《じ》れた家康は信雄の下向《げこう》を促した（六月十日、加藤文書）。

ようやく、信雄の使者（津田四郎左衛門ら三名、松井家譜）が、信雄の書状（六月十一日付）を持って、浜松城にやってきた。それには、秀吉が佐々攻めをすることを告げ、それ

につけて、
▽秀吉の越中出陣の際には、家康が分国にとどまることは認めるが、家老中の二、三人を人質として清洲城に差し出すこと。
▽万一、成政が徳川領に逃げ込むことがあれば、秀吉にも、相当の存念がある。
など、五条にわたって記してあった（古簡雑纂）。

秀吉は、信雄の頼みに対して「高野山に幽居させる」ことを条件に、成政の助命を認めたが、なお、このほかに、家康の家老を人質として差し出すことも要求したらしい。

◆――越中国佐々内蔵助懇望《こんぼう》ハ、家康タッテ申サルルニ付イテ、其ノ身ヲ御赦免《ごしゃめん》、国ヲバ秀吉ノ御使へ渡シ置キ、高野ノスマヰ（住居）ト云々。仍《よ》ッテ、富田平右衛門、津田四郎左衛門、三州へ下向ナリ。（貝塚御座所日記）

千宗易が松井康之（細川忠興家臣）に渡した書状（七月八日、松井家譜）には、「佐々成政は、徳川家康の仲介によって許され、越中出陣は中止となったが、家康が年寄《としより》衆を人質として出すか、成政が領国を秀吉に明け渡すか。いずれしかない」ことを記している。

信雄にすれば、このような結果になったので、家康に報告しにくく、湯治にことよせて、返事を出し渋っていたのかもしれぬ。

しかし、このとき家康は病の床に臥《ふ》していた。領国回りを終えて浜松に帰り着くと同時に（六月十二日）、右胸に腫《は》れ物ができ、発熱と激痛にもだえ苦しんでいた（家忠日記、落穂集）。このため、使者らは、書状の内容を伝えると帰った。そして、家康の家老人質の件は実現せぬまま、秀吉の越中出馬となった。

天正十三年（一五八五）八月八日（九月一日）秀吉は、佐々攻めのため、京都を発った（兼見卿記、貝塚御座所日記、ただし天正記や豊臣秀吉譜、小早川家文書は六日としている）。『天正記』には、

「宿意（宿怨）止まず、跡《あと》を削って憤りを散ぜんとす」と記してあるが、自らの偉大さ、武威を示すデモンストレーションであった。置き眉《まゆ》に、つけ髭《ひげ》、黄金のかぶとという華麗な姿に、金色に輝く馬印を押し立てるなど、壮観をきわめた大行列であった。十カ国十万の兵を動員したという（小早川家文書）。

この年、秀吉は朝廷に働きかけ、二月には正三位大納言に、三月には内大臣へと昇任。続いて四カ月後の七月十一日には、人臣では最高の栄誉職といわれる関白の座についた。この関白の肩書きをつけるために、ポスト関白・近衛前久《さきひさ》の座を、近衛信伊《のぶただ》と二条昭実《あきざね》とが争っているのを利用し、前久の養子となったことを口実に、姓を藤原と改めて横取りした。これは、家康をはじめとした天下の諸将に、地位の上から屈服させることを狙っての

作戦であった。

関白として、勅命を受けて出陣する秀吉の出陣には、太政大臣、左大臣、右大臣をはじめ公卿らのすべてが白川で見送ったという（天正記）。

秀吉が伊藤掃部助にあてた書状には、「大将として織田信雄を派遣し、自身は関白として物見遊山風に越中に行く」（武家事紀）と記しているが、成政はすでに恭順を示している。それでも念には念を入れ、信雄を大将とし、家康からも、本多豊後を将として三千名を参加させていた。

これでは、いかな剛腹な成政とて手も足も出ぬだろうと、義に厚い成政が抵抗できぬような状況をつくって出発している。そこに、成政と事を構えたくない気持ちが、ありありとわかる。

秀吉は、出発にあたって発句を作った。

いなくひをかりとる秋の最中《もなか》かな

紹巴《しょうは》（連歌師）これに次ぐ、

かまやりもちて敵をみか月（天正記）

得意満面の秀吉の姿が浮かんでくる。

秀吉、富山城を包囲

十万の大軍を率いて越中に入った秀吉は、加越国境・八幡峰《やはた》（富山県小矢部市）に仮城を築いて指揮を取ったあと、黒河山（射水市）を経て、富山城を眼下にする白鳥城《しらとり》（富山市）に布陣した（黒河山はこの後、太閤秀吉を記念して太閤山に改称されたという）。

一方、成政は、越中の全城、砦《とりで》を放棄して兵力を富山城に集め、ひたすら恭順の意を示していた。実は、織田信雄が越中に出発する直前の八月五日、成政に「降伏するように」と、すすめている（宮田作次郎氏所蔵文書）。そして、信雄の書状を受け取った成政は、秀吉が越中に入るのを待って、降伏を申し出た。すでに、家康、信雄を通じて降伏の意を示し、秀吉から許されていたが、成政自身による降伏申し出である。

しかしながら、秀吉は用心のうえに用心を重ね、富山城包囲作戦を取った。柳ケ瀬の役で降伏しながら反抗したのである。徹底的に組み敷いて屈服させようと思ったのであろうか。一手を、海から数千艘の兵船に乗せて和田の浜（滑川市）、水橋（富山市）に上陸させると、近辺の村々を焼き払った。富山城内にいる将兵らの恐怖心をあおり立てる威かく作戦である（北国太平記、三州志）。また、成政が徳川領へ逃げ込むのを防ぐため、芦峅寺《あしくらじ》を攻めた。

秀吉は、このときの模様を本願寺光佐に知らせているが、そのなかに、つぎのようなことを記している（徴古文書、北徴遺文）。

「倶利伽羅《くりから》峠に馬を立て、先勢、東は立山、うば堂、つるぎの山麓まで、悉《ことごと》く放火せしめ候」

同様の文書を各方面に出しているが、この芦峅寺攻めで、さしもの立山信仰の本拠地も焼失した。

さらに、上杉景勝に命じて越中との境を固めさせ、南方、飛騨を領している姉小路《あねがこうじ》（三木）頼綱《よりつな》攻めを越前の金森長近に命じた（頼綱は小牧・長久手の戦いで、徳川方に加担）。

このように、東は芦峅寺を攻め、上杉景勝に守らせ、南の飛騨は、金森長近に命じて北進させ、北の海からは兵船を仕立てて攻め込ませた。そして、残る一方の西は、秀吉本隊があたるというように、成政を八方ふさがりの状態に置いた。

すでに成政の降伏申し出を許しながらも、このような作戦に出たのは、成政と家康が結んでいる糸を断ち切るためにほかならなかった。家康や信雄の斡旋で成政を許した場合、成政は秀吉よりも家康らに感謝し、両者の関係を断ち切ることはできぬと思ったらしい。そして、成政自身が秀吉の威力に屈服して降伏する手を考えたのである。そこに旧織田家臣らが秀吉に従属しているなかで、主家への義を尽くし、孤高を守っている豪勇一徹な手《て》強《ごわ》い成政を屈服させたい意思が明らかである。そのための壮観な大行列の演出であり、富山城包囲作戦であった。

秀吉の富山城攻めは、このような意図のもとで進められ、成政は恭順を示していたので両者のあいだに戦闘は開かれていない。

早百合亡魂が佐々勢を悩ます

ところが、古書には、戦いが展開され、早百合亡魂が出没して、佐々勢を苦しめたことになっている。

◆――時に不思議や、一陣の怪風俄《にわか》に吹起り、川水を巻上げ、石を飛せ、北国勢の旗《はた》指《さし》物を、ばたばたと吹折り、大風面《ふうおもて》を対し難く、槍先寛《ゆる》み、崩れんとす。

成政、こは口惜《くちお》しと鐙踏張《あぶみふんば》り、四方を乞《きっ》と見渡せば、神通川の水上、呉服村の傍《ほとり》より、一面怪げに恐しき鬼の手に刀を持ち、身に鎧《よろい》を着し、幾百万といふ限りもなく、天に蔓《はびこ》り、地に充ちて、おうおうと鬨《とき》を作り、成政を目がけ渦巻き来る。

さしも強気《ごうき》の佐々成政、冷汗さっと流れ出て、全身水をそそぐが如く心神《しんじん》乱れ、魂散じ、馬よりどうと落ちたりけり。（中略）数万の愁鬼《ゆうき》あらわれしも、早百合がはじめ一族等が怨念《おんねん》にやと、恐ろしさかぎりなし。（絵本太閤記）

◆――佐々成政合戦毎に、早百合の亡魂あらわれ、大風大雨頻《しき》りに起り、一眼炬《がんたいまつ》の如き者、内裏上臈《だいりじょうろう》の如き者、または、手に長刀《なぎなた》を携へたる荒武者《あらむしゃ》等来り、悩まし、成政、大《おおい》に怒りてこれを討ち殺さんとするも、中々引き取る色見へず。部下の兵士も亡魂の為め、神通川へ投げ入れらるる者多し。果ては刀折れ、矢つき、味方の崩れとなれり。（肯搆泉達録）

むしろ、佐々勢よりも、秀吉勢が台風シーズン中で、未曽有の大暴風雨に見舞われていることが『四国御発向並北国御動座記』に記されている。

◆――一七日《いちしち》の間、霖雨《りんう》車軸を流して止まず。氷《ひょう》降り、雷《らい》鳴りて、暗霧《あんむ》陌《はく》を遮《さえぎ》り、黒《こく》雲空《うんくう》を閉づ。悪風《あくふう》地を払い、驚雷《きょうらい》柱を破る。夜深く灯滅し、枕をそばたてて、寝《ね》ること克《あた》はず。

このため各陣営は、林の陰、草ぶきの家の陰などに青柴を敷き、傘をさして風雨をしのいだ。だが、突風が傘を奪い、洪水のような雨水が青柴をさらった。将兵らは、横になって眠ることができず、飯も炊《た》くことができない。一杯の湯も飲めないありさまであった。馬の被害も大きく、激しい雷鳴に驚いて駆け出し、泥濘《でいねい》に足をすくわれて転倒。足を折る馬が続出したという。

佐々勢は籠城して被害が少なかったのに対して、秀吉勢は、さんざんな目にあっている。

早百合亡魂どころか、天が義を尽くした成政を攻め立てる秀吉勢に、鉄槌《てっつい》をくだしたとも思えるほど、天候が荒れている。「早百合亡魂説」は興味本位な創作なのである。

ただ、秀吉勢が滞陣した塚越《つかごし》（射水市）に「三十三の首塚」が現存している。田の畦《あぜ》や畑の中に、塚が六、七メートル間隔で三十三。南北に向かって一直線に走っている。これは、先鋒隊であった前田勢と佐々勢との間に戦いが繰り広げられ、戦死した者の首を前田方家臣、原元次が埋《うず》めて供養したものだという。寛政五年（江戸初期）元次の子孫が建てた碑の中に、そうした由来が記されている（現存）。そして、地元の人たちの間で、これらの塚を崩すと、たたりがあると伝えられている。

成政が恭順を示して、富山城に引き籠っていても、在野にいた郷士らの一部が、越中に侵入してきた秀吉勢に抵抗したものらしい。氷見《ひみ》阿尾《あお》城主・菊池武勝が背反したとき、成政が、そのまま打ち捨てたにもかかわらず、阿尾城近辺の領民や郷士らが、武勝を非難した落首板を立てたり、攻めたりしている。守山城主・神《じん》保《ぼ》氏張《うじはる》も、佐々方の結束を乱したとばかりに怒って攻撃している。成政の与《あず》かり知らぬところで、小ぜり合い程度のものがあったのではあるまいか。

成政にとって、降伏文書を差し出したあと、秀吉の許可が出るまでの期間が、辛《つら》く長かったに違いない。海から和田の浜に上陸した秀吉の先鋒隊が水橋在（富山市）の民家を焼き払っている煙が、富山城から見える。「城兵大いに驚き、色を変じけれども、成政かねて和睦の心なれば、城戸《きど》を閉ぢて軍兵を出さず。寄せ手も、また深くは働き入らざりけり」（肯搆泉達録）。

成政は、秀吉の威かく作戦とわかっていただけに動じなかった。血気盛んな寺島牛之助、小島甚助兄弟が、夜陰に乗じて敵を攻撃する作戦案を具申しても、「北畠殿（信雄）へ頼《たのみ》置たれば、今一左右を見あわせ、もし、事ならずんば、その上にては申す通りの働きをしてもらおう」と、抑えている（肯搆泉達録）。

また、神保兵庫之助が切腹してまで「とにかく籠城して、はなばなしく戦い、かなわぬときは討ち死にあるべし」と諫言しても、動かなかった（越中古実記）。

そうしているうちにも、秀吉は八幡峰より前進して、富山城と目と鼻の先にある呉服山白鳥《しらとり》城に布陣した。このときであろうか。「もし、秀吉許容なきにおいては籠城し、十死一生の軍《いくさ》して、かなはざる時は腹切らん」と申し渡している（肯搆泉達録）。

そのうちに、秀吉の使者がきて、降伏を許す旨が届いた。そこで成政は、白鳥城へお礼言上に出かけ、事は治まった。

秀吉は成政に越中新川郡（半国）を与え、残る三郡は没収して、前田利家の嫡子・利長の所領とした。ただし、成政の身柄は越中に置かず、大坂城に出仕させることにし、一族ともども越中を引き揚げることを命じた（小早川家文書）。成政を越中に在国させれば、家康と結ぶ恐れがあっただけでなく、前田利家に北国探題の役目を与えることにしていたので、両者の反目を警戒し、北国平定のために、成政を切り離そうと思ったらしい。また、成政の力量を見込んで別の働き口を、すでに考えていた節がある。

早百合処罰の虚実

早百合《さゆり》の生家は、呉服山（呉羽山）の麓、呉服村にあった。その生家跡（富山市）に、現在住んでおられるのが奥野武継氏で、早百合一族の子孫にあたる。

奥野家に伝わる話によると、北陸道の街道沿いにあったこともあって、成政が通行したおりに見初められ、召し出されたのだという。早百合一家は、早百合事件で取りつぶしにあった後、婦負《ねい》郡速星《はやほし》在の奥野家に引き取られ、以後奥野姓を名乗ってきたというから、早百合成敗は事実のようだ。

「ただし、早百合だけが罰せられ、父親の与左衛門始め一族には何の咎《とが》めもなかった。現に、子孫は生き残っている」

「成政が、可愛さあまって憎さ百倍で惨殺《ざんさつ》したのではなく、処罰せねばならぬ理由があったのだと思っている」

「娘のお陰で引き立てられた与左衛門が、政治に口を出しすぎて、成政の怒りを買ったとか、与左衛門が前田と気脈を通じていたのが露見したので、早百合が処罰されたとも伝えられているが、与左衛門は、何の咎めも受けていない。早百合処罰で、あらぬ噂がたったので、一族が身を隠したことが、一族連座で処罰されたと広まったのではあるまいか」

奥野氏は、こういって、早百合にまつわる話を否定された。

では、早百合は、どのような理由で処罰されたのであろうか。

戦国の分国法と姦通

戦国時代の武将は、多かれ少なかれ、側室を持っていた。それは色欲のためではなく、多くの子どもを得るためである。男の子が多ければ、子どもたちによって領国統治がスムーズに運ばれる。子どもたちが後継ぎとなった嫡子を助ける股肱《ここう》の臣となって、一家を守り立ててくれるからである。また、近国の大名と攻守同盟を結んだり、交戦していた国と講和条約を締結したりする場合、誓詞を取り交わすが、単なる誓約書だけでは反古《ほご》にされる恐れがある。その誓約を実質的に裏づけるために、政略結婚や人質交換がさかんに行なわれた。いわば、人間不信からくるところの裏切り警戒、隷属《れいぞく》させるための手段であった。

このような意味あいから、大名たちは数多くの側室を持つ必要があった。だが、正室にとっては、理由はともあれ、いかに習慣づけられていても、妻妾《さいしょう》同居は、たまらない屈辱である。妬心《としん》やいらだちで、心が休まることはなかったに違いあるまい。また、側室たちにしても、互いに愛を独占して優位に立ちたいという競争心や、嫉妬《しっと》がない交ざっていたことは想像できる。そこに、寧々《ねね》と淀殿のような正室と側室、側室間の葛藤《かっとう》や勢力争いが起こる要因があった。

早百合を陥れたのが正室・村井氏（福智院家系譜）か、伝説にあるような側室たちかは別として、起こるべくして起きた不義密通の噂である。姦《かん》通の噂が広がった以上、成政としては、無実と思っていても処罰しなければならなかった。

戦国時代、各大名は、それぞれ「法度《はっと》」「分国諸法度」「分国法」など、現代の法律に当たる法を制定し、それを施行して領国を治めていた。外では、ことの条理を逸脱した戦いが相つぎ、内には下剋上の風潮が強い時代。そうしたなかで領国支配を進めるには、秩序と合理性を象徴する成文法が必要であった。それだけに、法律は家臣を規制するだけでなく、大名をも規制する両刃の剣となっていた。

このなかでの姦通は、密通の男である姦夫は、本夫から妻敵《めがたき》（女敵）とされ、本夫が姦夫を成敗することを妻敵討（女敵討）と呼んでいた。元来、密通は個人の問題とする考え方が強く、戦国時代も、密通が武家のあいだでのできごとであった場合、一般に私刑が行なわれた。法も、これを支持していた。

ちなみに、伊達《だて》氏の分国法「塵芥集《じんかいしゅう》」（天文五年制定）には、「人の女《め》を密《ひそ》かに嫁《と》つく事、男、女、ともにもっていましめ殺すへき也」とあり、さらに本夫が姦夫を討ち殺すとき、妻を助けてはならぬと規定している。

「六角氏式目」やや時代をくだって「長宗我部氏掟書」「吉川氏法度」も、「女、密夫、一同に討つべし」と規定している。「塵芥集」には、密会の仲介者も同罪とし、婚約済みの娘を奪い取ることも、密会と同罪にしている。

では、早百合のような無実なのに風評を立てられた場合は、どうなるのであろうか。これについて「塵芥集」は、「実否《じっぴ》不明の場合、女敵討の保証として、男女とも討たねばならぬ」と規定している。

佐々氏の分国法は残っていないが、同様であったに違いない。成政としては、早百合の無実を信じながらも、法度《はっと》の手前、処罰しなければならなかったのであろう。そして、一族には何の咎《とが》めもなかった。だが、城下町では、前田と戦端を開いている時期でもあり、あらぬ噂が立った。早百合は、父親が原因で処罰されたとも、いいふらされた。早百合の一族たちは、そうした人びとの興味の目にさらされ、口の端にのぼることを避けて、一時期身を隠し、ほとぼりがさめてから元の場所に戻ったのが、事実らしい。

白山・立山の「黒百合伝説」

また、成政が、寧々《ねね》と淀殿の暗闘に巻き込まれて切腹させられたという「黒百合の話」については、淀殿が秀吉の側室となったのは天正十六年（一五八八）ごろといわれ、翌十七年三月、淀城に入城している（多聞院日記）。一方の成政は、天正十五年三月、秀吉の九州征伐に従ったあと（大宰府天満宮史料）、現地で肥後国主に任命され、天正十六年閏《うるう》五月十四日に切腹している。

淀殿が側室として表面に出てきた年には、成政はこの世にいない。両者は、完全にすれ違っているのである。

寧々と淀殿との暗闘は、秀吉の生存中には、秀吉が寧々の立場と面目を立てていたので寧々も鷹揚《おうよう》に構えていたらしい。だが、淀君が秀吉の子を身籠《ごも》ったことから両者の暗闘が始まり、秀吉の死後、秀頼が豊臣家の当主として、母親の淀殿に擁せられて大坂城の主となり、寧々は権勢の座を淀殿に譲った。このときから表立つようになった。

もう一つ考えられることは、当時、秀吉の配下は二派に分かれていた。

武断派――天下統一のために戦い、武功をあげてきた加藤清正、福島正則らのグループ。寧々に目をかけられ、育てられた秀吉子飼いの武将らで、成政や徳川家康、伊達政宗らは、このグループにあったという。

文治派――政務を推し進めるために重用されてきた石田三成、小西行長ら行政グループで、淀殿と近い関係にあった。

この両派の派閥争いが、正室（武断派）と側室（文治派）の勢力争いとからみ合った。「黒百合の話」は、この対立関係を縦糸に、詰め腹を切らされた悲運の成政を横糸にして仕立てあげられたつくり話というのが、真相のようである。

前田氏は、早百合伝説を流布しただけでなく、子どもたちの七夕の歌の末尾に「早百合こいこい」と歌わせていたという。

現在、早百合が処罰されたという一本榎の土手下、三尊道舎《さんぞんどうしゃ》境内に「早百合観音祠堂」が建っている。戦後、三尊道舎の主・翁久允《おきなきゅういん》氏（故人、評論家）と大岩日石寺《おおいわにっせきじ》管長・中田法寿師（故人・立山町）が、早百合の供養と、アメリカ軍の富山空襲のとき、神通河畔で死んだ多くの人びとの冥福を祈るために建立されたものである。

第五章　佐々堤——現代にのこる成政の善政

「済民堤」をたずねて

成政が越中常願寺川《じょうがんじ》中流、馬瀬口《ませぐち》に堤防を築き、治水事業をなしたことは、地元の歴史家らが等しく書いているが、それが「佐々堤《さつさづつみ》」と呼ばれ、堤防の一部が現存していることを、高瀬重雄氏（富山大学名誉教授）から知らされた。

「佐々堤は、いまも常西用水《じょうさい》の底に、その名残をとどめているのですよ」

「わずか五年間という越中在任中に、腹背の敵に抑えられながらも、領国の大河の治水に骨身をけずった成政の存在を忘れてはなりませんね」

常願寺川の氾らん

「馬瀬口」「常西用水」「佐々堤」の三つが頭にこびりついた。

さっそく調べると、いくつかの史料に出ていた。

◆——天正八年（一五八〇）秋、神通、常願寺川出水。富山方面被害あり。霖雨《りんう》連日止まず、大いに出水す。

常願寺氾らんして富山城を浸し、家屋漂流し、人馬の溺死《できし》、算をなす。

佐々成政、大いに之《これ》を愁ひ、其《その》後水患を除かんと欲し、被害地を巡見して、大いに治水に力をいたし、馬を馬瀬口に進めて、自ら人夫を指揮し、土石を運搬せしめ、巨岩に己が氏名を刻し、之を河底に埋め、其の上に堅固なる石堤（敷石二十五間）を築き、且、新たに洪水のため、分派せる支川を鼬《いたち》川と名付け、原野を開墾し、禾穀《さいこく》を植えしむ。（常願寺川沿革誌）

◆——馬瀬口前堤防は、左岸大庄《おおしょう》村地元の堤防にして、天正八年の洪水後、富山城主、佐々成政の築造に係る。（中略）常願寺川筋堤防の起源なるが如し。（明治以前日本土木史）

そのほか『常願寺川の歴史を訪ねて』（建設省北陸地方建設局、立山砂防工事事務所）、『水防技術ハンドブック』（日本河川協会監修）など、水防関係図書のなかに「佐々堤」のことが紹介されている。

これらの史料を通して、成政が佐々堤を築造したのは、初めて越中に入国した天正八年九月末（十一月初旬）、越中に出陣してくる越後・上杉景勝に備え、富山城主・神保長住の援助者としてやってきたときにあたることがわかった（松雲公採集遺編纂、別本歴代古案）。このとき、秋の長雨のために各河川が氾らんしたので、両者は戦うことなく、景勝は引き返し、成政は、そのまま越中に踏みとどまり、治水事業に専念したらしい。

常願寺川だけでなく、富山城西の外堀となっていた神通《じんづう》川が、鵯島《ひよどり》（富山市）の堤防を突き破って城下町になだれ込み、流路を大きく東に転じている（現在、一部が松川として残っている）。この二川の氾らんによって、多くの家屋や田畑が流され、人馬は溺死し、城下町は泥海と化した。ことに、常願寺川流域の被害は大きかった。

富山市の東の外れを流れる常願寺川は、北アルプス立山連峰南西の山々に源を発し、富山県の中央部を北流しながら日本海に注いでいる。流路延長が十四里（五十六キロ）と短く、三千メートル級の高山から一挙に落下してくるので、河床平均勾配は三十分の一。わが国屈指の急流河川である。

往時は、中流・上滝《かみだき》（大山町）から一挙にして平野が開けるため、下流一帯は、幾すじもの派川が掌《たなごころ》を広げたように分岐し、主流は時代によって変遷があった。それが、いつのころからか、新川筋の派川が主流となった。

こうしてできた常願寺川は、日ごろは百間（約百八十メートル）あまりの川幅をゆったりと流れ、川舟が往来していたという。ところが、大雨が降ったり、長雨が続いたりすると、一変する。急峻《きゅうしゅん》な高山に降った雨が表土を滑り落ち、山肌をえぐり、ナダレのように加速度をつけて落下する。草や木の根、地下のすきまを潜《くぐ》り抜け、数千の水脈となって流れ込む。ことに、山肌は火山岩や火山灰の地質なので、もろくも削りとられ、巨岩が表流水とともになだれ落ちる。

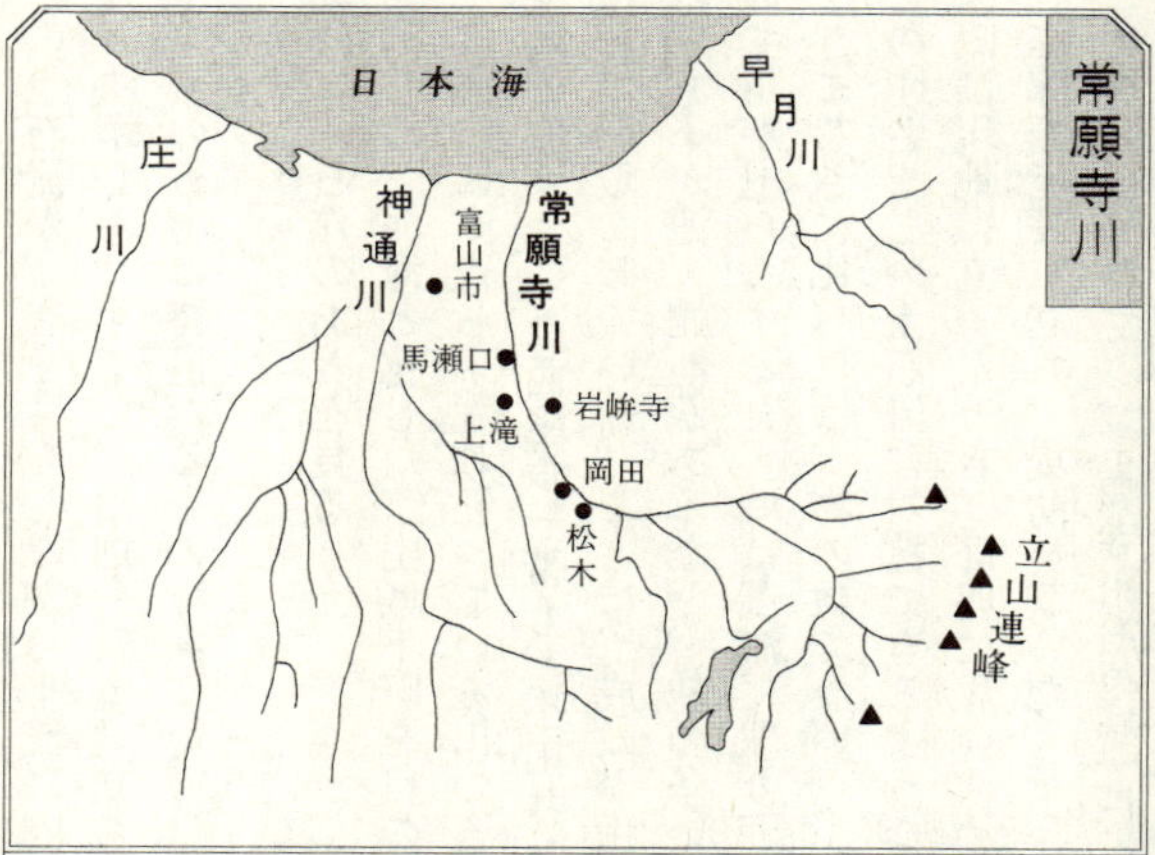

世界に類をみない日本の急流河川、常願寺川

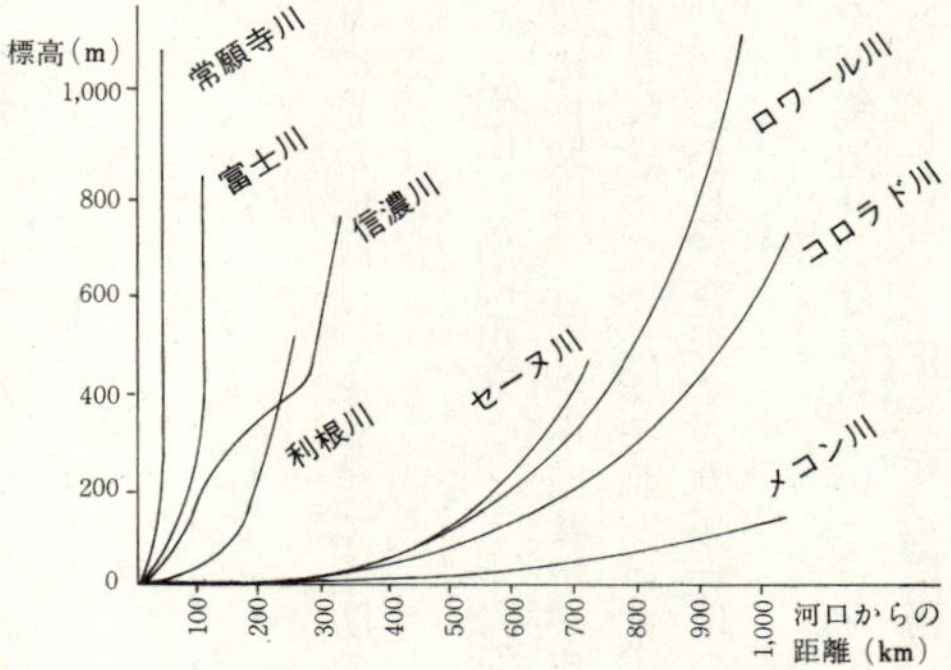

（立山砂防工事事務所資料）

この土石流が、谷を荒らしながら下流に向かって狂奔する。奔流が、いったん堤防を越えたり決壊したりすると、田畑や家屋、立ち木は、たちどころに押し流されてしまう。中流や下流の被害は惨憺《さんたん》たるものであった。

成政、氾らんのあとを見る

入国して、泥海と化した富山城下町を目のあたりに見た成政は、その足で堤防の決壊場所・馬瀬口に直行し、荒れ狂っている川の姿に驚いた。

成政の住んでいた西尾張一帯も、小田井《おだい》（庄内）、鍋田、領内川など、大小の河川が長雨ごとに氾らんしていた。ことに、成政が生まれた比良城は、近くを小田井川が流れ、さらに、あまが池、蛇《じゃ》池があるなど、池の多い沼田地帯に建っていた。それだけに、長雨が続いて川が氾らんすると、城は濁流に取り囲まれた。しかし、狂奔する常願寺川の土石流のすさまじさに比べれば、物の数でない。

「このすさまじい土石流に対抗できるような堤防を、築造せねばならない」

成政は現地に立ったとき、即座に思い決めたらしい。そして、正源寺《しょうげんじ》（富山市）を本陣として陣頭指揮に立ち、堤防を築いた。

この堤防について、『常願寺川沿革誌』には古老の話として、大きな転石を羽取に使った城壁の石垣のようなものであったことを紹介し、つぎのように記している。

「護岸は勿論のこと、瀬替《せがえ》や締め切り工事には、豊富な玉石《ぎょくせき》と木材が使用されたことは事実であり、玉石に穴をうがち、鉄棒を通し、数個を連結して一列となした連石床のごときものが使われ、また、仮り締め切り用として、犬の子や蛇篭《じゃかご》（ともに、水の流れを調節する）などが使われたようである。（中略）おそらく、富山城下で、水害防止工事の最初のことであろう」

『水防技術ハンドブック』も、「富山市街の洪水防禦《ぼうぎょ》のために、三面石張りの堤防を築いた」と記している。

佐々堤と鼬川

このとき、常願寺川の治水事業だけでなく、堤防を破った濁流の一本を川としてつくり変えたことが、いい伝えられてきた。それが、いまも富山市街地中央部を貫通している「いたち川」で、「両岸の堤防は、佐々成政時代につくられた名残りである」といわれている。『肯搆泉達録』にも、「鼬《いたち》川の事」と題して、つぎのように記している。
◆――富城《ふ》より東一里余にして常願寺川あり。（中略）天正年中、霖雨《りんう》打ち続き、洪水氾濫《はんらん》して、富山城中、水深きこと数丈。家屋漂流、人馬溺死《できし》、その数を知らず。（中略）

神保安芸守、これを愁ひ、数千の人夫を率《そつ》して馬瀬口に至り、土石を搬ばせ、堤防を築いて水害を避く。

しかるに、また一両年を経て、霪雨《いんう》に潦水《ろうすい》漲《みなぎ》り、築きし堤の間《ひま》より水潜《くぐ》りて横流一支の川となり、直ちに富山城下に溢れ入る。

長治、大いに驚き、

「千丈の堤も、蟻穴《ぎけつ》より崩るるとは、この事なるべし」

と、急ぎ、また修理を加へんと、人夫を催しける。

時に成政、いたり来たり、「我も行きて見ん」とて、共に馬に跨《また》がり、彼所《かの》に至り、考ふるに、

「これ幸ひなり。その儘に川とし、原野を辟《ひら》き、稲を、この水にて養はば、民の余潤《よじゅん》（暮らしがうるおう）とならん」と云ふ。

長治「もっとも」と同《どう》じ、時に、この川のほとりに小き祠《ほこら》を造り、河伯《かわのかみ》を祀《まつ》り、神保、佐々共に民の為に水害を避け、禾稼《かわか》成熟（穀物の実り）を祈りける。

この堤、鼬《いたち》の巣より水漏《も》りて川となりたるゆえ、鼬川と称すといへり。

これらのことから、鼬川は成政がつくったものだと思い込んでいると、何人もの歴史家たちに、成政入国以前、上杉謙信が侵攻してきたころから存在していたことを知らされた。

◆──元亀二年（一五七一）春、三月上旬、越中ニ御出馬有テ、椎名泰種《しいなやすたね》（康胤）カ附庸《ふよう》ノ城、富山ヲ攻ラルヘキトテ、富山ノ近所、稲荷山要害トス（中略）同十八日、越中ノ敵兵、鼬川ニ発向シ、大ニ挑戦《いどみたたか》フ。（上杉年譜）

それがなぜ、成政が造ったと伝えられ、『肯搆泉達録』にも記されているのだろうか。

疑問に思いながら地図の上で鼬川の川すじをたどっているうちに、鼬川の川原であったことを示す町名が多いのに気がついた。向川原町、石倉町、砂町、堤町、小島町、下川原町、新川原町。このほかにも、大泉町、清水町、泉町、豊川町などの町名が並んでいるが、子どものころ、鼬川沿いにある道のいたる所で、常願寺川の伏流水が噴き出しているのを見ているだけに納得できる。だが、川原、石倉、砂、堤、小島などの地名は、川原を埋め立てた上に造られた町であることを物語っている。当時、鼬川は、いまの川すじよりも西を流れていたこともわかる。

いつごろ川原が埋め立てられ、成政が鼬川と、どのようにかかわっているのだろうか。思い迷っているとき、五十嵐精一氏（富山市在住、歴史家）が、成政以前の富山城下町のことを記した『富山之記』（山田孝雄著）の存在を知らせてくださった。『富山之記』は、戦国期（天文年中、神保長職時代）に著された『富士山之記』の解説書である。その中に鼬川の名が見え、命名についての意見も示されている。

◆——猶（鼬）河原ニ、馬場ヲ拵《かま》へ、朝毎ニ馬責《ぜめ》之會（調練）有リ。（富士山之記より）

◆——鼬河については、天正八年秋、常願寺川が氾濫して富山城を浸した時に、新たに生じた川で、そのもと、鼬の巣が常願寺川の堤防決潰の原因になって生じた川だから鼬川といふのだという俗説がある。（中略）鼬に関することは、恐らくは、イタチの名に基づいて生じた俗説であって、大日本地名辞書に、

鼬とは、恐らくは役《えたち》の義にて、郡村の人民を役して造りたるものにや

と云ってゐるのが本義であらう。越中の方言では、エとイが混同して区別し難いのだから、イタチ（鼬）とエタチ（役）と同じ様に発音せられたであらう。（富山之記）

これによって、鼬川は、河原に馬場がつくれるほど、川幅が広かったことがわかる。命名の由来もわかった。天文年中には、常願寺川から神通川までの間を北西の方向に向かって流れていた（富山之記）。ところが、天正八年秋、下流は神通川によって断ち切られ、流路は大きく弓形《ゆみなり》状になりながら北へと向かった。神通川が、鵯《ひよどり》島（富山市）の堤防を突き破って、城下町になだれ込んできたからである。

◆——天正八年秋、霖雨連日止マズ、大ニ出水ス。旧来、神通川ハ呉服山ノ麓ヲ流レシガ、是時《この》ヨリ河身東ニ転ジ、富山城、後ニ傾注セシト云フ。（富山之記、富山市史）

流路を、大きく東に転じながら城下町に暴れ込んできた神通川（一部は現、松川）は、鼬

佐々堤・いたち川

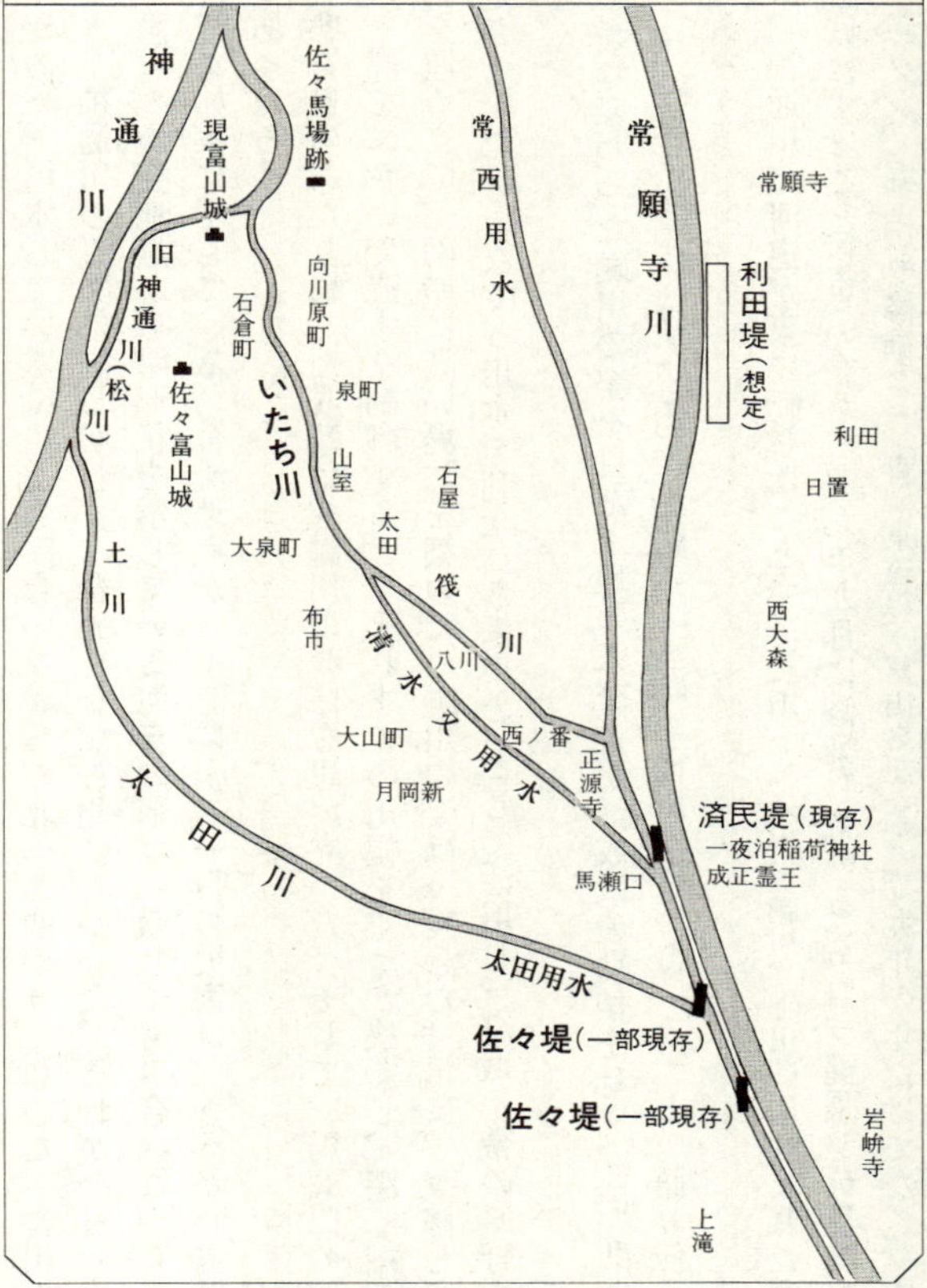
神通川
現富山城
佐々馬場跡
旧神通川(松川)
佐々富山城
石倉町
向川原町
いたち川
泉町
山室
常西用水
常願寺川
常願寺
利田堤(想定)
利田
日置
石屋
太田
大泉町
筏川
西大森
土川
布市
八川
清水又用水
西ノ番
大山町
正源寺
月岡新
太田川
済民堤(現存)
一夜泊稲荷神社
成正霊王
馬瀬口
太田用水
佐々堤(一部現存)
佐々堤(一部現存)
岩峅寺
上滝

川にぶつかると、増水している鼬川ともみ合いながら、北へと曲がりくねった。鼬川も、突進してきた神通川の流勢に抗し切れず、合流しながら北に向かった。それが今日の鼬川の姿で、両川の衝突地点から弓形状を示している河身の形は、激しくもみ合いながら進んでいった様を如実に示している。合流地点から下流に至る一帯の被害は、さぞかし惨憺たるものであったろう。

この実態を目のあたりにした成政は、鼬川の改修を思い立った。そして、馬瀬口の取り入れ口の一部をふさいで流水を制御すると、それまでの川幅をぐっと狭くし、深く掘り下げ、川原を埋め立て、両岸に高い堤防を築いた。鼬川の姿は一変した。単に、改修して河道を安定させただけでなく、川水を利水（灌漑《かんがい》用水）として活用し、流域一帯の原野を開拓させた。

この生まれ変わった鼬川の姿を見た土地の人びとが、成政の功績を称え、感謝して、「鼬川は、佐々成政がつくったもの。堤防に、当時の面影が残っている」と、語り伝えてきたのであろう。

成政は、神通川の河道が東に転じたことで、三川（神通川、鼬川、土川《ど》）に囲まれた富山城を浮き城にすることを思い立ち、翌九年九月に修築している。「自ラ縄張シテ塁ヲ堅クシ、壕ヲ深クシ、堀櫓《やぐら》ヲ修補ス」（肯構泉達録、富山之記など）。九年の年だけでなく、実質的に国主となった十年から十二年まで、年々修築していったらしい。そして、「成政、富山城修理、心の儘に出来《しゅったい》し、侍《さむらい》屋鋪《やしき》、商賈《しょうか》の家。万戸の賑《にぎわ》ひ、神保《じんぼ》の時より、はるかに繁昌の地となりにけり」（肯搆泉達録）というように、大きな城下町をつくり上げた。

成政は築城術に長《た》けていた。元亀三年（一五七二）信長の命で築いた虎御前山砦（滋賀県長浜市）は、「丈夫なる御普請、申尽し難き次第なり」（信長公記）というように優れたものであった。また、城主となって築いた小丸城（福井県越前市）は、越中国主となったので、未完成のまま廃城となったが、巧妙な地下道が設けられている遺構は、近世初期における城郭構営の範として保存されている。富山城も、創造性豊かな広大堅固な備えであったに違いない。

戦国時代の治水事業

成政が常願寺川に川すじ堤防を築き、大々的に鼬川の河川改修工事を行ない、新田開発をして利水の便をはかったという事実は、鼬川沿いに住む私の心を大きく揺り動かした。

当時は、多くの土豪、名主《みょうしゅ》が独立し、荘園や寺社領が介在して、複雑をきわめていたのである。したがって、それらの人びとの手で村落を守る自然堤防（畑囲《はたかこい》堤、輪中《わじゅう》堤）が、それぞれ形成されていた。だが、洪水のたびに自領を死守するあまり、他領の被害や困却をかえりみることがなかった。むしろ、たえず反目しあい、対岸の火事どころか、対岸の決壊を喜んだ。ときには、自領の被害を少なくするために、他領の堤防を破壊するなど、血で血を洗うような乱闘も珍しくなかった。

このように、自領を守ることだけに必死で、局部的工事がなされていた時代に、河川に着目し、洪水を防ぐための抜本的な治水事業計画を立て、川すじ堤防を築いたのである。よほど強力なリーダーシップと大局的な治水方針、土木事業に対して高い見識と技術を持ち合わせていなければできることでない。

また、鼬川の河道安定と利水を考えて改修工事を施し、耕地の開発を目指したことは、稲作に基盤を置く当時の政治体制からみて、為政者としての姿が浮かび上がってくる。

上杉勢との対決のため、神保長住の援助者としてやってきた成政が命ぜられたのは、戦いの指揮。戦いが一段落すれば、さきに、長住の援助者としてやってきた佐々長秋や斉藤信五（天正六年）同様、越中を去る身分であった。にもかかわらず、自ら陣頭指揮をして治水事業に取り組んだ。しかも、取り組んだのが入国した九月下旬（十一月初旬）から始まって冬期間に及んでいる。わが国有数の積雪地帯での治水事業。暖冬の七百年周期にあたっていたので、積雪は少なく、渇水期に入っていたとはいえ、雪の降りしきるなかでの作業は、尾張に生まれ育った成政にとって、さぞかし寒さが身にしみたことであろう。そして、川除《かわよ》け普請作業は膨大な資材と人力を必要とする。

築堤のための石は、流れてきた転石の中から選ぶことができるが、それだけでは足りぬ。山から石舟で運んでこなければならぬ。護岸工、水制《すいせい》工に使う杉や竹は奥山から切り出し、イカダに組んで流す。ワラで縄《なわ》や俵を編み、竹で蛇篭《じゃかご》（丸い筒に編んだ篭に石をつめたもの）をつくり、護岸や水制（堤防沿いの水の流れをゆるやかにしたり、川水をはねて、水の流れを中心に追いやる工事）をする。ナタを振り上げて杭《くい》や木ワクをつくり、玄能《げんのう》やノミを使って石を割る。

資材づくりだけでなく、川に仮り締め切り用土手を築き、その上で石積み作業に入る。鼬川の掘削《くっさく》、浚渫《しゅんせつ》作業も並行させねばならぬ。人海戦術で進めたと思うが、当時としては画期的な大事業であった。

こうしてできあがったのが、敷二十五間（底幅、約四十六メートル）もある三面玉石《ぎょくせき》張りの大堤防。長さは「八十間《けん》堤」とも呼ばれているので、百四十五メートル余りあったことになる。その天端《てんば》（馬踏、堤防上端）の一部が常西用水の底面に残っているという。

戦国初頭から安土・桃山時代にかけては、わが国の歴史のなかで、それまでの政治体制が崩れ、つぎつぎに戦国武将が台頭する下克上《げこくじょう》の新時代が開かれていた。この政治体制の変革につれて数々の技術が発達し、社会機構が大きく進展した時代でもある。

なかでも、石垣城郭の建設、検地のための測量、堤防づくりや道路改修にかかわる河川工事、舟橋の設置と、土木事業の顕著な進歩には、目を見はるものがある。

治水事業については、成政が堤防を築造する以前、すでに戦国武将らが取り組んでいた。すなわち、駿河の今川氏は安倍川の乱流を整理し、関東を支配していた北条氏は天正二年（一五七四）、荒川に熊谷堤を築いている。また、成政が仕えていた織田信長は、天正三年、当時としては大規模な「道根横野堤」を築造している。

そして、武田信玄は、天文十一年から弘治三年までの十五年間をかけて、釜無川（富士川上流）に信玄堤（山梨県甲斐市竜王）を築いた（一部は石堤）。この堤防は、合流する三川（釜無川、分水路、御勅使川《みだい》）の水勢を相殺させることによって、川すじの固定化をはかり、氾らんする地帯に霞《かすみ》堤（突端を明け放した不連続堤防、世界最初）を築いて、水量を調節するという人間の英知の極みを思わせる大事業であった。

成政の堤防築造に先立つこと、二十四、五年前にあたり、情報化の進んでいた戦国期、成政は信玄堤について耳にしていたとは思うが、どんな堤防を築いたのであろうか。佐々堤への期待で胸がふくらんだ。

ついに見つけた佐々堤

佐々堤が築かれたという馬瀬口《ませぐち》（富山市）は、鼬川の源流にあたり、川でもって旧市街地と境をなしている。馬瀬口という名の由来は、上杉謙信が越中攻めの際、馬に乗って川を渡り、この場所に着いたとか、佐々成政が堤防を築くため、日々、この地に馬を進めて陣頭指揮にあたったところからついたともいわれ、定かでない。

この馬瀬口参りが、一カ月あまりも続くとは、当初は考えてもいなかった。

鼬川は常西《じょうさい》用水から取り水をしているので、佐々堤の天端《てんば》は、鼬川源流地点の用水底、馬瀬口にある——と、安易に考えて出かけた。ところが、その場所が用水の水をせき止めて水力発電がなされていることもあって、川底が深く、用水壁の上端すれすれの所まで、満々と水が湛《たた》えられている。のぞき込んでも、深い川底はコバルト色の水の濃さが邪魔をして、確かめることができない。

この用水は、治水事業の指導にあたったオランダ人技師、ヨハネス・デ・レーケが、左岸一帯の数多い水の取り入れ口が濁流の呼び水になっているところから、一本にしぼることを提案して設計し、それにもとづいて、明治二十五年に開削されたものである。

鼬川の源流付近だけでなく、用水に面する集落の端から端を行きつ戻りつして、うろつく日が続いた。『常願寺川沿革誌』には、「太田用水樋門《ひもん》（水門）の底敷及び、同上流付近の常西用水に、現在、床止めの用をなしている」と記してあるが、鼬川源流・馬瀬口に築いた、と信じきっているので、太田用水の場所を確かめようともしなかった。

一カ月あまり待っても、常西用水の水量は減ることがない。ついにあきらめた。

川すじ堤防というからには、川に並行した連続堤防を築いたに違いない。そう思い決めたとき、中川達《とおる》氏（富山市在住、歴史家）から便りをいただいた。

「上滝往来《かみだき》（用水沿いの道すじ）を広げるため、常西用水を狭める話が持ち上がっています。佐々堤はなくなる恐れがあり、残念ですね」

躍りあがるような思いであった。すぐさま、中川氏に佐々堤の場所を尋ねると、大山町役場の高木義範《よしのり》氏を紹介してくださった。翌日、高木氏に案内していただいた。探しあぐねていた佐々堤は、意外にも、鼬川源流から二キロ近く上流（大山町、三室荒屋《みむろあらや》地内）に築かれていたのである。前日の小雨降りで川水は濁っているが、はっきりと目にすることができる。用水の土手を越えた向こうに、常願寺川が流れているが、四百年前は、用水まで川であったことがわかる。川床も今よりは、ずっと低かったことが一目瞭然《りょうぜん》にわかる。

成政時代には低かった川床も、安政五年（一八五八）の大地震で、常願寺川源流、鳶山《とんび》が崩れて以来、氾らんのたびに崩れた土砂が流出して、上昇の一途をたどった。そして、わが国有数の「暴れ川」「首振り川」となり、異名「天井川《てんじょう》」とも呼ばれるようになる。

ちなみに、馬瀬口の最深川底は海抜百十六・六メートルで、下流（河口から十・四キロ地点）では、四十八・七メートルとなっている。富山市街地の八階建てデパートの高さは、三十八・六メートル。したがって常願寺川堤防が決壊すると、市街地は水底に沈むことになる（現在、下流の流域地帯の土中には、数多くの家屋がすっぽりと埋まっている）。

佐々堤は霞堤だった

「この天端を見ると、水をはねる目的で造ったものであることがわかりますね。数百メートル川下の太田用水の樋《ひ》門（水門）底面にもありますから、馬瀬口までのあいだに、このような堤防を何本もつくったことになりますね」

「すると、霞堤《かすみてい》だったのですね」

高木氏の言葉に何気なく呟《つぶや》き返した私は、顔色を変えた。いまのいままで、川に平行した連続堤防とばかり思い込んでいたからである。

七、八人力、十人力は要すると思われる巨岩の群れが、ぎっちりと敷きつめられているが、佐々堤は、まさしく用水の底を斜めに横切っている。どの石も、水に洗われて滑《なめ》らかな肌を見せている。ゆるやかにうねってきた流水が、佐々堤の上を躍り上がるようにしては滑るように流れていく。

この場所から馬瀬口までのあいだに、何本も築いたなかでの先頭に立つ堤防。なぜ、この場所を選び、しかも霞堤を——?

高木氏と別れたあとも、私はその場を去らず、くい入るように用水底を見つめていた。やがて用水の橋を渡り、常願寺川と境をなしている土手に立った。斜め川向こうに、岩峅《いわくら》寺《じ》・雄山《おやま》神社の森が見える。佐々堤は、この岩峅寺方面から突進してくる流勢に対して直角の形で築かれているのである。

川原で護岸工事の仕事をしている人たちの姿が目に入った。土手に下りて近づいていった。おりよく昼食中であった。「佐々堤をご存じですか?」と聞くと、皆が一様にうなずかれた。

「常願寺川の治水につくされた成政さんは、私たち左岸流域に住む人間にとっては、神様のようなお方です。川向こうにある一夜泊《いちやどまり》稲荷神社の祭神は、『成正《じようしよう》さま』といいますが、成政大明神なのですよ。近くにある成正霊王社も、成政大明神を祀っているのですよ」

「佐々堤だけでなく、川下の右岸にも利田堤をつくられたのです。利田堤近くの日置《ひおき》神社境内には、築造指揮に出かける成政さんが、ワラジの紐《ひも》を結ぶために足をかけられたという足跡のある石がありますよ」

こもごも語る人びとに、霞堤について尋ねた。

「それならば、大川寺《だいせんじ》公園下にある建設省富山工事事務所（当時）の上滝出張所か、常西用水土地改良区事務所で聞いたら、わかるかもしれないよ」という言葉に、挨拶もそこそこにして、上滝出張所へ向かった。佐々堤が霞堤であったという驚きで心が動揺し、足が地につかなかった。

氾らんに苦しむ民衆のために

建設省北陸地方建設局富山工事事務所上滝出張所（当時）は、大川寺公園下駅前、常願寺川左岸の堤防際にあった。出張所には、五、六人の人がおられ、あたふたと駆け込んできた私の姿に一瞬目を見はられたが、佐々堤について、地図を広げながら説明してくださった。

北アルプス立山連峰真下から数々の支流を集め、西に向かって流れてきた常願寺川は、北松木、岡田（ともに左岸、大山町）の崖《がけ》にぶちあたり、ここから大きく曲がりくねって、北へと進行方向を変える。このとき、硬い崖に激突して流勢はそがれるが、その反動で、流路は斜め右岸に向かって走る。そして激突するのが岩峅寺《いわくらじ》の崖。岩峅寺からは一挙に富山平野が開け、川幅は、それまでの三倍以上に広がる。このなかを、岩峅寺の崖に激突してそがれた流勢が、斜め左岸に向かって進む。そして、ぶつかる場所が馬瀬口一帯。平素は、わずかな水量（毎秒六トンあまり）でゆったりと流れているが、いったん氾らんを起こすと毎秒四万五千トン（七百五十倍、建設省富山工事事務所調査）という大量の水を流すので、馬瀬口一帯の堤はたちどころに破られる。濁流は、田畑のなかを暴れ回り、家屋を流し、人馬の命を奪う。一帯が八川郷《はちかわ》と呼ばれていたのも、氾らんによって数多くの濁流（川）が流れていたことを裏付けている。

「佐々成政は、馬瀬口の上流で水をはねるための堤防をいくつも造り、襲ってくる流勢を川の中央に押し戻すことによって、川下を守ろうとしたのですね」

「霞堤を意図して築いたかどうかはわからぬが、水はねを目的とした堤防を何本もつくることによって流勢に対抗させたのが、結果的に信玄堤と同じく、霞堤になったとも考えられます」

「ものすごい勢いで突進してくる流勢に対抗するには、上流の崖のような堅固な堤防ということで、三面石張りにしたのでしょう。太田用水樋門の底にあるのも三面石張りですから、佐々成政の築造した堤防は、みんな三面石張りであったと考えられますね」

出張所の方がたは、佐々堤の底幅が二十五間（約四十六メートル）であったということから、高さが十メートル、堤防の天端（上端）の幅は、三十メートルあまりと推定された。

高くどっしりとした大堤防が眼前に浮かんだ。

成政は、この堤防築造に自らの命をかけたのであろう。だからこそ、築堤の成就を願い、河神の鎮魂を祈るための人身御供《ごくう》の身代わりとして、岩石に自らの名を彫り刻んで堤防底に埋《うず》めたのである。

援助者としてやってきた成政の心を、ここまで突き動かしたのは何であろうか。被害の甚大さに困り果てている主君の義弟を助けようという思いがあったかもしれぬ。だがそれ以上に、田畑を流され、家を失って茫然《ぼうぜん》自失となっている者、嘆き悲しみにくれている者

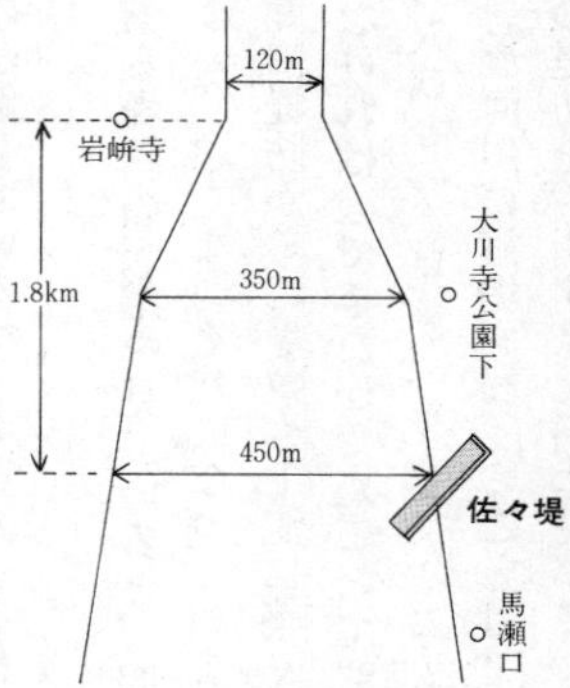

常願寺川の川幅（昭和61年）

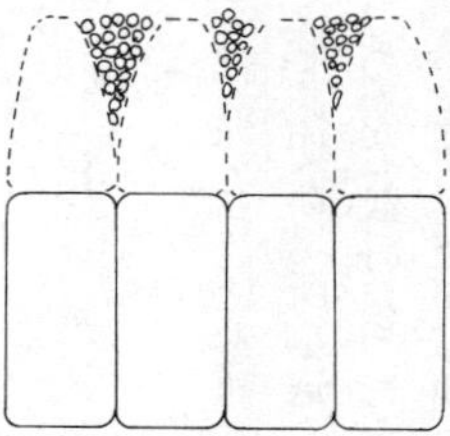
佐々堤の石組（想定）

など、民衆の難儀している様子を見て、それを救わねば、という打算抜きの心情が働いたに違いない。

「用水底にある堤防の天端を見ていると、四百年経っても一寸《いっすん》(約三センチ)の隙間もなく、弛《ゆる》みもない。頑丈なつくりになっていますね」

「破れた馬瀬口堤防から二キロも上流に築くという場所設定。これは、常願寺川というものを知っていなければ、できなかったことですよ。それほど適切な場所を選んでいるのです。もし、土地の人びとの意見を汲《く》み入れたとすれば、包容力のある武将だったといえますね」

「現在は、急流河川に霞堤をつくることは常識となっています。だが、四百年前に、水をはねるための堤防を、川すじに沿っていくつもつくったということは、すばらしい為政者だったのですね」

出張所の方々は、感に堪えぬという面持ちで語ってくださった。

霞堤とは、不連続堤防で、雁《かり》が列をなして飛んでいる姿に似ているところから、雁行堤《かりゆきてい》とも呼ばれ、急流河川に施工される。堤防の突端を明け放すことによって、洪水を堤内に逆流させて滞水《たいすい》する方法である。逆流する水は砂礫《しゃれき》がなく、静かに浸水してくるので、農作物には被害を与えないし、急流河川は出水時間が短いので、間もなく去っていく。排水のための樋門《ひもん》を設ける必要もない。

出張所を辞した私は、その足で常西用水土地改良区事務所（富山市）を訪れた。おりよく、理事長・中橋甚一氏（故人）と事務局長・吉田良雄氏がおいでになった。

「成政さんは、常願寺川流域に住む者にとって、忘れてはならぬお方です。民衆の難儀を救うために、身を挺《てい》して治水事業に当たってくださったのです」

「常西用水をつくるとき、護岸の根固めのために、佐々堤の天端をそのまま利用しました。佐々堤はドンドコ（堰）の役目を果たし、床固めとして役立ち、流勢を殺してくれ、盤石の固めとなって、いまも役立っています」

「成政さんは、いまも地元住民のために尽くしてくださっているわけです。永遠の生命力をもって、生きつづけておられます」

　お二人は、このように語られ、ここでも佐々堤の築堤場所、石積みの頑丈さを挙げられた。

「入国されたとき、ちょうど常願寺川が氾らんしていた。その場から破れた馬瀬口を中心として、流域一帯を現地視察されたと聞いています。視察されたからこそ、築く場所がわかったのではありませんか。岩峅寺のほうからすさまじい勢いで突進してくる流勢を目のあたりにして、ここだ、と思われたのでしょう。」

「それにしても、頑丈な石組みには感心するほかはありません。コンクリート張りよりも丈夫で、少しの弛《ゆる》みもないのです」

「きっと、吟味して選んだ八人力、十人力の長めの玉石を縦にして、びっしりと敷き詰めたあと、隙間に栗石を詰め込み、厳重に、丁寧に積んでいったのではありませんか。それで、巨岩が相当深くまで入り込んでいる。そして天端は、長年川水に洗われて徐々に減ってきた。そのため、巨石と巨石との隙間がなくなり、練《ね》り石積《いしづみ》のような状態になっているのでしょう」

　机上の紙に図を描いて説明なさっていた吉田良雄氏が、突然、すっくと立ち上がられると、直立不動の姿勢をとられた。それから、私に向かって深々と頭を下げられた。

「成政さんは、世上では非常に悪く取り沙汰されています。聞くたびに、忍びない気持ちになります。郷土のために尽くされた人情味ある成政さんの本当の姿を書いてください」

　ご年配の立派な男性が、腰を二つに折りながら熱っぽい口調で懇願される姿に、私は思わず立ち上がり、黙礼した。胸がつまって、言葉が出なかった。事務所を辞して帰る道すがらも、感動に打ちふるえる胸の鼓動は、容易に治まらなかった。

　馬瀬口の破口場所付近（下流）の常願寺川原（富山市西ノ番）に、「済民堤《さいみんてい》」と呼ばれる長さ百五十メートルほどの三面石張りの堤防がある。

「多分、成政さんは、あの辺にも造られたのでしょう。その堤防は、安政五年の氾らんで土中に埋まり、その後に造られたものと思われますが、昔から『済民堤』と呼ばれていま す。土地の者たちが治水民福に尽くされた成政さんを偲《しの》んで、名づけたのではないでしょ うか」

別れ際におっしゃった吉田氏の言葉が、頭から離れなかった。

済民堤（人民の難儀を救うために築かれた堤防）の名を残して、すぐれた為政者を偲ぶ。そ れほど成政は、常願寺川流域の人びとに感謝され、慕われつづけてきたのである。佐々堤 は、天端の一部を残すのみとなったが、それが現存するかぎり、治水民福に尽くした成政 の偉業は、「済民堤」の名とともに生きつづけることであろう。

富山県が常西用水路を県営事業として改修を決めたとき、佐々堤がなくなることを案じ た土地の人びとが、保存を新聞に訴えた。前中沖豊県知事にも直訴して頼んだ。もちろん、 常西用水改良区が、いかなる事態が招来しようとも取り壊すようなことには決して同意し ないであろうが、町民の直訴から知事の現地視察があり、県が実地調査に乗り出し、先人 の遺構を保存することに決まった。そこで、県単独事業として、一帯を「史跡と景観に配 慮した、やすらぎと潤いのある環境の場」に設定。県営かんがい排水事業と並行させなが ら整備した。

事業は平成三年に完成したが、これがはずみとなって県下各地で、水辺空間に文化性をとり入れる「ふるさと水ルネッサンス構想」が推し進められた。

機能ばかりが追求され、画一的であった用水改修事業に、この文化性を導入した富山県独自の取り組みは、国の施策の先駆となった。

平成七年、農業土木学会は、この富山県の取り組みに対して、「農業土木技術に新しい分野を切り拓いた」として表彰した。成政の偉業を残さねば、と願った庶民の熱意が県を動かしたばかりでなく、全国に先駆ける事業を生むに至ったのである。

いま佐々堤のある一帯は、佐々成政橋をはじめとして、やすらぎ橋、ふれあい橋がかけられ、やすらぎ公園もつくられて整備されている。人びとは、遊歩道を散策し、桜や松並木のもとや公園で、数々のイベントを繰りひろげながら、成政の偉業を偲び、憩いのひとときを楽しんでいる。

庶民の歴史のなかで生きる

早百合《さゆり》伝説に象徴されるように、四百年来、佐々成政は極悪非道の領主、深慮の足りぬ猪突《ちょとつ》猛進の武将といわれつづけてきた。なかには、「頭脳のほうには、いささか問題がある武将」と短絡的に片づけている歴史家もいる。

元来は、兵事に明るい博学の知将であった（古事類苑）。奇略を得意とした非凡な頭脳を持った戦術家であった。末森の戦いに見られるように、見事に組織された規律ある軍事力を動員するリーダー性を持っていた。だからこそ、信長が戦略に鉄砲を導入するに当たって、成政に鉄砲戦術の研究を命じ、佐々鉄砲隊は「織田家秘蔵の鉄砲隊」として重宝がられ、数々の戦闘で活躍したのである（武功夜話）。暴挙とまでいわれた「真冬のさらさら越え」も、緻密な計算のもとに、科学的、合理的な判断力があったらばこそ、成功したのである。そして、佐々堤築造に代表されるような人情味ある為政者であった。それは、誰もが恐れる織田信長に向かって、「王者は四海をもって家となし、兆民を以て子となす。いまだ、御手に属さぬ国ぐにがあるならば、徳のいまだ至らざるゆえと思召し、不善のところを省みて、お改め給りたいと思います」（信長記、総見記）と、敢然《かんぜん》として諫《いさ》めた言葉どおりの施政をしたのである。

そうしたすぐれた武将、為政者だった成政が悲劇の道をたどったのは、主家への忠節心が強く、純粋に物事を考え、真面目に取り組んだことが引き金となっている。いうなれば、会社に忠誠を尽くす猛烈人間であり、純粋に生きようとしたからである。しいていえば、清濁あわせ飲む式の政治的駆け引きが苦手であったことが、成政の足を引っ張った。しかしながら成政は、四百年余の今日もなお、越中の人びとに敬愛されている。

成政伝説の数々

成政は、常願寺川の治水事業のほかに、どのような仕事をし、領民たちにどのような影響力を与えているだろうか。

調べようとしても、成政に関する資料は抹殺《まっさつ》されているだけに、伝説に頼るしかない。「黒河の大蛇伝説」「槍の先の水伝説」、常願寺川原で護岸工事をしていた人びとから聞いた「成正大明神」「日置《ひおき》の石」が浮かび上がってきた。

▽道路改修事業の一端を示す「大蛇伝説」(名将言行録、越中伝説集)

黒河地内(射水市)は、なだらかな起伏の連なる丘陵地帯。そのなかに、三十間ほど(約五十五メートル)の谷底に淵《ふち》があった。この淵が、たびたび水が溢《あふ》れるので、人びとが難儀をしていることを耳にした成政が、丘と丘とのあいだに大橋をかけ、交通の便をはかろうとした。

ところが、村人らが反対した。

「淵には、昔から大蛇が住み、毎年のように三人、五人と、人間を食い殺しています。橋普請のために、淵に入ることはかないません」

「たとえ橋をかけても、真下の淵に大蛇が住んでいるため、人びとは怖がって通行しますまい」

聞いた成政は、往来を妨《さまた》げている大蛇退治に出かけた。淵にやってくると、淵の主《ぬし》に向かって大音声を張り上げた。

「われ、この国の領主なれば、人びとが心やすく往来できるように考えている。しかるに、汝が淵にいて罪もない人間を食《は》むとはもってのほかだ。急いでこの淵を立ち去り、人をわずらわさぬほうへ立ち退け。退かねば、手並みを見せん」

淵は静まり返っていた。そこで、成政は家臣らに命じて、淵の底を目がけて鉄砲を浴びせかけた。たちまち、淵の水が逆まき、あたり一帯に霧が立ちこめて真っ暗になったかと思うと、大蛇が水面をのたうち回り、そのうち十六、七町（約一千八百五十三メートル）もはね上がり、かなたの山へもんどり打って落下した。

こうして、大蛇を退治した成政は橋をかけ、人びとを通行させたという。

この話は、武勇伝として紹介されているが、領国経営の一端を示している。

▽治水事業をしたことを示す「日置の石」

常願寺川下流右岸（馬瀬口の対岸下流）日置（中新川郡立山町）に日置神社があり、境内の入り口に細長い巨岩が二本、門柱のように立っている。常願寺川の氾らんによって流れてきた石だという。このうちの一本、緑がかった石の上部に鼠《ねずみ》色の模様が入っている。見ようによっては、巨人の足跡に思える。常願寺川の護岸工事をしていた人が「成政さんがワラジの紐を結ぶために、足をかけた跡だ」といっていたものである。

成政が佐々堤を築造した三年後の天正十一年（一五八三）八月、またもや常願寺川が氾らんした。堤防決壊が一万六千七百間（約三十キロ）に及び、流失家屋二百六十戸、泥入家屋一千九百二十戸もあった（建設省資料）。なかでも被害が甚大であったのが、下流の右岸地帯。このため、成政は常願寺（中新川郡立山町）に本陣を置き、陣頭指揮をしながら堤防を築いた（利田堤という）。

日置の石は、たんなる模様にすぎないが、堤防を築いてくれた成政を偲《しの》ぶ気持ちが、足跡伝説を生み出したのであろう。

▽成正《じょうしょう》大明神

成政は、利田堤築造の無理がたたって病にかかり、重体におちいった。心配した人たちが、近くにある社《やしろ》の祭神が薬草の神・少彦名命《すくなひこなのみこと》であることを知り、社に病気平癒《へいゆ》を祈願した。おかげで、病は快方に向かった。回復したのが九月末であることが、成政から前田利長（利家の嫡子）にあてた書状のなかに記されている（岩田佐平氏所蔵文書）。このとき社の神を厚く信仰し、社殿を造営した。「さらさら越え」決行の際も、この社に立ち寄って祈願したと伝えられている。

江戸時代に入り、社は度重なる水害で流失したが、地元の人びとは、治水に尽くした成政が信仰した社として語り伝えていた。

天保三年（一八三二）富山九代藩主・前田利幹《としつよ》が、この地で鷹《たか》狩りをしたとき、放した鷹が戻らなかった。その夜、利幹の夢枕に老翁《ろうおう》が現われて、「法華経を供養せよ」と告げた。さっそく法華経を読誦させると、鷹が舞い戻ってきた。

これが機となって、利幹は、土地の人びとから成政が深く帰依《きえ》していた霊験あらたかな社があったことを知り、「成正大明神（成政の転化）を祭神として、「浄正社」（成政社の転化）を再建した。すぐ近くに「泊《とまり》の宮」があり、立山開山の佐伯有頼《さえきありより》が一夜泊まったところから「一夜泊《いちやどまり》」（立山町）と名付けられていた。明治四年、浄正社と泊の宮が合併して一夜泊稲荷神社が造営され、以来、諸願成就、商売繁盛、縁結びの神社として、多くの人びとの信心を集めている。祭神は「天照大神」と「成正大明神」であるが、「成正さま」の名を呼び合う参詣者の列が続いたという。なお浄正社跡には、「成正霊王」が祀《まつ》られている。
▽利水として役立っている「槍の先の水」
前田利家と戦いを始めていたころ、加越国境の南、城ケ山城（南砺市）は、飲料水にし

ていた明神《みょうじん》川の水源を、前田勢に断たれた。

これを知った成政は、水を求めて山中を歩き回った。そして、谷向こうにある山（水吐き山）の中腹で、崖をおおっている草木がぬれているのを見つけ、持っている槍で突いた。とたんに、水が噴き出してきた。成政は、この水を城内に引き入れ、兵士らを助けた。以来、水は福光地方の灌漑《かんがい》用水や飲料水として役立っている（現在は南砺市の上水道として使用）。成政が兵士らに命じて掘らせたものらしく、直径一メートル余りの岩穴から大量の水が流出している。

この水が「槍の先の水」として、いまも土地の人びとに感謝され、親しまれている。


越中の人びとにとって成政は、戦国争乱の谷間となっていた国内を統一して平和を呼び戻してくれた英雄である。民衆のために尽くしてくれた仁政家である。常に陣頭に立ち、体をかけて領国経営にあたってくれた領主である。そのうえ、領内は金銀山によるゴールドラッシュで賑《にぎわ》い、耕地は増え、諸国から武士たちが「我も我もと引っとひ、越中へと心さし下りけり」（末森記）というように集まり、城下町は殷賑《いんしん》をきわめた。

成政と民衆とが一体化して、太いきずなでしっかり結びついていたのである。それが数多い成政伝説を生み、成政は庶民の歴史のなかで脈々と生きつづけることになった。

◆―佐々付属の諸士は勿論、衆民は、先代神保より勝れたる主君なりとて、尊敬《そんきよう》異にして、泰平を唱《とな》ふ。（中略）成政、城の縄張りを改め、修理を加へんと（中略）自ら縄張し、塁《るい》を堅うし、堀を深うし、塀《へい》・櫓《やぐら》等を完修す。

この城、西北は神通川を堅固とし、また東、鼬《いたち》川を城下へ落し入れければ、三方大川にして、南一方は平地に、里を隔て高山茂林あり。通路皆大川に傍《そ》ひ、その間、縦横田畑限りなければ、国、富饒《ふにょう》にして、縦令《たとえ》、日本国中の兵を尽くし、十年廿年攻むるとも、堅固なる金城となれり。（肯搆泉達録）

◆―佐々成政は富山に桜馬場を造らせ、茶店を構《かま》へ、煖《たん》（春）風乾坤《けんこん》（天地）に遍《あまね》く、花は梢に満ちて雲の如く霞に似たり。（中略）成政も異風《いふう》なる出で立ちにて、所々の茶楼を歴覧す。その結構、金張付け、極彩色の鳥獣の画、或は山水の画、金梨子《なしじ》、或は黒塗りの材木を以って建つるもあり。また、柴木を折りて庵《いおり》を結び、松の柱、竹の網戸の物侘《わ》びたるもありて、風流、辞《ことば》に尽《つく》しがたし。（肯搆泉達録）

前田治政の苦慮

成政の後を受け継いで越中を支配したのが、前田氏。領民たちが成政を敬愛し、賛仰《さんぎよう》しているだけに、治国政策に苦慮し、成政の非を言挙《ことあ》げせねばならなくなった。

そこで目をつけたのが「早百合処罰」。ことさらにゆがめて流布し、暴君、残虐な成政イメージをつくりあげた。また、子どもたちの七夕祭りにも「早百合こいこい」と書かせて、徹底的にイメージダウンをはかった。

一方では、前田氏の世であることを謳歌《おうか》させるという宣撫《せんぶ》工作をしたと考えられるのが「サンサイ踊り」（富山市民俗芸能無形文化財）。この踊りは、もともと寺に祀《まつ》られていた祇園《ぎおん》さま（八坂神社）の行事による素朴な子どもたちの盆踊りであった。このなかに入れた囃《はや》子《し》が「サーイ、サンサイ、ヨンサイ、ヨヨナイ」（佐々の世でないことを訛《なま》ったもの）で、「皆が喜び合っている平和は、佐々が越中を去ったからだ」という意味あいが込められているという。

また、前田氏を尊崇させるための手段として、越中に「天神信仰」を広めた。すなわち「前田公の先祖は菅原道真。菅公は、世に稀なる聖賢で学問の神様。家運隆盛の神様でもある」ことを強調した。これが、その後の前田氏の治安行政に功を奏する。

「前田氏の深謀遠慮というべきか。この天神信仰は、越中での民衆教化に有効な役割を果たしたと思う。全国でも、ひと味違った天神信仰の習俗として、根強く伝承されている所以《ゆえん》であろう」（北野潔氏、富山市在住、歴史研究家）

富山県では正月になると、家ごとに押しなべて、床の間に天神さまの軸物や置き物を飾る風習がある。また、男の初孫が生まれると、嫁の里親から婚家へ、天神さまの軸物、または置き物を贈って祝うしきたりがある。初孫が、威徳広大な菅公さまを守護神とすれば、立派な人間に育つというところからきているのである。

この天神信仰について、高田雄健氏（高岡市在住、美術図案作家）と北野潔氏は、つぎのように語られる。

「全国的には、天満宮として祀《まつ》るところもあるが、初孫の成長、子孫繁栄を願っての伝統慣習は独特である」

「同じ加賀藩領でありながら、加賀や能登には、正月に道真像の軸をかける習慣がないようである。前田氏が、越中治政上、まず、在地民衆のうちにある成政への思念を払拭することが大きな課題であったから、前田氏崇敬とだぶらせた天神信仰の流布徹底は、苦肉の策とはいえ、巧妙な人心収らん策であった」

このほかにも、検地の問題がある。

加賀藩では、天正十九年（一五九一）加賀と能登を、太閤検地の実施にそって一反（段）三百歩と決めた。越中の検地は、慶長九年から十三年（一六〇四〜〇八）のあいだに実施されている（加納郷土辞彙《じい》）。にもかかわらず、越中のみは、一反三百六十歩として、明治初期まで続いている。なぜ、越中だけを三百六十歩として、佐々時代のままに据え置いたかについては、加賀藩のなかでも疑問視されつづけ、諸説紛々《ふんぷん》として明らかにされていない（加能郷土辞彙）。

加賀藩では「村御印《ぎょいん》」として、村々の年貢を割り当てていたので、一反の広さは、さほど問題でなかったという説もある。とすれば、表向きに三百六十歩（成政時代）に据え置いたのは、越中人の反発を避けたとも考えられなくはない。

時代を超える越中の人びとの思い

このように、前田氏は越中に対して、さまざまな人心収らん策、和合政策を実施して、幕末まで支配下においた。これに対して、越中の領民は従順であったが、明治期に入って幕藩体制が解体し、前田氏の支配が終わったとたん、佐々成政賛仰熱が高まった。

明治十五年に著わされた『北遊紀行』（言論家、藤田茂吉著）のなかに、「富山客中、一律を賦《ふ》せり」と題して、神通川の舟橋のことを詠じ、つぎのことを記している。

◆──鉄鎖《てつさ》千秋《しゅう》、偉績《いせき》ヲ留《とど》ム、鬼燐《きりん》半夜、英魂ヲ哭《こく》ス（以上が漢詩の一節。以下は、漢詩に添付した説明の文）

富山城は、神通河に瀕《ひん》す。河上、舟を浮かべて橋と為《な》し、鉄鎖之《これ》を繋《つな》ぐ。佐々成政の作るところと云ふ。又《また》、河中に燐火《りんか》あり。陰雨《いんう》の夜、出《い》でて河水を照らす。土人呼びて曰《い》ふ。

成政の魂魄《こんぱく》なりと。(中越郷土叢書)

これによると、舟橋は前田氏が架《か》けたのにもかかわらず、佐々成政の偉業と称え、また、「早百合火」を「成政、無念の火の玉」とすり替え、分県運動のエネルギーとしていたのである。

槍の先の水で造られた銘酒「槍の先」も「成政」に変えられた。

また、近年「常願太鼓《じょうがんたいこ》」が復活した。

「常願寺川の治水事業に尽くした佐々成政に感謝し、称えようという気運が盛りあがって始めたもの」(草野哲夫氏)

昔から常願寺川流域では、氾らんが起こると、上流の村から下流の村々へと、つぎつぎに神社の太鼓(水太鼓)を打ち鳴らして伝達した。水太鼓で氾らんを知った男たちは、土手へ駆けつけて決壊した場所の修理にあたり、女、子どもたちは避難する。人びとの生活の知恵で、自然発生的に生まれたものらしいが、それも成政の偉業と結びついた。毎年、佐々堤近くの水神社《みずじんじゃ》(富山市)、成政時代の馬場跡に建つ「越中稲荷神社」(富山市)では、氾らん防止の神事の際に、常願太鼓が奉納されている。

そのほかに、豊臣秀吉に降伏した成政が、白鳥城の秀吉のもとに出かけるとき、髪を剃《そ》り、墨染めの衣に着替えていったという。その剃髪《ていはつ》場所(富山市安養坊)に髪が埋《うず》められ、土地の人びとの手によって道心《どうしん》塚（仏門に入る意）がつくられ、成政の供養が行なわれてきた。そして近年、富山城址公園内に富山市民（いしぶみ研究会）の手によって、成政の歌碑が建立された。

何事も変はり果てたる世の中に　知らでや雪の白く降るらむ

天正大地震（一五八五・冬）の際、大坂から駆けつけた成政が被災した領民の窮状に、心をいためて詠んだといわれる歌である。

これらは、時代を超えて、成政を慕う越中の人たちの熱い思いの発露である。

また、明治十四年（一八八二）常願寺川をはじめとして越中の河川が氾らんした。このとき、越中は石川県に編入されていたが、治水事業が発端となって、民衆の間に分県運動が湧き起こった。越中の人びとが明治政府に提出した請願書には、「越中は、前田氏に領有される以前までは、単独国家であった」ことが挙げられている。

越中の独立は、越《こし》の国が越前、越中、越後の三国に分割された持統帝六年（六九四）で、能登（七五七年、越中国より割く）、加賀（八二三年、越前国より割く）よりも古い。そうした単独国家としての意識が強いのに、佐々成政時代を最後として、加賀に併呑《へいどん》されたという無念さがある。

それだけでなく、越中の莫大な金銀山や黒部奥山の大森林、肥沃な越中の年貢収納によって、加賀百万石は潤《うるお》いながら、内実、越中は加賀の植民地のような扱いを受けた。たとえば、加賀や能登の工芸を保護するために、越中の職人には、金銀の使用を厳しく禁じている。越中の人びとが、「佐々成政の悲劇は、越中の悲劇」と思い込むのも無理はない。

こうして起こった分県運動が功を奏し、明治十六年（一八八三）五月九日、富山県として再出発することができた。民衆が、佐々成政当時の越中の国を、三百年の空白期間を置いて取り戻し、無念の思いをして越中を去ったに違いない成政に、恩返しをしたといえよう。

第六章　肥後転封——朝鮮出兵のもたらした悲劇

秀吉は成政を買っていた

越中を去って、大坂城に出仕する身となった成政は、秀吉のお伽衆《とぎ》の一員となった。お伽衆とは、お咄《はなし》衆とも呼ばれ、主君の側近く仕えて話相手を務める役目。武勇に優れた武士もいれば、学者、歌人、茶人、僧侶、医師などもいた。この時代の武将は、書物を読む習慣は持っていたが、戦《いくさ》に忙しく、世情にうといため、いろいろと耳学問をした。したがって、お伽衆になる人物は、話術が巧みでなければならぬ。また、専門の知識だけでなく、諸国の情勢にもくわしく、さまざまな経験を積んでいなければならぬ。秀吉は、このような人を多数召し抱えていた。

成政は戦術の話相手になっていたらしい。若い頃から兵法について研さんを積んできた博学の徒である（古事類苑）。信長とも政談を交わし合っている（信長記、総見記）。存分に、知識や体験を披瀝《ひれき》したことであろう。

大坂での成政

秀吉は、お伽衆として仕える成政に、いろいろと好意の手を差しのべた。

天正十四年一月には、宮中に推挙して、従四位下侍従の位につかせている。また、羽柴姓を与えた。以後、成政は「羽柴陸奥守《むつのかみ》侍従」と名乗るようになる。そのほか、娘の堪忍《かんにん》分として、摂津国能勢郡を与えている（萩藩閥閲録、小早川家文書）。娘の再婚の世話もしている。成政の曽孫・佐々康成（舜恕、大乗院門跡坊官）が書き残した『福智院家系譜』『戦国史事典』によれば、娘というのは、二女・岳星院である。彼女は、最初、従兄弟《いとこ》にあたる佐々清蔵（成政の長兄・隼人正の嫡子）に嫁ぎ、一子をもうけた。だが、清蔵は本能寺変で、主君・織田信忠（信長の嫡子）とともに討ち死にした。このため、母子は成政のもとに戻っていた。

この岳星院を秀吉は、関白・鷹司信房に嫁がせた。再婚した彼女は、七人の子女をもうけた。そのうち、嫡子・信尚（鷹司家十三代）は関白になり、二女・孝子は徳川三代将軍・家光の正夫人（中ノ丸殿）となった。また、孫・信子は、五代将軍・綱吉の正夫人となっている。

こうして、成政は大坂に在住しているため、所領地新川郡は、肥後国主（天正十五年六月二日）になるまでの二年近く、代官支配に任せていた。その間、越中に入国したと考えられるのは、天正大地震のときである。

天正十三年（一五八五）十一月二十九日（一月十八日）。この日は暮れ方から重い牡丹《ぼたん》雪が降り、なんどか小揺《こゆ》れがあった。それが亥《い》の刻（午後十一時）、突然、家が小舟のように揺れたかと思うと、すさまじい音を立てて崩れた。息つく間もなく子《ね》の刻（午前零時）に、また大揺れ。続いて三十日丑《うし》の刻（午前二時）には、前にもまさる激震が襲った（家忠日記）。

これが近畿、東海、北陸を襲った天正大地震で、マグニチュード七・九といわれている（村松式では八・二〇）。震源地は、北緯三五度、東経一三六・七度（伊勢湾内）という。その後も、かなりの余震が十二日間（石崎記録所収舜旧記）もあり、あとは、だんだん少なくなったものの、三月中旬（四月末）ごろまで続いている（家忠日記）。

この地震で、京都三十三間堂の仏像が六百体も倒れ、禁裏の内侍所は倒壊。最も被害甚大であったのは飛騨や北陸で、人馬の死傷、家屋の倒壊、雷電にともなう火災、山崩れ、地割れと、地震は猛威を振るった。飛騨白川にある帰雲山《かえりぐも》は、真っ二つに割れて山津波を起こし、土砂が前山を飛び越えて庄川の水流を塞《ふさ》いだ。山々には水が溢れ、河原となった（越中国名跡志）。このため、庄川に面して建っていた帰雲城（城主、内ケ島氏理《うじはる》）と城下町（三百戸）は、土中に埋没した。越中西部の木舟城も一大音響を立てて崩れ、城は大雪と大水の中に埋没。城主・前田秀次（秀継）夫妻をはじめ城兵らは、一人残らず圧死した。城下町（二百戸）も壊滅した。

成政は、領国惨状調査と対策のために、越中へ駆けつけた。四カ月ぶりに見る町並みは、すっかりさびれていた。わずかに残っている家々は傾き、積雪に埋もれ、無残な姿をさらしている。これを見て、胸を痛めた成政は、かつては殷賑《いんしん》をきわめていた城下町を思い、そこで威勢を振るっていた己れの姿をも重ね合わせて詠んだと伝えられるのが、つぎの歌である。

何事も変はり果てたる世の中に　知らでや雪の白く降るらむ

猛威を振るった地震がおさまり、領内の復旧も完成した翌十四年八月二日、芦峅寺《あしくらじ》姥堂《うば》に、留守中の国内安泰を願って供養祈念を命じている（立山一山会文書）。

この大坂暮らしの成政の身に変化が生じるのは、天正十五年（一五八七）三月一日（四月八日）。秀吉の九州征伐に従い、秀吉本隊、小姓組の一隊として、五百名の兵士を引き連れて出兵した（大宰府天満宮史料）。

秀吉の九州出兵

九州は、長く大友、菊池、竜造寺の三氏が威を振るっていた。しかし、菊地氏が滅び、大友、竜造寺氏の勢力も次第に衰えた。代わって、薩摩《さつま》（鹿児島県）の島津氏が台頭してきた。天正六年九月、島津義久は、大友義鎮《よししげ》（宗麟、宗滴）を耳川の戦いで破ったあと、次第に大友領を侵していった。ついで、十二年三月には、竜造寺隆信《りゅうぞうじ》を討ち滅ぼし、九州一円に威勢を張るようになった。たまりかねた大友義鎮は、秀吉に支援を求めた（大友家文書録）。

しかし秀吉は、ただちには出兵せず、島津氏に「勅定（天皇の裁許）による大友氏との和平案」を提示するにとどまった。このとき、家康とのあいだが思うように渉っていなかったからである。

天下統一を目指す秀吉は、家康を臣従させるのに躍起となっていた。小牧・長久手の戦いは、織田信雄を味方に引き入れて終結に持ち込んだ。その後、紀州一揆、長宗我部元親、佐々成政など、家康と結んでいた武将らを攻めて降し、家康を孤立化させた。それでも足りず、家康の重臣・石川数正を手許に引き入れ、妹・旭姫を嫁がせて、義兄弟の契りも結んだ（天正十四年五月十四日、家忠日記）。それでも、家康は腰を上げようとしない。

家康との交渉が長引いているあいだに、九州の情勢は進んでいった。秀吉が示した和平案に、勢いに乗っている島津氏は聞き入れるどころか、攻撃的な態度に出た。脅威を感じた大友氏は、大坂に駆けつけて助けを求めた。そこで秀吉は、島津氏に「和平的国分け案」を提示した。もちろん、島津氏は呑むはずもない。かえって豊前《ぶぜん》（大分県）、筑前《ちくぜん》（福岡県）に兵を進めると、大友氏の本拠、豊後《ぶんご》（大分県）に迫った。

この事態に、秀吉は八月中旬、小西行長に大友氏援助の兵糧を運ばせ、続いて十月には、中国（毛利、吉川、小早川）と四国（長宗我部）の諸将を出兵させた。そして、家康がようやく上洛して臣従を示し、後顧の憂いがなくなった十二月一日、畿内、東海、北陸など、二十四カ国に出兵準備を指令（萩藩閥閲録）、順次に出発させた。ついには、自ら大軍を率いて九州征服に向かった。このとき、駆り出された将兵は二十余万とも三十余万ともいわれている。ともかく空前の大部隊で、迎え撃つ島津勢は七万余。すでに、兵力の点で格段の差があった。

大坂を出発した秀吉は、赤間関（山口県）に着くと、ここで全軍を二手に分けた。本隊は自らが率いて豊前から薩摩に向かい、支隊は弟・秀長を総大将として、豊後から日向《ひゅうが》、大隅方面に向かわせた。秀吉本隊にいた成政は、ここで秀長隊に移った。

破竹の勢いで進んでくる豊臣勢に、九州の諸将は恐れをなし、競って降った。島津義久も降伏した。秀吉は、これを許し、九州の国分けを決めた（九州御動座記）。島津氏には薩摩と大隅（鹿児島県）、日向（宮崎県）の支配を許し、大友、竜造寺氏には、本領支配を認めた。そして筑前（福岡県）と筑後（久留米地方）に小早川隆景や弟・秀包《ひでかね》、豊前（北九州）には黒田孝高《よしたか》、森（毛利）吉成《よしなり》など、側近の大名を配置。中央の肥後《ひご》（熊本県）には佐々成政を置いた。

このため、成政が領していた越中半国は、秀吉の蔵入地（直轄領）となり、成政は島津攻めに従ったまま、肥後に腰を下ろすこととなった。

大陸出兵までの経緯

成政は、肥後国主《こくしゅ》となった直後に起こった国人《こくじん》一揆の責めを負い、秀吉に切腹を命ぜられた。これについて、数々の書物は、秀吉が成政を滅ぼすために、わざと統治困難な国をあてがったとし、それが今日まで信じ込まれている。

◆――秀吉公、薩州嶋津征伐の後、南関に御陣をすへられ、有功の輩《やから》に所領を賜《たまわ》るとき、肥後国を佐々成政に賜り（中略）是《これ》、成政を滅さんが為の謀《はかりごと》なり。（菊池佐々伝記）

はたして、秀吉は成政を滅ぼすために、肥後国主に任命したのであろうか。

まず疑問に思うのは、一日も早い天下統一を目指している為政者が、統治の失敗を予測して、国主をあてがうことがあるだろうか。もし乱が起これば、関東の北条氏や東北の伊《だ》達《て》氏、臣従したものの心服していない徳川家康らにつけ入られる恐れがある。そのような回りくどいことをしなくても、滅ぼそうと思えば、柳ケ瀬の役や富山城攻めの機会があったはずである。

むしろ、二度も抵抗されながらも（柳ケ瀬の役と小牧・長久手の戦い）許したのは、成政

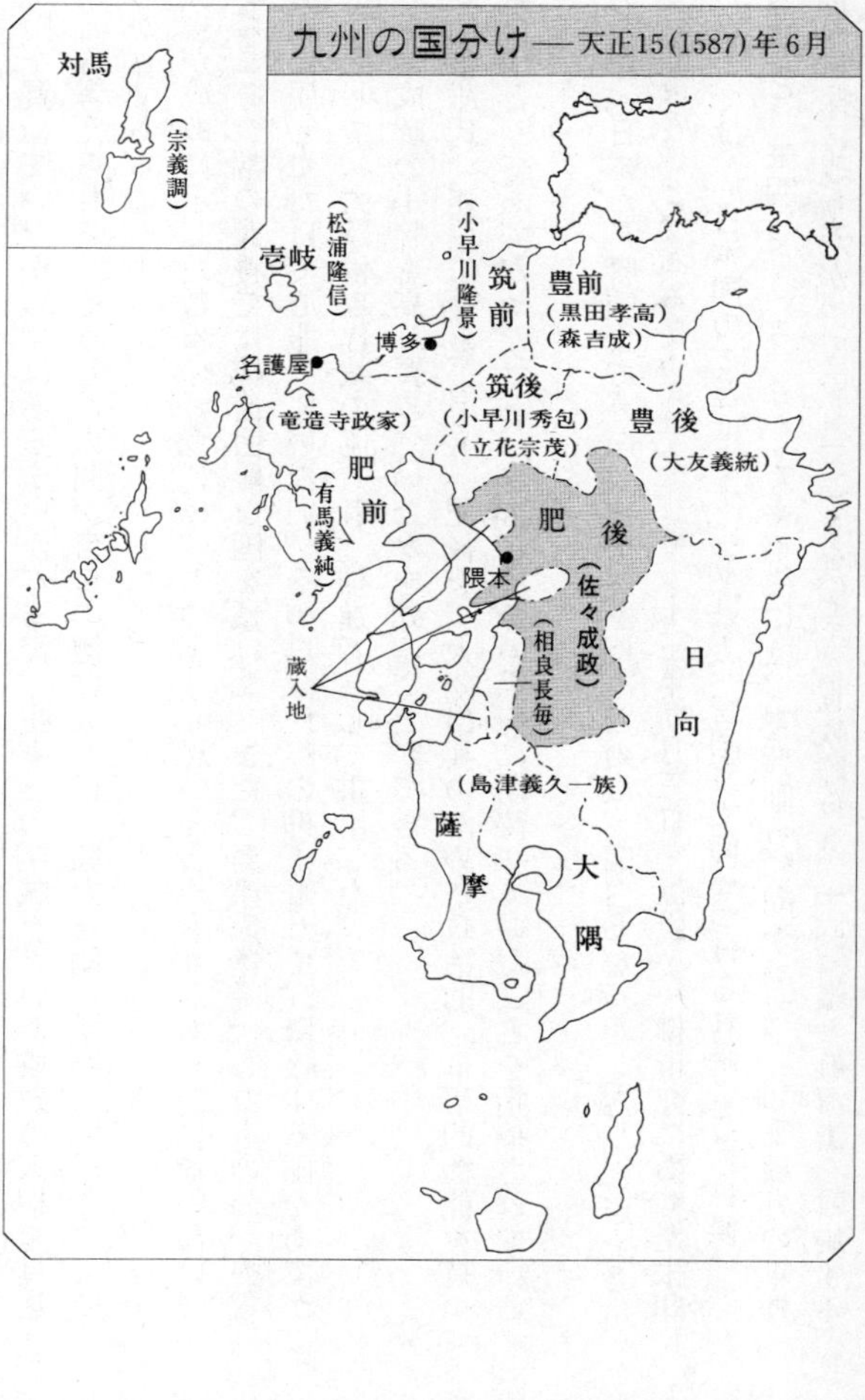
九州の国分け——天正15(1587)年6月
対馬
(宗義調)
壱岐
(松浦隆信)
(小早川隆景)
筑前
豊前
(黒田孝高)
(森吉成)
博多
名護屋
筑後
(竜造寺政家)
(小早川秀包)
(立花宗茂)
豊後
(大友義統)
肥前
(有馬義純)
肥後
隈本
(佐々成政)
(相良長毎)
蔵入地
日向
(島津義久一族)
薩摩
大隅

の手腕を買っていたからではあるまいか。また、主家への至誠を貫いた成政の人柄を見込んだとも考えられる。そうした人間が自らの懐に入れば、強力な働き手として尽くしてくれるからである。

秀吉が成政に示した数々の好意には、このような思いと腹づもりがあったに違いない。だからこそ、常の武将では統治困難な国を預けた。また、島津氏は降伏したものの、秀吉の勢威に屈しただけで心服していない。その島津氏への抑えとして、隣接する国をあてがった。そして、大陸侵攻作戦の協力者、推進者として重用した。いかに成政の手腕を高く買っていたかを知ることができる。

森山恒雄氏（元熊本大学教授）も「肥後を、大陸出兵のために政治的、軍事的機能を持つ重要な国としてあてがった」と、秀吉が成政の手腕に期待していたことを指摘されている。

秀吉が「日本から唐国まで」の政権構想を持ったのは、関白となった（天正十三年七月十一日）直後のことであるという。そして、十三年九月三日、直臣・一柳市介にあてた朱印状のなかでは、「日本国のことは申すに及ばず、唐国まで仰せつけられ候こころに候」（一柳文書）と、表明している。そして半年後には、宣教師らに向かって、「二千艘分の軍艦用材の伐採に取りかかっている」ことを伝え、宣教師らも、「武装艦と航海士を斡旋《あっせん》する代わりに、中国全土に教会を建てさせてほしい」と述べている。

大友義鎮《よししげ》が助けを求めてきたのは、このようなときであった。秀吉にとっては、「唐国征服構想を実現させる絶好の機会」であった。義鎮の要請に応えて、黒田孝高らを差し向けるために出した朱印状（天正十四年八月五日）に、その気持ちがはっきりと打ち出されている。

◆——唐国迄《まで》なり共仰せ付けられるべく思召され、御存分の通に候条、島津御意を背《そむ》き候処、幸の儀に候間、堅く仰せ付けらるべき儀、浅からず候。（豊公遺文）

唐国征服構想は、秀吉の発想によるものでない。「天下統一と中国侵攻」を一体のものと捉えていた信長の考え方を受け継いだわけで、

(1) 大陸に出兵して領土を拡張する

(2) 中国が支配しているアジアの海上権、貿易権を日本のものとする

という「東アジア統一国家樹立構想」である。

この考えが、スペインがマニラ（フィリピン）を、ポルトガルがマカオ（中国）を本拠地として、中国と日本の征服を考えていることを知るに及んで、現実化されていく。事実、宣教師ガスパル・コエリヨらはスペイン国王に、フロイスはイエズス会に、それぞれ、つぎのような報告をしている。

「日本がスペイン軍の指揮下に入れば、中国の占領はたやすい」
「日本に、軍事要塞《ようさい》を構築する必要がある」

秀吉が彼らの意図を感じ取ったのは、九州を征服したときである。現地での宣教師らの活躍と、日本人のあいだに深く浸透している信仰の実態を見て、脅威を受けた。そこで、島津氏を降伏させた帰途、筑前・筥崎《はこざき》（福岡県）にとどまり（九州御動座記、黒田家譜など）、九州の国分けを行なったあと、「キリシタン禁教令」をもって追放を命じた（天正十五年六月十九日、松浦文書、イエズス会日本年報）。それとともに、キリスト教を輸入し、海外貿易の拠点であった長崎を直轄地として貿易を独占しようとした。

成政の肥後国主の任命は、それに先立つ六月二日に行なわれているが、すでに秀吉の腹には、肥後に対する計略が固まっていた。

肥後は然るべき国

秀吉が九州を統一した直後（五月十三日）、弟・秀長に与えた十三カ条の朱印状を見ると、肥後、筑後、筑前の三カ国に、大陸出兵の後援体制をとらせることを明らかにしている。続いて、直臣・一柳市介らにあてた書状のなかで、肥後を然《しか》るべき国（重要な任務をもつ国）として位置づけている。

◆──肥後・筑後・筑前三ケ国には城を拵《こしら》え、城主それぞれに仰付《つ》けられ、入れ置かれ、博多の近所に御座所の御普請仰せ付けらるべく候。（大友家文書録）

◆──肥後、然《しか》るべき候間、羽柴陸奥守、おかせられ候。熊本名城に候間、居城として、御普請仰せつけられ候。（一柳文書、本願寺文書）

つまり、秀吉が考えている「肥後は然るべき国」という「然るべき国」の意味は、筑前や筑後の国とともに新城を普請し、大陸遠征の基地となる博多に秀吉本陣を築き、基地を後援するという政治的、軍事的な任務をもつ国であることを示していた。

成政同様に重い任務を負わせられたのが、筑前、筑後（一部）をあてがわれた毛利一族の代表格、小早川隆景。その隆景が吉見広頼に、あてがわれた経緯《いきさつ》を述べている（六月五日、吉見家文書）。

それによると、最初、秀吉は、筑前、筑後を中国・毛利氏の領地とし、統治責任者として隆景を決めた。しかし隆景は、中国八カ国の統治に手いっぱいであることを理由に断わった。すると秀吉は、二案として、両国を公領とし、代官に隆景をあてた。これについても隆景は辞退し、代案として公領の場合は、「九州静謐《せいひつ》之儀、佐々陸奥守殿申談し、何篇気遣いを致し、御公役一篇には、一年、半年の在陣を遂ぐべく候」（吉見家文書）と、「成政と二人で、一年か半年交替で代官をする」ことを提案した。

「この時点で隆景は、秀吉が大陸出兵構想実現のために、きっと成政を重用するであろうと予測して、秀吉に進言したのです」(森山恒雄氏)

しかし、「成政を肥後に」と思い決めている秀吉の承諾が得られなかった。隆景はやむなく筑前、筑後の領土を受け、そのうち筑後三郡は弟・秀包に任せて援助してもらうことで了承した。隆景はこのほかに、直轄都市であり、大陸出兵の基地となる博多(後に隆景領)の代官にも任命されている。

秀吉が隆景を選んだのは、バックにある毛利氏の軍事力と経済力をあてにしていたのであろう。それとともに、隆景に期待をし、信頼感をもっていたことも考えられる。秀吉が天下統一の足がかりをつけることになった信長の弔い合戦で、毛利勢と対峙していた秀吉が無事に引き揚げることができたのは、隆景が「羽柴追撃」を主張する諸将を押さえてくれたからである。そのことで、秀吉は隆景に恩義を感じている。九州征服の際も、隆景をはじめ毛利一族は協力を惜しまなかった。こうした隆景に対する秀吉の心情、期待はうなずけるが、成政の場合はどうであろうか。

「二度も降伏を許してやった手前、引き受けてくれる」と押しつけた感もあるが、大陸出兵はこれまでにない遠大な構想。その実現のために、隆景同様に成政の手腕に期待し、信頼していたと考えるのが妥当であろう。これは、成政の後に肥後領主となった加藤清正と小西行長が、成政の役目を引き継いでいることからもわかる。清正は秀吉子飼いの武将であり、行長は秀吉によって取り立てられた人物。そして、それぞれ居城普請、御座所普請（名護屋に変更）をし、出兵部隊の先陣を務めている。

秀吉が成政を肥後にあてがったのには、また一つ理由があった。肥後は、統治困難な特殊な国であったからである。

◆──当国は、平和の者に遣はさるる者ならば、一揆発すべき事、必定《ひつじょう》なり。さらば、佐々内蔵助を召し出され、ぬけめなしに一国、内蔵助に宛行《あてが》はれ候。（川角太閤記）

国人割拠する政情

肥後の国は、長いあいだ、菊池氏が守護職として治めていた。しかし、戦国期に入ると家臣団（赤星、城、隈部など）がそれぞれ独立して国人《こくじん》（国衆）となり、互いの利害で行動した。このため、国内の統制がとれず、菊池氏の勢力は衰えた。力をつけた国人らは、主君・菊池政隆を廃嫡し、守護に、大宮司・阿蘇惟長《これなが》を迎えた。だが惟長も国人らにやめさせられ、阿蘇に戻った。そして大宮司に復帰しようとして、弟・惟豊《これとよ》と相争う。

このように、守護を差し替えるくらいの実力を持つ国人が独立し、互いに覇をきそっていた。この混乱を利用したのが、豊後（大分県）の大友義長。国人らと謀り、二男・義武

(重治、義国)を守護として、菊池氏の跡継ぎにすえた。

しかし大友家でも、義武の兄・義鑑《よしあき》が横死し、嫡子・義鎮《よししげ》(宗麟)が跡を継ぐという代替わりの混乱が生ずる。その後、義武が甥・義鎮と相争って破れ、肥後は大友義鎮の支配下に入った。

一方、肥前(佐賀県)の竜造寺隆信が北から肥後に侵入してきた。このため肥後国内は、大友、竜造寺氏の争乱の地となった。そのうち、薩摩(鹿児島県)の島津義久が進出してきた。義久は竜造寺氏を倒し、肥後の諸城を落として肥後全土を支配すると、大友氏の本拠、豊後(大分県)に迫った。驚いた大友義鎮が大坂に駆けつけ、秀吉に島津氏征服を懇願した。

この間、肥後の国人らは、大友、竜造寺、島津という戦国大名の勢力を巧みに利用して自己の領主権保全をはかった。それとともに、菊池氏や阿蘇氏の内紛につけ込んで所領を拡大し、大国人にのし上がっていた。

隈部《くまべ》親永《ちかなが》――千九百町(五百七十万坪、約千九百ヘクタール)

城《じょう》 久基《ひさもと》――三千町(九百万坪、約三千ヘクタール)

小代《しょうだい》親泰《ちかやす》――千三百町(三百九十万坪、約千三百ヘクタール)

これらの国人は、表面的には戦国大名に従属しながらも、実際には、農村に根を下ろした領主として、数多くの名主《みょうしゅ》層を支配していた。つまり、大名に匹敵するほどの所領を有する独立した領主であった。この点、本州の国人とは、性格や規模がまったく異なっている。国人らは、秀吉勢が九州にやってくると、いち早く島津氏の手を離れて降伏し、所領安堵《あんど》を願いでた。

秀吉は、それを受け入れた。肥後を、大陸出兵のための「然るべき国」として考えていたが、独立した国人・小領主らが乱立する特殊な社会構造を解体すれば、領内が混乱すると思ったからである。彼らの仕組みを認めたうえで勢力を弱めていくことにした。

国人一揆

秀吉が成政にあてたとしている甫庵太閤記の「五カ条の制書（拾集昔話《じつしゆうせきわ》は六カ条）」によれば、肥後には国人は五十二人いたことになる。

秀吉は、国人らの願いどおりに所領地を安堵《あんど》したが、唐国出兵体制づくりのなかでの肥後の国である。博多基地の後援体制を整えねばならない。それには、

▽後援体制をするための中心となる城が必要である。

▽御座所（秀吉本陣）普請がある。

▽大陸に出兵した場合に必要な大量の兵糧供給、水軍編成の仕事がある。

秀吉の九州平定構想

森山恒雄氏は、『豊臣氏九州蔵入地の研究』のなかで、「秀吉は肥後の軍事力の拠点として、名城といわれた隈本城を選び、兵糧の供給源、九州の貿易権、海上支配権を獲得するために、御蔵入地（秀吉直轄領）を決めた」として、つぎの地域を挙げておられる。

〈蔵入地〉

▽高瀬、伊倉地域（玉名市）——筒ケ嶽城主・小代親泰《しょうだいちかやす》など——高瀬津、丹倍津《にべつ》

▽水俣、津奈木地域（芦北《あしきた》十三カ村）——八代《やつしろ》人吉城主・相良長毎《さがらながつね》——水俣・津奈木浦

▽隈本城下地域（詫摩《たくま》郡三十一カ村＝推定地）——隈本城主・城久基《じょうひさもと》——河尻津

隈本、高瀬の二地域は熊本平野、玉名平野と、それぞれ肥沃な土地を抱えている。兵糧米や軍馬の飼料の生産力が高いだけでなく、海にも近い。積み出しをするのに便利である。ことに、高瀬地区の中心地・高瀬町は、良港・高瀬津を抱えていた。永禄五年（一五六二）以来、宣教師たちが、この港を島原と豊後との中継地として利用していた。当然、布教も盛んで、国際的な町として栄え、港は外国貿易の取り引きで賑っていた（イエズス会日本年報）。また、水俣津奈木地域は、兵糧米としての生産力は低いが、港は、水軍を編成

し、造船体制をつくり、有明・不知火海の海上権を掌中に収める拠点となっていた。

こうして、秀吉は蔵入地を決めると、国人らのなかでも勢力を張っている隈本城主・城久基（三千町歩領有）、小代筒ケ嶽城主・小代親泰（高瀬周辺地区を領有）、宇土城主・名《な》和《わ》顕《あき》孝《たか》（有明・不知火の海上権を支配）の三名を、人質として大坂に召し連れることにした。

◆——国人くまもとの城主・宇土城主、小代之城主、かうべをゆるさせられ、堪忍分を被下、城主女子共に大坂へ被召連、国にやまいのなき様に被仰。（小早川家文書、立花文書など）

問題は、球磨《くま》、八代《やつしろ》、芦北《あしきた》の三郡を領していた大国人・相良長毎。所領が球磨一郡となるうえ、水俣などが蔵入地となって、外国貿易の拠点を失うことになる。そこで水俣津奈木蔵入地の代官を、相良家の家老・深《ふか》見《み》宗方《そうぼう》とした。また、成政直属下に組み入れるほかの国人らと区別し、成政を与力する客将として位置づけた（相良家文書）。薩摩からの侵犯に備える国境警備の役目も命じた。

このような手を打ったあと、国人らの所領を安堵した。その安堵は、守護・菊池氏当時の本領分のみで、戦国期に押領、侵犯して拡張した分を認めぬことにした。拡張分は成政の所領分にあてた。

秀吉の朱印状を受け取った国人らは驚いた。所領が六分の一から十分の一の大幅削減になっている。つぎに掲げるのは、上段が天正五年ごろの各国人の所領高（隆信公御家中着到）、下段が秀吉朱印状に記された所領高である。

隈部親永　千九百町　→　八百町
城　久基　三千町　→　八百町
辺春親行《へはるちかゆき》　七カ村　→　百二十町
小代親泰　千三百町　→　二百町
大津山資冬　三百二十町　→　五十町
阿蘇惟光　八千町　→　三百町
（四千三百町に家臣所領を含む）

◆──肥後国に於て、汝の本知内二百町扶助しめおわんぬ。領地所付は、上、中、下、に相分ち、成政より目録別紙受けとり、全て知行すべき也。

天正十五年六月二日　　秀吉朱印

小代下総守どのへ

国人らにすれば、降伏した際、「願いどおりに旧領を安堵する」という秀吉の言葉に安心していた。その旧領が、菊池氏の守護時代の本貫地のみとは、思ってもみなかった。しかも、その所領地が、米の収穫度合いに応じて、上、中、下の三階等の枠づきになっている。

さらに驚いたのは、知行目録は成政から受け取ることになっている。本来ならば、朱印状を出した秀吉から受けることになる。それを、秀吉は朱印状を出すだけで、配分は成政に委託するという。成政は、国人らと同様に秀吉から朱印状を受けている身分で（六月二日）、秀吉の家臣。それが、同じく秀吉の家臣である国人らに対して、知行目録をあてがう。ということは、同格の成政に家臣化されることを意味する。それでは、何のための朱印状なのか。朱印状は単なる名目なのか。国人らには理解できなかった。

この秀吉の二重支配によるあいまいさが、国人らに不可解さと反発、同格者・成政に支配される屈辱感と、領主としての地位を脅かされるという恐怖心をもたせた。

秀吉にすれば、国人らに妥協するように見せかけながら所領を削減して弾圧し、徐々に彼らの領主化体制を崩していこうと考えたらしい。だが、国人らは大きな脅威を受けた。秀吉の巧妙な手段にだまされたと思った。

国人らが秀吉の朱印状を手にした時点で、所領地の大幅削減による経済的基盤の破綻、朱印状が単なる名目にすぎず、二重支配であることのあいまいさ、成政に家臣化されることへの不可解さと反発とで、一触即発の危機をはらんでいたのである。

この二重支配によるあいまいさが、のちのちまでも影響する。すなわち、天正十七年、小西行長（成政の後任者）が天草衆に、宇土《うと》城普請を要請した。このとき、天草衆は、「御朱印を受けているので、同格の小西氏の命に従えぬ」と拒否し、一揆を起こしている。秀吉が朱印状を発した時点で、一揆の火種がつけられ、くすぶりはじめたのである。

国人らの動揺と不満は、小早川隆景の領する筑前も同様であった。筑前では、大幅な減知のうえに、知行替えも行なわれていた。

宗像才鶴　　筑前四千町　→　筑後三百町
麻生氏　　筑前三千町　→　筑後二百町
大宰府神社領　五百二十五町余　→　二百町

当然、国人らは、隆景を激しくなじった。それに対して隆景は「殿下様に至り、仰せ伺かがわれ、其の上をもって、これを進じ置かるべきの由」（問注所文書）と、豊臣政権の方針であることを楯《たて》に弁明した。だが、国人らは納得しない。大宰府神社では安国寺恵瓊《えけい》を通じて、寺領の増大を訴願した。それに対して秀吉は、

◆――隆景置目、毛頭《もうとう》相違これあるまじき候。（大宰府神社文書）

◆──小早川殿仕置《しお》き、少しも相違なき候条、御心安すべき候（中略）、隆景、申し付けられ次第にて候べく候。（御供屋文書）

と、斥《しりぞ》けている。

一揆の火種となった指出提出

九州を征服して大陸遠征の第一歩に成功した秀吉は、堂々と凱旋した（天正十五年七月十四日、言経卿記など）。その直後、豊臣政権を揺るがす大事件が起こった。肥後に、一揆が勃発したのである。

肥後北部隈府《わいふ》城主・隈部親永が成政に指出（土地台帳の申告）を求められたことから、嫡子・親安《ちかやす》（山鹿《やまが》城《じょう》村《むら》城主）とともに、火の手を挙げたのであった。

この一揆は、一般に成政の苛酷な失政が原因だといわれ、秀吉の「三年間の検地禁止の指示」にそむいて実施した、と信じ込まれている。その証拠として、必ず挙げられるのが、「五カ条の制書」である。

◆──御制書

一、肥後国五十二人之国人に、先規の如く知行相渡すべき事

一、三年検地有るまじき事

一、百姓等、痛まざる様に肝要の事
一、一揆をこさざるやうに遠慮あるべき事
一、上方普請三年免許せしめ候事
右の条々相違無く此の旨を相守るべく也。仍而《よって》件の如し
天正十五年六月六日　　　朱印
佐々内蔵助殿　　　（甫庵太閤記）

これについて、奥田淳爾《じゅんや》氏（歴史家）は、「成政が、正確な測量なしには知行目録を作れるわけがない」として、制書の矛盾をついておられる。

森山恒雄氏も、
▽制書の原本がなく、真偽のほどは確かでない。
▽あて先は、六月二日の朱印状が「羽柴肥後侍従どの」と記され、ほかの史料の多くも「陸奥守」を使用しているのに、「佐々内蔵助殿」となっている。
▽「検地有るまじき事」が漢文体である。「一揆をこさざるやうに」のように和漢文体でなければならない。
という点から、つぎのようにいわれる。

「『甫庵太閤記』は、秀吉賞賛の書という性格上、制書は、秀吉の立場を正当化するために宣伝されたものであろう。むしろ、秀吉が一揆勃発後の九月十三日、黒田孝高と森吉成にあてた直書《じきしょ》に信頼がおける」

◆――領知方糺明《きゅうめい》の儀も、先成次第《しだい》申付け、来年に到《いた》り検地を致し、いかにも百姓をなつけ、下々に有《あり》付き候様こと、度々御意を加えられ候処《ところ》、左もこれ無く法度《はっと》以下猥《みだり》なる故、一揆蜂起候。（豊公遺文）

これによると、秀吉は、「知行地調査は、まずやれるところから着手し、検地は来年になってから百姓をなつけながらやれと、何度も指示しておいたものを――」と、叱責している。秀吉は知行地調査を認めている。しかも、「五畿内同前《ごきないどうぜん》」の政策（山城、大和、摂津、河内、和泉で実施している太閤検地）を命じていたのである。

◆――唐・南蛮国までも仰せ付けらるべきと思召《おぼしめし》候条、九州の儀者、五畿内同前に仰せ付けられ候はて、叶《かな》はざる儀に候。（相良文書、鍋島文書）

秀吉は、占領した地方に、つぎつぎと検地を実施していたが、関白就任（天正十年七月）を機として、検地を全国的に押し広げようと、天皇に、分国諸域に強行した検地図帳を照覧した。太閤検地による統一政権づくりである。

この太閤検地は、それまで土地を支配していた武士や荘園領主らから土地の内容を申告させたうえ、権力者自らが立ち入り検査を行ない、綿密な土地台帳を作成していく方式である。そして、土地は旧地主の所有でなく、一つの田畠地に一人の作人（一地一作人）を認め、耕地農民を年貢負担の責任者とした。一方、武士たちは農民から切り離し、城下町に集めて支配する。いわゆる「兵農分離政策」である。

これによって、武士は農民と組んで、一揆を起こすことがなくなる。農民は、耕地権を認められる代わりに、一人一人が大名の直接支配となって、身動きができなくなってしまう。

また、丈量については、秀吉の時代になるまで、日本には統一された度量衡《こう》の単位がなく、地方によってまちまちであった。枡《ます》にしても領主によって、その大きさが違っていた。そこで秀吉は、田畑の測量に当たって、基準となる尺《しやく》を決め、六尺三寸（約二メートル）を一間、一間平方を一歩《ぶ》（坪）、三百歩（六十間×五十間）を一反《たん》（段）とした。この丈量方式を「生駒竿《いこまざお》方式」といい、検地の表示に「石」を採用した。

「太閤検地」が採用されると、農民にとっては増税となる。それまで、一反を三百六十歩（六十間×六十間）として納めていた年貢を三百歩で背負わねばならぬからである。そのうえ、田畠や屋敷地など、全耕地の生産力が明らかになるので、隠田《おんでん》ができなくなり、飢饉《ききん》に備えての食糧確保のめどがつかなくなる。名主《みようしゆ》層にとっては、耕作者が土地を保有して年貢を納める一地一作人主義なので、これまでのような地主的所有が許されず、土地を失って農業経営が崩壊する。国人らにとっても、農民らの支配者という地位を奪われ、国主の家臣にならねばならぬ。

このような太閤検地を打ち出す豊臣政権に対して、各地で反抗の火の手が挙がり、血みどろな戦いが展開されていたが、秀吉は、九州にも、畿内で実施している太閤検地を命じたのである。

肥後の検地は、島津氏が支配していた天正九年に行なわれている（上井覚兼日記《うわいかくけんにっき》）。それ以前は阿蘇氏がやった程度で、ほとんど施行されていない。その阿蘇氏も、馬上から田畠の面積を見る程度の「馬上検見《けみ》」。したがって、実際には、耕作地や生産高、年貢納めは「指出帳《さしだしちょう》」によって推量していた。島津氏の検地も、いくらか「打出《うちだ》し」が行なわれたとしても「太閤検地」とは相当な隔たりがある。

しかしながら、隈部親永が成政に楯《たて》ついたのは、指出帳の提出を求めた段階であって、太閤検地の実施に至っていない。

成政が肥後の国主になって、つかのまの天正十五年（一五八七）七月、一揆の炎が噴き上がった。

隈府城跡に立って

隈部親永《くまべちかなが》の居城・隈府《わいふ》城は、菊池城ともいい、肥後北部、菊池市隈府にある。本丸は菊池温泉町の真上にあたる丘陵部の突端に建っていたが、現在は菊池神社となっている。

もともと城は、長らく守護・菊池氏が本拠にし、国の政治の中心ということで、隈府城と呼ばれていた。しかし戦国期に入り、旧菊池氏の一族であり重臣でもあった赤星重隆の居城となり、ついで隈部親永が、肥前から進出してきた竜造寺隆信と結んで赤星氏を攻め、この城を奪った（天正八年四月）。

隈部氏は代々、守護・菊池氏の重臣で、菊池、阿蘇などの有力者と婚姻関係を結びながら勢力を伸ばした。親永の代になって、他の重臣らと謀り、守護廃嫡運動を起こした。それをきっかけに、阿蘇、詫摩《たくま》、大友氏から、つぎつぎに守護を迎えては廃嫡するというように、守護を差し替えるほどの実力をもつようになった。そして国人として独立すると、大友、竜造寺、島津などの戦国大名についたり、離れたりしながら所領を拡大していった。

親永は隈府城に入るまでは、永野城（猿返《さるがえし》城、山鹿市菊鹿町）に住んでいた。この城は、標高六百八十二・四メートルの山頭《さんとう》にあり、かなり険しい場所に建っていた。このため、平時は南西の山腹（三四〇メートル）にある隈部館《くまべやかた》（山鹿市菊鹿町）に住んでいた。

隈部館とても、道案内をしてくださる長井魁一郎氏（熊本市在住、作家）に、「このような奥深い山中に、よくも住んでいたものですね」と語りかけたほど、麓の集落（上永野）から離れた山中にあった。

館跡は、菊鹿町の手で保存されているので、北と東の山側に土塁が築かれ、南と西が開けた方形状の平坦地に、当時としてはがっちりとした家屋と庭園を持っていたことがよくわかる。

この館に住んでいたのが、台地（六十メートル）に建つ隈府城に移り住むようになった。それは、かつて肥後の国を支配していた守護が本拠としていた城である。台地の下には、国の首府であり、豊饒な菊池平野の中心として繁栄してきた城下町がある。そして城内からは、遙か地平線の向こうまで続く菊池平野が一望できる。

親永にとっては、乱世のなかでしのぎをけずって獲得した貴重な城であり、土地であった。この旧守護の居城に住む誇りと、豊饒な土地を手にした喜びとで、「つぎは肥後の国主に」という野心をもったとしても、不思議でない。

「それがかなわなくても、せっかく手に入れた豊饒な土地だけは失いたくない」

――隈府館跡へ行くのに、麓の集落から細いつづら折りの山中を、上原克征氏（上益城郡甲佐町在住、教員）が苦労なさりながら運転され、二十分近くもかかってたどり着いただけに、広々とした菊池平野を眼下にしたとき、親永の思いが痛いほどわかった。そして、厳しいときの流れのなかを生き抜き、上昇せんと試みながらも果たせず、あがいている親永の姿が浮かんだ。

長井氏や上原氏も、思いは同じらしい。

「親永としては、国人らのなかでの旗頭であり、島津攻めの先達を務めたことをもあわせ、戦国大名になる絶好の機会と思った。それが案に違《たが》い、国主として佐々成政が割り込んできた。そのときの悔しさ、屈辱感がわかりますね」

「それに、営々と築きあげてきた土地と地位を、他国者にむざむざと奪われてなるものかという敵愾心が、秀吉にだまされた悔しさと重なって突きあげてきたのではありませんか」

私は菊池平野を見下ろしながら、二人の話に相づちを打った。

「先々の不安も手伝い、切羽詰まっての反乱だったのですね」

隈部親永の反乱

親永が成政に楯《たて》ついた経緯《いきさつ》については、『肥後隈本戦記』『甫庵太閤記』『菊池佐々伝記』にくわしく記してある。

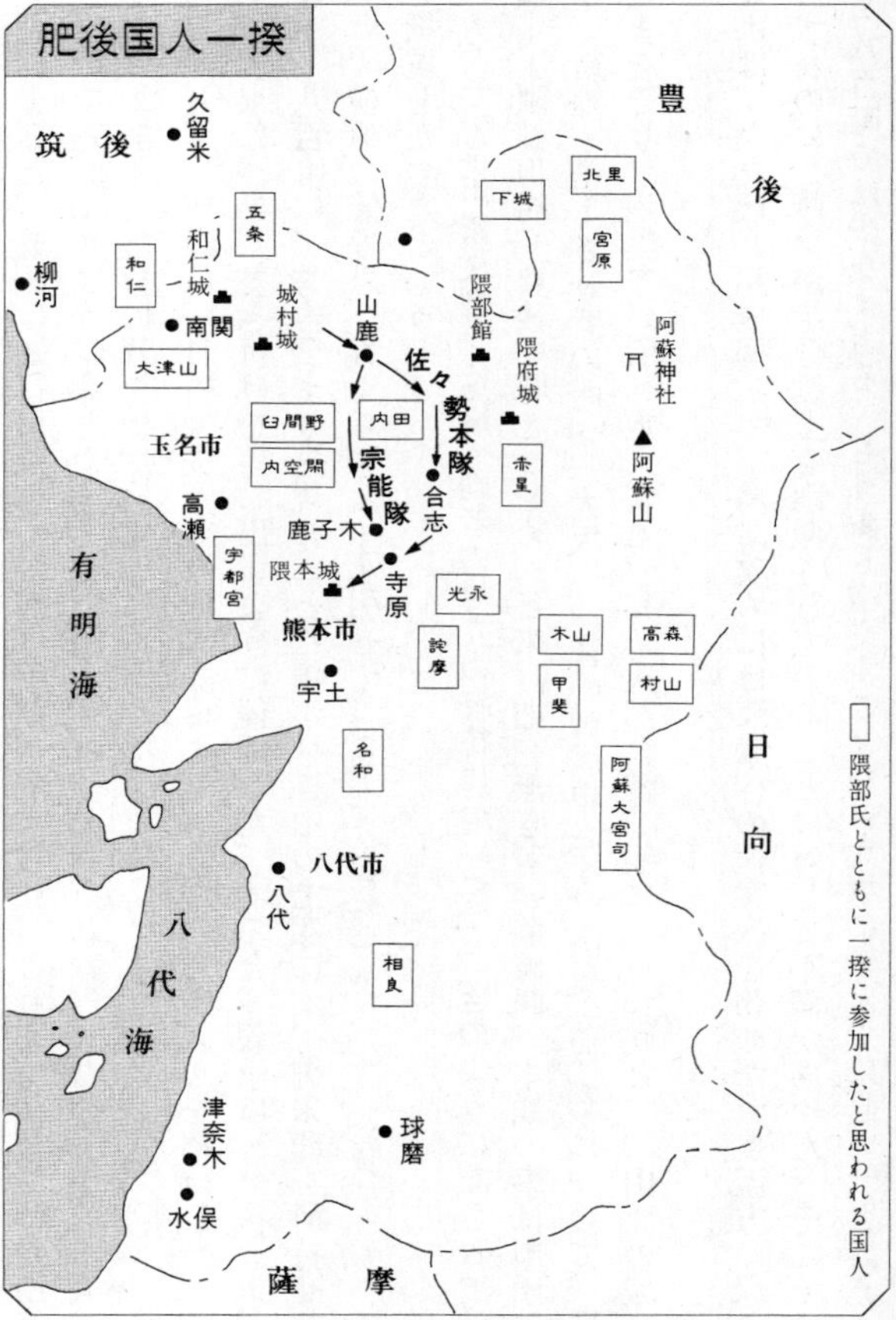
肥後国人一揆
筑後
久留米
豊後
柳河
和仁
五条
和仁城
南関
城村城
山鹿
下城
北里
宮原
隈部館
隈府城
阿蘇神社
大津山
佐々
勢本隊
宗能隊
臼間野
内田
内空閑
玉名市
高瀬
合志
鹿子木
赤星
阿蘇山
有明海
宇都宮
隈本城
寺原
光永
熊本市
詫摩
宇土
木山
高森
甲斐
村山
名和
阿蘇大宮司
日向
八代市
八代
八代海
相良
津奈木
水俣
球磨
薩摩
隈部氏とともに一揆に参加したと思われる国人

それによると、成政は知行目録をあてがう手前、国人らに、これまで領していた田畑の書き付けを差し出すように命じた。そこで国人らは、それぞれ報告した。なかで一人、隈部親永が書き付けを差し出さない。

何日かして、成政は、日吉太夫《だゆう》という能太夫による能を催し、国人らを招待した。その席上で親永に、早く書き付けを差し出すように催促した。すると、親永は

◆――八百町は、秀吉公より先規のごとく領すべき由の上意にて、御朱印を所持せしむる上は、検地の儀は思ひもよらずとて承引せず。(菊池佐々伝記)

と抵抗したのだという。

一方、「小早川家文書」には、両者の対立の経緯について、つぎのように記されている。

◆――隈部但馬、豊後一味とせしめ、日来《ひごろ》、如在《にょざい》無き者の儀候間、本知の事は申すに及ばず、新地一倍下され者の所へ、大坂へ一往の御届申さず、陸奥守取懸《とりかかり》について、隈部、あたまをそり、陸奥守の所へ走入候処、其子式部大輔、親につられ候とて、山鹿の城へ引入。

親永は、大友氏と相提携して、島津攻めには薩摩への道案内を務めた。豊臣方に尽くしたはずなのに、所領が半分以上も削減されていることに対して不満があった。そこで成政に、「八百町では少なすぎる。もう少し増やすことを、大坂に頼んでほしい」と訴えた。

にもかかわらず、成政が「隈部氏の持ち分は八百町のご朱印にてあれば、八百町を渡す。早々に報告されよ」と拒否した。むっとした親永が、「八百町は、秀吉公より賜わっている朱印地。同格者から命じられるいわれはない」と蹴ったのであろう。

「指出の提出」は、中世を通じて領主が交代したときや、領主の跡目相続のときには、代替りの作法として常に実施されてきたのである。

成政の執った処置は、当然の行為であった。

しかも、八月下旬、成政や成政の家臣らが国人たち（小代親泰、山之上三名衆、内田織部介）に宛てた知行目録をみると、いずれも最後は、つぎのような文面になっている。

◆――追而糺明之處　可為惣領候　仍如件

◆――右、追而糺明　可為如惣並候　仍如件

「実測検地は、まだこれからのことで、とにかく〇〇町を与える」というように未検地であることを示している。

この点について、荒木栄司氏（熊本市在住、歴史家）も、

「成政の宛行《あてがい》目録は、いずれも〇町〇反となっているし、この文面からも竿《さお》入《い》り検地実施前であることがわかる。むろん、太閤検地の実施に至っていない。太閤検地による石《こく》数表示は加藤清正支配からだ」

といわれる。

もちろん、知行地は太閤検地の意志表示になっていない。

しかしながら、親永の立場に立てば、ひょっとしたら肥後の国主にという淡い期待は裏切られた。そのうえ、せっかく手に入れた豊饒な土地が取り上げられて少なくなる。既得権の侵害である。怒るのは当然である。それでも降伏した手前、しかたない、とあきらめた。それが指出提出を求められた。その後には指出検地が待っている。

検地されると、たまったものでない――という思いとともに、将来は、与えられた土地が国主のもとに包含されて、これまでの国人領主化体制が解体され、国主の家臣として城下町に住むようになる。このことも、予測したかどうかはわからぬが、本能的に感じとったかもしれない。

「秀吉の弾圧政策で大幅な減知をされたうえに、検地までされる。将来は領主としての地位も脅かされる」

親永の反乱は、やはり切羽詰まったところに追い詰められたあげくの反抗だったのではあるまいか。

成政としては、

「大陸出兵のための軍事的、経済的後援体制づくり」

という至上命令が、肩に重くのしかかっていた。

そのためには、まず兵站《へいたん》供給地として、年貢体制を確立して領内経済を把握しなければならぬ。一国人の城であった隈本城を、肥後の政治、軍事のかなめとして普請せねばならぬ。そのための夫役の徴発も必要となる。博多御座所の普請も命ぜられている。出兵となれば、陣夫や水夫《かこ》の徴発、木材の供給、それにともなう造船技術の大工の徴発もある。

真面目一徹な性格である。抵抗する親永を政治的な手練手管でいなせるタイプでない。姑息《こそく》な手段よりも、力でねじ伏せてきた武断派である。ここに両者が衝突した。

しかしながら、何といっても一揆の原因の根は、秀吉の強引な大陸出兵政策にある。秀吉のごり押しとも思える構想が、中世の政治形態から脱しきれぬ国人を必要以上に追い詰め、一揆への道に走らせたのである。

考えてみるに、成政と親永は、秀吉の政策の犠牲者である。

——いつのまにか、赤く燃え盛っていた空が暮れなずみ、菊池平野は闇のなかに包まれようとしていた。

一揆騒乱に手こずる

親永が火の手を挙げたことを知った成政は、ただちに甥・宗能《むねたか》を大将として三千の兵を遣わし、隈府城を攻めさせた。だが、要塞堅固な名城である。しかも、連日の猛暑も体にこたえ、城は容易に落ちない。そこで、成政は国人らに命じ、一万の大軍でもって隈府城を攻めさせた（肥後隈本戦記）。

佐々勢の猛攻に、親永の重臣・多久宗貞が千五百の兵とともに降伏、隈府城攻めに加わった（菊池風土記）。驚いた親永は城を棄て、嫡子・親安の居城、山鹿城村《じょうむら》城へ逃げ込んだ（黒田文書）。

佐々勢は、ただちに城村城を取り囲んだ。八月七日には、成政も隈本城より駆けつけてきた（肥後隈本戦記、黒田文書）。城村城は、丘陵に築かれた平《ひら》城であるが、地形そのものが一つの城となっていた。このため、攻める側にとっては難儀であった。

この城に立てこもったのは、男女あわせて一万五千名であるが、中心となっている武士が八百余人に、農村の地主クラスの名主《みょうしゅ》層（庄屋）が二百人。あとは農民で、そのなかに女や子どもが七千人も含まれていた。

戦国期における肥後の農村は、「寄合中《よりあいちゅう》」と呼ばれる血縁的同族集団によって支配されていた。名主層と呼ばれる一族の本家筋が、村落共同体（寄合中）の指導者となり、耕作する農民を支配し、農民は、名主層の庇護を受けて生活を保証されるというように秩序づけられていた。したがって、戦いともなれば、農民は兵糧、兵役、夫役を庇護の代償として差し出すことになっていた。

こうした組織の上にあった「寄合中」は、近世期の「むら」よりは強固な集団で、いざというときは、一味同心となって行動するため、その力は頑強で侮りがたい。国人らは、そのように組織された名主層を、多数配下に抱えていた。

隈本城から駆けつけた成政は、親永の重臣・有動兼元《うどうかねもと》（永清）の立てこもる永野城を攻め落としたあと、城村城を見通せる日輪寺《にちりん》に本陣を置くと、城の大手前の左右に付城《つけじろ》（敵を攻めるために築く城）をつくった（東付城、西付城）。だが、城は容易に落ちなかった。

成政が攻めあぐねているとき、城村城に逃げ込んでいた有動兼元が、密かに寄手の国人らに書状を回していた。

「成政が国人らの土地を奪い、それを譜代の家臣に与えようとしている所存故に、寄手の陣を急いで引きはらい、留守となっている隈本城を攻めれば、落城は間違いないであろう。それを助けに成政が隈本城へ駆けつける。その帰路を待ち受けて攻めれば、成政勢は滅びることであろう」（玄察昔物語）

兼元の離反工作は成功した。付城にいた寄手の国人らは、残らず引き揚げた。のちのち、秀吉が、隈部親永父子を一揆の火付け役、有動兼元を張本人として挙げているのも、こうしたところからきている。苦境に陥っている成政のもとに、「八月十五日、一揆勢が隈本城を襲う」(黒田家譜、山鹿籠城覚書)という飛報が届いた(肥後隈本戦記)。

成政は、付城を前野忠勝と三田村勝左衛門に任せると、隈本城に向かった。山鹿から隈本へは、本道筋の吉松(鹿本郡植木町)経由で行けば、どの道すじよりも早く着く。だが、一揆勢の待ち伏せが予想された。そこで、敵の目をくらますために、甥・宗能が率いる支隊が本道筋を通ることにした。そして、成政本隊は、日置《へき》のしげ渡し場から合志《ごうし》へと迂回《うかい》し、亀井(熊本市)を経て寺原《てらばる》に出ることにした(肥後隈本戦記)。

こうして、成政は無事に寺原(熊本市)へ着いた。だが宗能隊は、案の定、待ち伏せていた一揆勢と戦い、打ち破っては進み、鹿子木《かなこぎ》(熊本市)までやってきた。目指す隈本城まで、二里近くの場所であった。このとき、この地を領していた霜野《しもの》城主・内空閑鎮房《うちこがちかふさ》勢が襲ってきた。鎮房は隈部親永の二男で、内空閑家へ養子に入っていた。宗能勢は防戦したものの、一人残らず討ち死にした(菊池佐々伝記、肥後隈本戦記)。

傷を負った宗能は藪のなかに逃れ、切腹した。いまも丸山(鹿本郡植木町)の畑のなかに切腹した宗能の墓と伝えられる「佐々塚」があり、土地の人びとの手によって厚く葬られている。

成政が隈本城近くに駆けつけたとき城は一揆勢、三万五千余に幾重となく取り巻かれていた。攻撃しているのは、阿蘇氏の家臣団と、旧菊池氏の家臣団で、棟梁《とうりよう》は阿蘇家の家老・甲斐宗立《かいそうりゆう》。宗立は阿蘇家当主・惟光が幼少のこともあって、家臣らを統率していた。

阿蘇氏は、家臣らの所領を含めて八千町歩という広大な土地を所有していた。それが、秀吉の所領安堵《あんど》では、たったの三百町歩。阿蘇氏を代表して朱印状をもらった宗立の叔父・甲斐武蔵（執事役）は、あまりの所領減知に「奇怪千万、今更三百町とは……反故《ほご》にする」とくってかかったものの、当主の地位安泰を考え、怒りを抑えていた。

そこへ隈部親永の反乱が起こった。宗立は機会到来とばかり甲斐一族を率い、阿蘇家の家臣団を動かし、ほかの国人らにも檄《げき》を飛ばした。呼応した国人らは所領内の農民を動かし、大きな集団となって隈本城を襲った。その勢いは強く、城内の二の丸まで攻め入り、城は一時、危険な状態に置かれた。

城内の様子を案じる成政のもとに、阿蘇氏の譜代家臣らが内通してきた。当主の身柄の保護と、大宮司職、神領の確保を条件に、反旗をひるがえすことに決めたのだという。

圧倒的な勢いの一揆勢は成政勢に寝込みを襲われ、味方の裏切りに驚き、城内から打って出た神保氏張《じんぼうじはる》勢に挟撃《きょうげき》されて惨敗した（菊池佐々伝記、玄察昔物語）。

九月に入り、城村城の有動兼元が三千騎を率いて、成政方の西付城をとり囲んだ。驚いた成政が差し向けた五千の兵は、有動方に味方した一揆勢のために、さんざんに打ち破られた。一揆勢にとり囲まれた付城は糧道を断たれ、城兵らは飢餓状態に陥った。思いあまった成政は、肥前佐賀城主・鍋島直茂に兵糧援助を頼んだ。直茂は、すぐさま七千の援兵をさし向けて兵糧を運んできたが、有動勢に奪われてしまった。そこで成政は、筑後柳河《やながわ》城主・立花宗茂《むねしげ》に応援を頼んだ。立花勢は一揆勢と戦いながら、無事に食糧を城内へ届けた（立花家感状、小早川家文書）。

成政が安堵したのもつかのま、今度は肥後西北、玉名郡和仁《わに》城主・和仁親実《ちかざね》が、一族の辺春親行《へはるちかゆき》（玉名郡十町城主）とともに、火の手を挙げた。それに呼応して、詫摩《たくま》、大津山、赤星、五条らの国人が立ち上がった。一揆の炎は肥後一円に燃えひろがり、蜂の巣をつき破ったように、手のつけられない状態になった。

終焉、成政の切腹

九州征服を終え、大陸遠征への第一歩の仕事に成功した秀吉は、戦勝祝賀の大茶会を企画した。十月一日から十日間、京都北郊、北野の森で、公卿をはじめ、大名たちや庶民も参加しての茶会である（北野大茶湯之記）。

十月一日、秀吉は、一族や前田利家ら親しい大名を従えて参会した。午前の茶の湯が終わり、午後、茶屋を見て回った。

秀吉が、天下統一を九分通り達成した喜びに浸りながら見回っていたとき、筑後、立花宗茂の早打ちが着いた。宗茂の書状には、肥後の広範囲にわたる騒乱状況と、成政の苦戦の様子が伝えられていた。

隈部親永父子の反乱については、黒田孝高《よしたか》（八月二十、二十三日）、小早川隆景（八月二十七日）から注進を受けていた。それに対して秀吉は、一国人の反乱と高をくくっていたが、他国にも影響するところから、九月七日には、小早川隆景らに成政を援助するように申し渡し（小早川家文書、黒田文書）、そのうちに治まるだろうと思っていた。だが、早打ちの報告では、一国人の反乱にとどまらず、肥後一円の動乱に及んでいるという。それだけでなく、豊前の国人らも肥後の乱に乗じて兵を挙げ（黒田家譜、多聞院日記）、竜造寺政家の肥前諫早《いさはや》でも、国人・西郷信尚が反乱を起こしているという。

一揆の炎は、近隣諸国に波及したのである。

一揆の鎮圧

秀吉にとって、九州は大陸侵略のための重要基地。一揆の勃発によって大陸征服構想が瓦解《がかい》する恐れがある。天下統一という目標も、関東、東北の武将らの動揺を誘って遠のいてしまう。何としても鎮圧せねばならなかった。

大茶会を一日限りで中止すると九州の諸大名に対し、佐々成政への援軍を命じた。さらに四国（安国寺恵瓊）、中国（毛利輝元、吉川元春ら）に二万人の兵を動員させた。それだけで足りず、弟・秀長、甥・秀次、宇喜多秀家に、十万の兵でもって一揆勢を弾圧し、壊滅するように命じた。

秀吉の弾圧政策は成功した。十二月六日、和仁《わに》親実《ちかざね》の田中城が落ちた（小早川家文書、河野春造氏所蔵文書）。ついで、十二月十五日、隈部親永父子が城を開き、兵士らを解放した。そして、十二月二十四日には肥後の騒乱は平定した（薩摩旧記雑録）。

秀吉は、一揆が鎮圧されて収拾の目安がつきかけると、一揆残党の一掃、農民の還住奨励、太閤検地断行のために、上使《じょうし》衆を派遣した。

天正十六年（一五八八）一月二十日、上使衆（蜂須賀家政、生駒近規、浅野長政、福島正則、戸田勝隆、加藤清正、小西行長）は、二万の兵を率いて肥後に向かった。

◆――猶《なお》以逆意之族尋捜《たずねさがし》、悉《ことごと》く成敗たるべく候、国郡荒候ても苦しからず候間、逆徒の儀は申すに及ばず、今度精をも入れず、出陣をも仕らず、世間の体見合せ候族共、悉く御成敗を加えられるべきため、御人数遣わされ候間、其の意を得られ、上使相談を遂げ、申し付けられるべく候。（小早川家文書）

◆――九州を堅く付けられ候へは、唐国《からくに》迄おぼしめしのままに仰せ付けられるべきとの

事に候条、大坂のつほの内同前（五畿内同前）に御心得なられ候間、各《おのおの》も、其意然るべく候。（同書）

これは、秀吉から小早川隆景に与えた朱印状（天正十五年十二月二十七日）と直書（同十六年一月五日）であるが、一揆弾圧と太閤検地に並々ならぬ意欲を示している秀吉の姿が浮かぶ。何しろ「国が荒れても構わぬから、逆意の族を尋ねさがし、ことごとく成敗せよ」「一揆に参加しなくても、傍観していた国人も、一揆と同一行為とみなし、処分せよ」と、完膚なきまでのすさまじい掃討を命じている。

この秀吉の命を受けて肥後に入国した上使衆は、各地の城に分散すると、大規模な掃討に取りかかった。その対象となった者は五千七百名（拾集昔話では四千八百九十四名）にも及んだという。「本領を安堵する」といわれて城を開いた隈部親永は、一族八十四名とともに筑後、立花宗茂の柳河城で蟄居していたが、まもなく立花勢に討たれて死んだ。嫡子・親安は、有動兼元ともども、黒田勢に襲われて自害し果てた（九州記）。佐々宗能を討った内空閑《うちこが》鎮房《ちかふさ》も筑後柳河城に出かけ、そこで立花勢に討たれた。阿蘇の反乱首謀者・甲斐宗立《そうりゆう》は、自領にひそんでいるところを黒田孝高の兵に見つけ出され、罰せられている。

残党糾明《きゆうめい》は、他国に逃げ込んだ者にも及んでいる。名和《なわ》顕広《あきひろ》は、兄・顕孝《あきたか》が大坂で人質になっていたために留守を預かっていたが、一揆に加担し、薩摩に逃げ込んでいた。だが、島津勢に見つけ出されて討たれた（薩摩旧記雑録）。相良長毎《さがらながつね》は、島津氏の援軍出兵を阻止したということで処分の対象となったが、家老・深水宗方が石田三成に詫びをいれ、やっと存続が許された（相良家文書）。

　恐れおののいた国人らは、系譜や家宝など証拠となるような品々を焼き、地に埋《うず》めると、山中や寺院に逃げ隠れた。それらの者も、つぎつぎに見つけ出されては討たれた。

　こうして、国人らは一族郎党ともども討たれた。その数は千余りで、そのうち「大将分の首、百ばかりを大坂に届けるように」と秀吉から命ぜられている（小早川家文書、薩摩旧記雑録）。結局、残った国人は、人質として大坂にいた城氏ら七名程度であった（天正十六年、参官帳）。

　もちろん、国人らの所領は没収され、上使衆によって太閤検地が断行された。それは、成政が示した知行目録よりもはるかに厳しく、全肥後の生産可能な土地は、海や川をも含めて一筆もあまさず検地の対象とされた。なかでも一揆の火つけ役、隈部親永の支配していた地域は、徹底的な検地が行なわれた。また阿蘇氏は、神職としてわずかに三百五十八石を認められたにすぎない。生きのびた小代氏も、かつて支配していた地域にいることは許されず、新たな土地（四千石余）を与えられた。

　もはや中世期のような国人・名主層の存在はなくなり、国人やその有力家臣は大名の下級家臣となるか、浪人するかで、武士としての農村居住は許されなくなった。秀吉は、思ったよりも早く、九州に畿内方法の新しい仕組みを推し進めることができたのである。

こうして、肥後の安定にめどがついた天正十六年（一五八八）七月八日、秀吉は、「刀狩令」と「海賊禁止令」を公布した。「刀狩令」は、農民に対して刀、脇差《わきざし》、弓、鑓《やり》、鉄砲など武具の所持を禁じる制令である。また「海賊禁止令」によって、漁村や海岸での海賊的行為を、陸における一揆と同様のものとみなし、私貿易を禁じた。

この二つの制令は、ともに天下に向かって公布されたが、このとき、秀吉の胸中を大きく占めていたのは、大陸出兵の基地となる九州への対策であったに違いない。すなわち、

(1) 出兵用の兵糧対策として、刀狩令を発して「兵農分離」を促進する。

(2) 大陸渡海対策として、水軍の編成。そのための海上権の支配と貿易権の奪取。

こうした意図によって発せられた制令と考えることができる。

この二つの制令実施によって、兵糧確保の基盤は確実となり、海上権、貿易権を掌中に入れることができた。秀吉の大陸出兵構想は、実現に向かって大きく前進した。

成政の罪状を訴える文書

一揆が鎮圧した天正十六年（一五八八）二月、成政は肥後を発って大坂に向かった。動

乱に対する釈明と謝罪のためであった。一行は、豊後に着くと、船で瀬戸の内海を渡り、四月三日、摂津尼ケ崎(兵庫県)に着いた。このとき、秀吉の急使がやってきて口上を述べた。

「是れより先、大坂往還は立入り罷り成らず。追って沙汰あるまで法華寺(法園寺《ほうおん》)にて蟄居神妙にあるように」

そして、四月八日、秀吉は使者を遣わして、成政に切腹を命じた。同時に、諸大名に対して成政の罪状をあげ、切腹を命じたことを告げた(陸奥守前後悪逆之事――立花文書、小早川家文書など)。

秀吉は己れの大陸出兵政策、五畿内同前政策の強引さが引き起こした一揆であることを百も承知しながら、成政を犠牲にすることで政権の安泰をはかった。その負いめが、切腹を命じる理由を、弁解がましく長々と述べたてている。

◆――柳ケ瀬の役では謀反を起こしたのに、許して越中の国を与えた。小牧・長久手の戦いには、またも謀反を起こしたが助けてやった。そればかりか、摂津国能勢《のせ》郡を与え、公家《くげ》の位にまでのぼらせてやった。九州平定後は、九州のなかでもよい国、肥後を与え、一揆が起こらぬような手配りまでしてやったのに、乱を起こしてしまった。それでも、国人らの鎮圧に上使衆を遣わしたところ、上使衆をおっぽらかして大坂にやってきた。

そこで尼ケ崎に幽居させ、上使らの報告を聞いた上で、領国追放か、切腹かと考えていたが、国人千余人の首をはね、大将分の首を百余も大坂に持ってこさせたので、かわいそうであるが、喧嘩《けんか》両成敗ということで、切腹を命じることにした。(陸奥守前後悪逆之事)

という内容になっている。

しかし、後年、朝鮮役が手間どって思うように進まなかったとき、

◆■――彼やつ(成政)を、いかにもして置いたらば、是《これ》ほど手間は取ましきものを――(混目摘写)

◆■――咎《とが》なき成政に死を与えしは、秀吉一代の不覚なり。(太閤記)

と悔しがり、後悔するのである。

罪状としてではないが、秀吉が成政を叱責《しっせき》している書状がある(天正十五年九月十三日)。それには、「朱印高どおりの所領安堵《あんど》がなされていない」ことを挙げている。

秀吉から、二百町の朱印を与えられた小代《しょうだい》氏の例を取り上げると、成政からの宛行目録《あてがい》(同年八月二十六日、小代家文書)では、百五十町しか与えていない。それも、五十町だけが朱印高で、残りの百町を成政から与えるかたちをとっている。

八月二十六日といえば、一揆騒乱中である。国人らが秀吉の朱印状を楯《たて》にとって「同格の成政に支配されるいわれはない」と反抗している以上、成政としては、秀吉の代理者で

なく、国主の家臣として位置づけようとしたのであろう。だが、十月に七十町を加増し、秀吉の朱印高よりも二十町多く与えている。

成政の最期

秀吉が、成政に与えた科書《とがしょ》として広く知られているのが、「奥州三カ条科書」『清正記』や『玄察昔物語』のなかに引用されている。それには、四月十四日、頭上使《ずじょうし》・加藤清正が持参。尼ケ崎で幽居している成政の前で読みあげ、切腹させたとしている。

覚

一、佐々陸奥守が殿下に対して反逆したことを、殿下には怪しからぬことに思われたけれども、憐れみをかけて厳罰にせず、肥後の国に大名として派遣されたのである。

一、肥後の国侍どもが、一揆を起こすような不始末を仕出かしたことは、重ねがさね不届千万である。

一、成政に南蛮宗徒の転宗を命じたにもかかわらず、それに従わず、南蛮宗徒を許容し、抱えたことは、いよいよもって罪が軽くない。

以上のように、罪を重ねているので、切腹を命じられたのである。（奥州三カ条科書）

この科書について、森山恒雄氏はつぎの点から疑問視されている。
▽清正が上使として行ったというのは俗説。正当な歴史書には記されていない。
▽「加藤家文書」には、重要な書類がすべて保存されている。そのなかに科書の資料はない。
▽「ころび」という言葉は、江戸期、強制的に踏絵をさせて転宗を図ったときに使用されたもの。秀吉は改宗を命じたものの、「ころび」という語は使用していない。また、当時、キリシタン、バテレンという語はあったが、南蛮宗という言葉は使用されていない。
◆――陸奥守事、南蛮宗門ころび候へと仰出され候といへども、許容仕らず候。（奥州三カ条科書）

『絵本太閤記』は、成政をキリシタンとしているが、ルイス・フロイスの書簡（天正十五年、イエズス会日本年報）には、異教の領主とされている。ただフロイス書簡のなかに（天正十三年八月三日）成政がキリシタン家臣を抱えていることが出ている。このキリシタン家臣は、ベントと称する二十歳ほどの青年。キリシタン大名、内藤如安《じょあん》（徳庵）の甥であるという。書簡には、ベントが「越中国には、自分と母、ならびに家臣三、四人のほかはキリシタンはいない」と述べていることが記されている。

成政はこのベントを一万四千俵（約七千石）という高禄で召し抱えているが、これは、キリスト教団のもたらす交易上の経済的メリットを考えたうえでのことであろうし、秀吉が、三、四人程度のキリシタン家臣を問題にするとは考えられない。また、肥後は、島原や豊後同様にキリシタン宗徒が多かった。これらの人びとを転宗させようと思っても、国主になったとたんの一揆の勃発で、手が回りかねたはずである。秀吉自身「キリスト教禁止令」後も、配下にキリシタン大名らを抱えていたばかりか、バリニャーノなどの宣教師を京都に迎えて歓待している。

何よりも、成政の後任者として、キリシタン小西行長（宇土、益城、八代の三郡で十七万石余）を任命しているのである。「奥州三カ条科書」はまゆつばものといえる。

残る一揆勃発の舞台、北部半国（十九万五千石）は加藤清正に与えている（閏五月十五日、加藤家伝、豊鑑）。清正は、成政同様に戦《いくさ》上手の勇猛な武将、そのうえ、子飼いの家臣であるだけに、献身的に働いてくれると思ったのではなかろうか。

両者の任命は、成政同様に、大陸出兵の基礎体制づくりと、大陸での軍事、政治活動を考えたうえでの重用である。

天正十六年閏五月十四日、成政は尼ケ崎法園寺《ほうおんじ》（兵庫県）において切腹し、波乱に満ちた一生を終えた。そして成政の家臣らは、秀吉の命によって加藤清正と小西行長に抱えられることになった（小早川家文書）。

〈辞世歌〉

　このごろの厄妄想を入れ置きし　鉄鉢袋今破るなり

（興福寺福智院文書）

運命に随順し、従容と死出の旅に赴いた成政の達観した心境が偲ばれる。

平成十一年五月十四日、佐々成政研究会（代表浅野清氏）によって、墓碑横に「辞世歌碑」が建立される。

法園寺には、このほか位牌《いはい》（道閑居士）、成政画像、そして成政の死をいたまれた後陽成《ごようぜい》天皇による追善のご親筆が保存されている。

　なき人のかたみの雲やしくるらむ　夕の雨に色はみえねと

補章　埋蔵金伝説——北アルプスの夢とロマン

越中の埋蔵金伝説

　昭和六十年夏、数日来の雨で洗われた木々の緑が、真夏の陽光を浴び、ひときわ鮮やかな色を見せて輝いている。どうどうと音を立てて流れる川面を渡ってくる涼風に、ほっと息づいた。三十六度という炎天下を二十分あまりも歩きつづけ、じっとりと汗ばんでいる肌に吹きつける風は、このうえもなく快い。

　思わず立ち止まり、背すじをのばした。目の前の森の上で、遊園地の観覧車がゆったりと回っている。

「あの下付近に埋蔵金が――。もうすぐだ」

　と胸をはずませたとき、うしろからせき立てられた。

「さっさと歩いて！」

　あわてて日除《ひよ》けがわりの陣笠を目深く下げ、足を早めた。周りの人びとの歩足も、心なしか早い。三列縦隊で進む五百名の行列の前方に、町の広報車、パトカー、薬師太鼓を打ち鳴らす人びと。つづいて、「佐々成政」「観光おおやま祭り」と書き記された旗持ちが三十名。そのうしろに鎧《よろい》、かぶとで身を包んだ高島町助役が扮《ふん》する馬上姿の佐々成政と、オスベラカシの垂れ髪に、打ち掛け衣裳姿のミスおおやまが扮する姫君が、輿《こし》に乗って進んでいく。そして奥方、腰元衆、足軽衆が、そのあとにつづく。この六十名の武者行列とイベント参加者らを、町の広報車が先導する。広報車に取り付けられた拡声器から声が流れ、町中に響き渡る。

「朝日さす夕日輝く鍬崎《くわさき》に、七つむすび七むすび、黄金《こがね》いっぱい光り輝く。

戦国時代の越中国主・佐々成政は、天正十二年三月に起こった小牧・長久手の戦いで、亡き主《あるじ》、織田信長の二男・信雄《のぶかつ》をもり立てるため、ときの権力者、豊臣秀吉に抵抗しました。それがために翌十三年八月、秀吉が十万の大軍を率いて富山城に攻め寄せてきました。このとき成政は、城の天守閣にあった黄金《こがね》百万両を侍大将・阿部義行《よしゆき》に命じ、鍬崎山に埋めさせたと伝えられています。その黄金伝説にちなみ、これから埋蔵金探しに出かけます」

富山駅から電車にのって南東に走ること三十分。大川寺《だいせんじ》段丘の麓に着く。立山連峰の真下から流れる常願寺川《じようがんじ》が、いくつもの支流を集めて谷を走り、大川寺段丘の突端までくると急に広がり、丸いウチワのような扇状地・富山平野をつくっている。したがって段丘は、富山平野を眼下に遠く富山湾を望むことができる絶景の眺望台で、丘一帯は公園化され、冬場はスキー場ともなっている。この遊園地を有する大山町（富山市）は、面積五百七十五平方キロメートル。人口は、北アルプス南部の山岳地帯を抱えているので、一万一千余人と少ない。

佐々成政が黄金を埋蔵したといわれる鍬崎山（二〇八九メートル）はこの町にあり、北アルプス南部、薬師岳の西方に位置する独立峰。富山平野から眺めると、牛の背のような形をした薬師岳の前面に悠然と聳《そび》え立っている。折り紙細工のやっこ凧《だこ》のような山容であるが、場所によっては、すんなりとした角錐形に見えるため、古くから「越中富士」と呼ばれてきた。この越中富士に雲がかかると、後ろに控える立山連峰の天候が崩れるので、立山の天気予報の目じるしになっている。連峰全面にじかに聳えているので、海洋の天候の変化を敏感に受けとめるのであろう。

イベント・埋蔵金探し

大山町では、毎年七月の最終日曜日に、大山町祭りを実施している。そのなかでの目玉となっているのが、「佐々成政の埋蔵金探し」である。地元に残る伝説を、広く人びとに知らせるとともに、炎天下での体力づくり、大川寺遊園地や有峰《ありみね》県立自然公園への観光客誘致をねらうイベントである。

イベントの参加者は、傷害保険料金として三百円を支払う。すると三百万円の傷害保険が保証され、厚紙製とはいえ、佐々家の家紋「滋目結《しげめゆい》」入りの赤い陣笠がもらえる。陣笠をかぶった参加者は、武者行列の一員として町中を練り歩いた末、遊園地内に埋蔵されている大判や小判（厚紙）探しをする。ただし、小、中学生の参加は、一攫千金をねらうのでは教育的によくないということで、親子同伴が義務づけられている。埋蔵金を探し出して本陣に届ければ、賞金がもらえる。

ちなみに埋蔵金総額は、現物の清酒「成政」を含め、ほぼ百万両（百万円）。その内訳は、

佐々成政賞	十万両（十万円）	一本	小判賞	五千両（五千円）	二十本
大判賞	五万両（五万円）	二本	小判賞	一千両（千円）	百本
小判賞	二万両（二万円）	十本	小判賞	五百両（五百円）	二百本
小判賞	一万両（一万円）	二十本	清酒「成政」（二合瓶）		五十本

賞金の中身は大山町商工会の賞品券。いうなれば「商品券の宝探し」である。

五百六十名もの行列が川沿いの道すじから遊園地への坂道にさしかかった。また、汗がどっと吹き出してきた。それを拭いながら足元に力を入れ、体を前に乗り出すようにして一歩一歩登っていく。埋蔵金探しも楽でない。一攫千金というけれど、体力に、意欲、忍耐、持久力といった強じんな精神力が伴わなければ、できる仕事ではない。調査費用も大変な額になるだろう。

埋蔵金をめぐって、探索する人びとに思いをはせ、あえぎながら登っていく。急に視界が開け、豊かな緑に包まれた遊園地に出た。炎天下とはいえ、日曜日とあって家族連れで賑わっている。武者行列を見つけた人たちが、ばらばらっと駆けつけ、たちまち人垣をつくった。そのなかを通り抜け、ゲレンデ真下の広場に着いた。

行列が整列するのを待って、馬上姿の佐々成政が中央に進み、埋蔵金探しの注意をしたあと、采配《さいはい》を振り上げた。「埋蔵金探しに取りかかれ！」

成政のかけ声と同時に花火が打ち上げられ、太鼓が打ち鳴らされた。とたんに参加者らは「わあっ」と、歓声を上げながらゲレンデに駆け登り、たちまち、両側の森に隠れた。木々のあいだに陣笠の赤い色が見え隠れしている。本陣前で眺めていた私も、引き寄せられるようにゲレンデへ向かった。ゲレンデの右手にある森に入ると、吹き出していた汗がすっと引いた。生き返ったように快い。森のなかは遊歩道がつけられ、いろいろな遊具施設がある。そのあいだを縫って、陣笠の群れが動いている。目を皿にして探し回っているのは中、高校生。年輩者は、気恥ずかしさと照れくささで、探すでもなく探さぬでもなしで、のろのろと動いている。にやにやしながら草むらをかき分けている老人もいる。「お母さんはここで休んでいるから、がんばるのよ」。子どもを励ましている母親の声がしたので、隣の石に腰を下ろした。見ると、もう五百両を三枚も持っている。思わずのぞき込むと、母親は「子どものほうが目ざとく、動きもすばやいですわ。鍬崎山の埋蔵金も、子どもに探させると、案外見つかるかもしれませんわね」。こう言って、ころころと笑った。

中学生になって母親と外出するのを嫌うようになった息子に引っ張り出されたのだという。息子が友だちとイベントに参加し、そのあと、遊園地で遊びの計画をしているのだという。

「こんなことでもないと、母子で行動することはないですよ。息子は黄金を手にすることよりも宝探しゲームの楽しみで、胸をわくわくさせているんです。うまくいけば、大判、小判を見つけることができ、欲しいと思っていたゲーム機が買えるというわけで、懸命に探していますよ。勉強もあのように真剣になってくれればね」

母親は、草むらをかきわけているわが子を見やり、また声を立てて笑った。

木陰で二、三十分休んだ後、本陣に行った。つぎつぎにやってくる人が小判を差し出す。すると太鼓が景気よく打ち鳴らされ、係の者が賞金袋を手渡す。三人の若者が、賞金袋が並んでいる棚を見渡している。状況を探りにきたらしい。私が「佐々成政賞も大判賞も、まだ見つかっていませんよ」というと、とたんに目を輝かし、「わあ、ほんとの埋蔵金になってしまう！」。そう叫びながらゲレンデに向かって駆けだした。本陣のなかから大きな笑い声が上がった。日ごろ、仕事に追い回されて、ささくれがちになっている人びとの心に、明かりがともったようなのびやかな笑い声であった。酷暑にげんなりしていた気分も一瞬に飛んだ。

このあと、遊園地を下りて帰途に着いたが、埋蔵金は、お昼すぎに全額見つけ出されたという。佐々成政賞を射止めたのは、地元に住む中年の男性。恥ずかしそうに人知れず、それでもうれしさを隠しきれぬ笑い顔で差し出したという。そして、半額を町に寄付した。毎年、佐々成政賞をあてた人は、自発的に半額を町に寄付しているという。

民法二百四十一条の条文に、つぎのようなことが出ている。

「埋蔵物は、発見者と埋蔵されていた土地の所有者、埋蔵者（子孫を含む）ないし、所有権者の三者によって裁定されるが、所有権者がいない場合は、発見者と土地所有者の二者で全額を折半する」

佐々成政賞を射止めた人が土地の所有者・町に半額を寄付するのは、イベントとはいえ、法的にかなっている。しかしながら、大判、小判賞などを発見した人たちはもらい得になる。いずれにしても夢とロマンのある楽しい一日であった。

なお、現在、「埋蔵金探し」はラブリバー公園（常願寺川河川敷）で、「戦国時代絵巻」は上滝小学校グランドにおいて実施されている。

数多い埋蔵金伝説

佐々成政が越中（富山県）に在住したのは、五年間。

わずか五年という在住期間でありながら、越中には成政に関する伝説や事跡が多い。いずれも、土地に根づき、四百年来語り継がれている。「埋蔵金伝説」も、その一つである。ところで、成政が隠したとされる埋蔵金伝説は、越中各地に散在している（鍬崎山、有《あり》峰《みね》、針ノ木岳、水晶岳、仙人谷《せんじん》、内蔵助平《くらのすけだいら》、伊折《いおり》、牛岳など）。

▽有峰（富山市有峰）

「黄金掘り掘り、有峰へ」という民謡や「黄金の虹」伝説がある。伝説には、埋蔵金のありかが示されているという。

▽内蔵助平（中新川郡立山町）

むかし、宇奈月町音沢の猟師が、内蔵助平で猟をしていたところ、大木の根元に隠されている桐の木箱を発見した。開けてみたところ、小判がぎっしり詰まっていた。そのうちの一枚を持ち帰って村人たちに知らせ、村総出でその場所に行ってみたが、木箱はついに見つからなかった。しかしながら、村人の多くが小判を見ているうえ、内蔵助平の地名は「佐々内蔵助成政」の名からとっているとして、伝説を信じ込んでいる。

▽宝島（中新川郡上市町）

早月川の上流にあり、近年、村人たちが離村して廃村となった伊折の対岸。ここに「覚え石」という巨石がある。成政が立山越えをしたとき、この谷を通り、そのとき、軍用金を隠した覚えに置いていったと伝えられている。

▽牛岳（別名、鍬崎山、射水市庄川町）

四百年前のある日、佐々成政の家臣らが十数頭の牛の背に、鎧《よろい》びつや鉄のたがをはめた木箱を載せて運んできた。鉢伏《はちぶせ》峠を越えて湯谷の谷川をさかのぼり、奥の大窪の滝までくると、牛どもは重さに疲れ、動かなくなった。そこで家臣らは、人に知られぬ場所に運んできた品々を埋《う》め隠し、一人の番人を置いて立ち去った。

番人は、主君・成政が肥後に転封し、その後切腹したとも露知らず、埋蔵金を守り続けていた。それから二十数年が経った。番人は、ときどき麓の湯山村に下りては、村の人びとと世間話をするのを楽しみにしていたが、ある日、日ごろ親しくしている村人に、自分の身分をあかし、一枚の絵図を出して頼んだ。

「埋蔵場所が記してある絵図だ。主君からのしらせがあるまで保管してもらえまいか。このことは他言してくれるな」

まもなく番人は死んだ。絵図を預かった村人は、番人の亡骸《なきがら》と絵図を埋めて墓を立て、

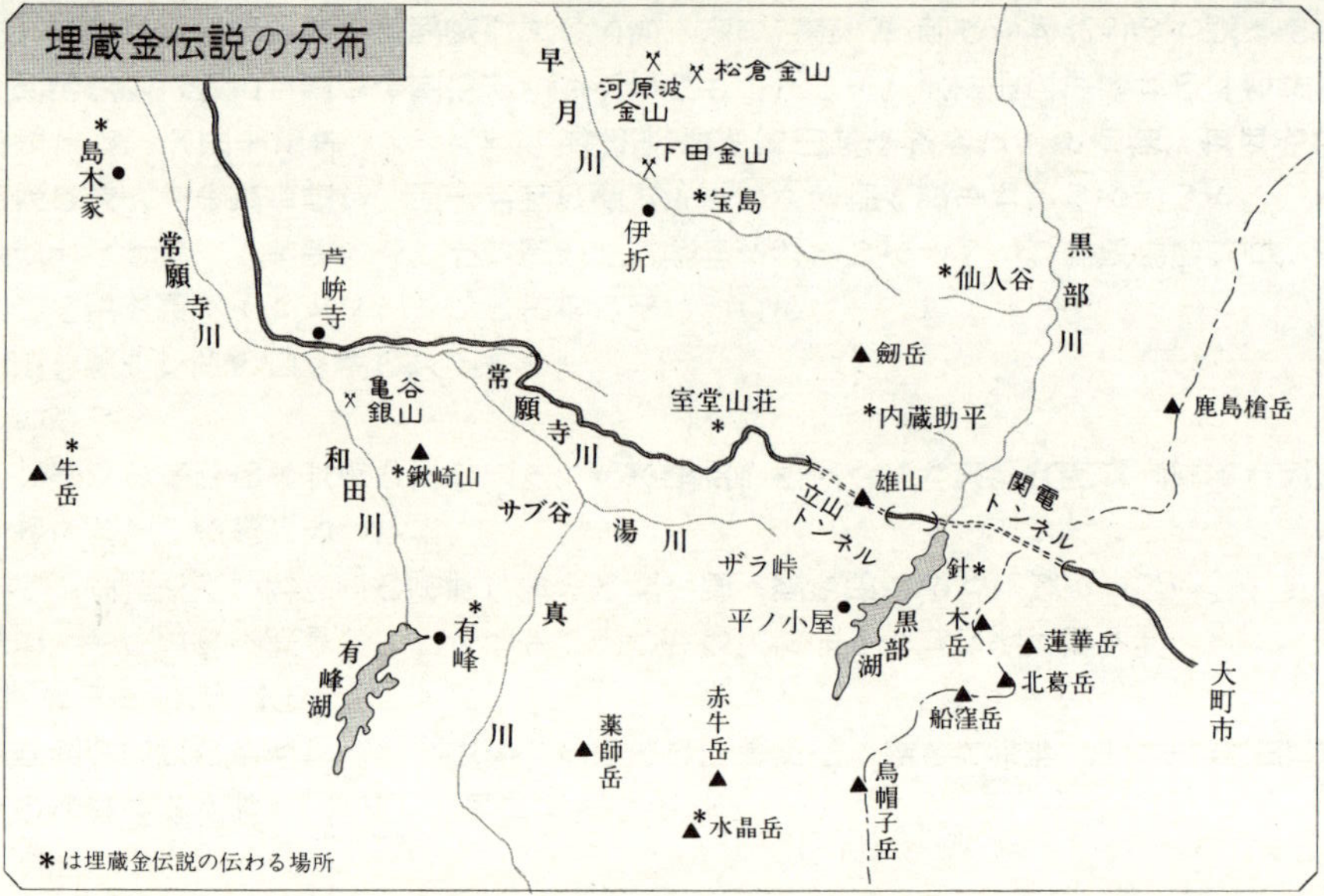
埋蔵金伝説の分布
島木家
常願寺川
芦峅寺
亀谷銀山
鍬崎山
牛岳
和田川
有峰
有峰湖
サブ谷
湯川
真川
薬師岳
赤牛岳
水晶岳
ザラ峠
平ノ小屋
黒部湖
室堂山荘
立山トンネル
雄山
劔岳
内蔵助平
関電トンネル
針ノ木岳
蓮華岳
北葛岳
船窪岳
烏帽子岳
鹿島槍岳
大町市
早月川
河原波金山
松倉金山
下田金山
宝島
伊折
仙人谷
黒部川
＊は埋蔵金伝説の伝わる場所

弔った。

この墓は「待ち塚」「金塚《かねづか》」と呼ばれている。

▽埋蔵金伝説のなかでも有力視されているのが鍬崎山。麓の芦峅寺《あしくらじ》（中新川郡立山町）や本宮《ほんぐう》（富山市本宮）に、

「朝日さす夕日輝く鍬崎に、七つむすび七むすび、黄金いっぱい光り輝く」

という里謡《りよう》が残され、この言葉に黄金の謎を解く鍵が秘められているという。

埋められている場所としては、

•マムシの巣がある大樹の下付近で、ある呪文を唱えなければ、人間は近寄ることができない。

•三ツ葉ウツギの白い花の咲く木の下。

•白い花が咲くドウダンツツジの古株のあるところ。

などといわれ、一カ所とか、七カ所とかに分けられているという。埋蔵総額は百万両。佐々家の紋入りの短冊型で、四十九個の壺にぎっしりと詰め込まれているという。

伝説では、天正十三年（一五八五）、豊臣秀吉が富山城を攻めてくる直前、成政が侍大将・阿部義行に命じて城から運び出させたといわれている。天正十二年暮れの「さらさら越え」をした際であるとか、肥後転封のとき、後日に備えて埋めさせたという説もある。

義行は猟師となり、佐々家の再興を夢見ながら一生を深山で終えたという。

▽針ノ木岳（中新川郡立山町）

成政が「さらさら越え」をした道すじで、針ノ木峠南方の急斜面。マムシが多く生息している場所で、四十九個の壺は、白樺《しらかば》の大樹の下に埋められているという。

このほか、信州国境に近い水晶岳（二九七八メートル）や仙人谷（下新川郡宇奈月町）も挙げられているが、地域にとどまらず、個人の家にも伝えられている。

▽島木家（射水市）

代々、射水《いみず》郡の郡《こおり》奉行所で奥山鉱山調査役をつとめた関係で、常に二十人近くの人夫を引き連れ、鉱山回りをしていた家柄。この家に、昔から「絶対掘ってはならぬ」とされている場所があり、そこに小ぶりの松の木と、鍬崎山の一部をあらわす黒っぽい岩石が置かれていた。ひとかかえできる大きさの石であるが、鉄分を含んで重い。表面に、大きく交差した斜線が彫り込まれ、何かを暗示している。

明治初年に、島木家から三千両の小判が二度にわたって西本願寺に献納され、その都度、当時の門跡・明如《みようによ》上人が返礼として、射水、婦負《ねい》両郡の百カ所で報恩講をつとめられた。古い佐々成政の画像も秘蔵されている。このことから町の人びとのあいだで、「島木家は、佐々成政とゆかりがあるのではないか」

「個人で巨額の小判を献納できたのは、調査にことよせて埋蔵金を発掘したのでは……」

「献納した六千両以外にも、隠されているのでは……謎の岩石が、それを証明している」

などと噂が立っている。当主史遊氏に尋ねると、

「幼いころ、松の枯死と同時に、両親が相ついで急死したこともあり、たたりがこわくて調べる気がしない」―という言葉が返ってきた。

越中かね山

佐々成政の埋蔵金伝説が富山県各地に語り伝えられている原因の一つに、室町中期から江戸初期にかけて、いくつもの「かね山」が存在し、莫大な採掘量を誇っていたことが挙げられる。つぎに掲げるのはおもな「かね山」の開坑されていた時期（期間）、場所である。

①松倉金山	応永年中～元禄十年頃（約三百年）	魚津、角川水源地
②河原波《かわらなみ》金山	天文二年～延宝年間（約百四十年）	魚津市、松倉金山近辺
③下田《げた》金山	天正二年～延宝四年頃（約百年）	中新川郡上市町、早月川上流
④亀谷《かめがい》銀山	天正六年～宝永五年頃（約百三十年）	富山市亀谷
⑤吉野銀山	天正六年～宝暦年間（約百八十年）	富山市、神通川上流

⑥虎谷《とらだに》金山　元和元年〜元禄年間（約八十五年）　魚津市松倉、河原波金山近辺
⑦長棟《ながと》鉛山　寛永三年〜元禄十二年頃（約七十年）　富山市、神通川上流
⑧片掛《かたかけ》・庵谷《いおりだに》銀山　鎌倉時代〜延宝年間（約四百八十五年）　富山市、神通川上流
⑨池ケ原銀山　慶安三年〜元禄四年頃（約四十年）　富山市、長棟鉛山隣山

このうち松倉金山については、『松倉山一巻』（元禄年間）によると、一カ年に判金を三百枚、五百枚と運び出している。現在の金に換算すると、五百枚で金二十二貫（一九九九年一月十八日現在、金一グラム＝千百三円、九千九十九万八千円）になる。これが一つの坑道からの産出で、数十カ所の坑道の産出高を合計すれば、一年間で膨大な産額となる。

また、成政が越中入国（天正八年）前に開坑された亀谷《かめがい》銀山でも金山帳に、元和年中、一年間に一坑道から銀を二百枚から三百五十枚、鉛も過分に運び出し、十万貫の採掘量を誇っていたことが記録されている。地元の古老たちは「九億八千万貫も生産した」と、驚異的数字を挙げている。加賀二代藩主・前田利長はこれらの銀を「花降銀」に鋳造。徳川家康、秀忠父子に千枚ずつ献上している。

下田《げた》金山も、最盛時の江戸初期には数千軒の家が建ち並び、ゴールドラッシュで殷賑《いんしん》をきわめていたという。古老たちは、亀谷鉱山同様に「九億八千万貫もの生産があった」といい、「いまだに金塊が、どこかに隠されている。その数は九十八叺《かます》（袋）もある。金坑

を掘るよりも、隠された九十八匁を探すのが早道」と語っている。

また、成政が肥後転封後、金銀を産出していた新川郡は、豊臣氏の蔵入地《くらいりち》となった。秀吉は、文禄三年（一五九四）に、越中の残る一郡(新川郡）を前田利家に与えたものの、鉱山だけは蔵入地として残したらしい。それが前田氏の領有となったのは、豊臣氏の滅亡後である。この豊臣氏の金山運上金高記録に、慶長三年（一五九八）吉野、片掛銀山からの運上銀として、千四百九十枚が納められているのが見受けられる。

加賀藩では越中のかね山のほかに、能登宝達金山が慶長三年（一五九八、利家時代）に、加賀犀川《さい》の上流・鞍《くら》ケ嶽《たけ》金山が慶長十三年（一六〇八、三代利常時代）に、同じく犀川上流・倉谷金山が慶安三年（一六五〇、五代綱紀時代）にと、それぞれ発掘されたが、産額は微々たるものであった。

これらの一年間における鉱山収入は、金だけでおよそ三千枚（米に換算すると十五万石）に達したといわれている。これは儀礼的報告にすぎない。藩では、幕府や諸藩に知られぬように、鉱山の入り口に「御詰所」「口留所」などを設けて隠密の侵入に備え、秘密にし、藩主自らが取り締まっていたので、産出総額は驚異的な数字であったにちがいない。加賀百二十万石といっても、家臣たちに扶持を与えれば、藩主の石数は二十万余石。産出する金額はそれを上回っていたといわれ、金銀貨が充満していた黄金時代であった。三代・利常は、幕府が「大坂夏の陣」に参加した褒賞《ほうしょう》として増封を考え、四国全土を与えようとしたのを辞退した。これは危険な移封を避けることもあったが、領内に巨大な産額を有する鉱山があったことが主な理由とされている。

加賀藩の金蔵《かねぐら》にぎっしりと詰め込まれていた金銀貨。気の遠くなるような驚異的な数字であったという産額。それらの九割余りまでが、越中かね山からの産出であった。

佐々成政の治政時代における越中かね山の産出量記録は、残っていない。だが、数々の記録や加賀藩の状態から推して、成政の治政時代も莫大な運上金高があったことは容易にうなずける。成政の常備陣は二万人ほどいたという。二万という常備陣を抱えて軍事活動するには、それに相応する財力の後ろ楯があったことを意味する。豊かな経済力があればこそ、新規召し抱えにも変わった募集ができたのであろう。

◆――扨《さ》て内蔵助殿、越中大国とは申せども、人数を過分に抱えられし事、不審立つ事尤也。（中略）越中、山の多き国なれば、知行の内に山野までむすび入れ、或は上方より五千石と約束しては呼び下し、六千石、七千石。又は千石と云合て、千五百石など、判形を出されければ、我も我もと引つとひ越中へと心さし下りけり。（末森記）

優秀な人材とあらば、五千石と約束しても七千石を、千石の約束で呼んでも千五百石を与えて召し抱えたことがわかる。また、黄金とのかかわりがうかがえるのが、前田利家と戦った末森の戦いにおける情景である。

「成政の軍勢、皆、金の熨斗《のし》の差物しければ、日に映じ、一山の光耀燦然《さんぜん》たり」（肯搆泉達録）

富山県各地に残る佐々成政が埋めたとされる莫大な埋蔵金。それを信じて、全国から埋蔵金を探索する人が後を断たないのも、こうした越中かね山の膨大な産出量と、各種の資料が示す豊かな経済力とが裏打ちされているからである。

ロマンの灯へのアプローチ

昭和五十六年五月、愛知県人（五十一歳）と岐阜県人（四十九歳）の男性二人が、二十一日に鍬崎に入山。予定の一週間が過ぎても下山しなかった。鍬崎山は日帰りコースで行けるため、山小屋がない。しかも、入山しているあいだに数十センチの積雪があった。「もしや、遭難しているのでは――」。登山届を受けていた登山口・ゴンドラスキー場からの連絡で、六月二日、県山岳警備隊が隊員四名を派遣して捜索した。だが、手がかりはつかめなかった。このことが新聞やテレビで報道され、全国的に話題となった。県下の人びとは、二人の安否を気づかいながらも、よるとさわると、「埋蔵金の有無」を話題にした。

翌三日、県警では、ヘリコプターを飛ばして捜索にあたった。そのころ、二人は自力で下山しているところを地元の駐在所員に発見され、保護された。二人は、二十七、八日ごろ下山する予定にしていたのが、道に迷った。日中は山中をさ迷い、夜は平地を選んでテントを張ったが、寒くて眠ることができなかった。そのうちに食糧がなくなり、山水で飢えをしのいで五日間。ようやく林道に下りることができた。救助されたときは、九死に一生を得た思いであったという。

二人のうちの一人は、衰弱した体をふるわせながら、「もう財宝探しはこりごりだ」といったが、もう一人は、「霊位が呼んでいる。再度挑戦したい」と、並々ならぬ意欲を示していたという。

このように失敗し、九死に一生を得ても、埋蔵金探しは人間の夢をかり立てるのである。鍬崎山にやってくる人は、後を絶たない。

長野県北安曇《あずみ》郡池田町の故中山喜一氏もその一人である。四十年近く、埋蔵金探索に執念を燃やした。彼は、東京農業大学を卒業すると、郷里に戻って教員となり、後には、町会議員として地域における農業の近代化に尽くした。

そのような人物が宝探しに取りつかれたのは、静岡の友人宅で働いていた高尾覚太郎の話を聞いたからである。

高尾が足尾銅山で働いていたころ、知り合った男、上山健彦に連れられて鍬崎山に登った。そこで目にしたのが、石室の中にあった四十九個の壺。一つの壺の蓋を取ると、なかに、短冊形の黄金判がびっしり詰まっていた。

その後、ひとりで鍬崎山に出かけ、石室を探すが、目印と思っていた白樺の木が無数にあって、いまだ探し当てることができぬという。

この話を聞いた中山氏は、埋蔵金探索にのめり込んだ。有峰村を基地として、鍬崎や有峰の山々を歩き回った。

しかし、ついに秘宝を探し当てることなく、昭和十八年、六十三歳でこの世を去った。

このほかにも、昭和四十年から五十三年までの十三年間、北海道札幌市の人が亀谷の旅館に泊まって鍬崎山に通いつめた。

何しろ、山中に入ると、黒衣の装束《しょうぞく》に、首から懐中電燈や長い数珠を二すじもぶら下げながら歩き回っている僧侶。十人近くの人夫を引き連れて探索している会社社長。学生たちを指揮して、大きな穴を掘らせている東京の大学教授。登山家、写真家、鉱物業者など、さまざま人びとが行き交いしているという。

鍬崎山だけでなく、黒部川の谷まで出かけ、そこで疲労と食糧の欠乏とで意識を失っているところを、山小屋の主人に助けられた者もいる。

夢とロマンに満ちている埋蔵金伝説。そのロマンの灯へのアプローチを目指して、男たちの熱い挑戦と冒険が続けられている。

埋蔵は事実か

成政の埋蔵金は、時価数兆円とか、四十九個の壺にぎっしり詰めてあって、ざっと一兆円とか一千億円とか、さまざまに取り沙汰されているが、伝説では百万両となっている。中山喜一氏が残した記録によると、「岩窟《がんくつ》に入った高尾が、一つの壺をゆすってみたが微動だにせず、百貫くらいはあったろうと直感した」という。これを時価に換算すると、一貫が四百十三万六千円にあたるので一つの壺で四億一千三百六十万円。四十九個では二百二億六千六百四十万円となる。

また、伝説どおりに百万両とした場合、時価に換算するといくらになるだろうか。

百万両とあるから、大判（一枚、二枚……）でなく、小判である。この小判一両の重さについては、成政が生きていた天正年間に程近い文明十六年（一四八四）以降に、一両が四匁半として法定化されている。それで計算すると、一両は時価で約一万九千円。百万両で百九十億円にあたる。また、『二川分流記』に金で物を買った記録があり、天文三年（一五三四）八月の項に「米、金一両に五斗」と記されている。

『重編応仁記』の弘治三年（一五五七）にも、「自五月二十三日至八月九日、天下大いに旱《ひでり》す。今年金一両を以て米五斗と交易す」と記してある。両者とも、一両が米五斗にあたることを示している。現在、普通米一斗が七千九百五十円（時価）なので、五斗で約三万九千七百五十円。百万両では三百九十七億五千万円となる。

大判や小判の価値は、品質、保存状況によって評価額が異なり、骨董《こっとう》的価値も一様でない。しかも金の時価相場は流動的で、一度に大量の金を発掘した場合は値くずれするので、埋蔵金額の算定は無理であるとされている。だが、巨額であることはまちがいない。もしかしたら、本当にあるかもしれない――という不確定要素が人間の欲望をくすぐり、興味と夢を抱かせる。一攫千金を夢みる人が出てくるのも、不思議でない。

では、はたして埋蔵されているのであろうか。

埋蔵金の有無については、人びとの興味がつきず、なにかにつけて話題となる。地元新聞の投書欄に掲載された討論を紹介しよう。

「（前略）鍬崎山へは登る道はなく、笹藪や雑木をかき分け、それこそ猿が木登りするようにしなければ登れないとのこと……。

成政は、豪勇、残虐な暴君のイメージでいい伝えられてきたが、常願寺川の治水事業をし、流域の原野を開拓するという善政を施している。歴史は、勝者の都合のよいように書き残すものならば、悲劇の武将・成政はその事例にもれず、確証のない鍬崎山の埋蔵金も眉唾物の伝説としか思われない。（後略）」（射水市、H・M氏）

「先日、鍬崎山の埋蔵金について意見が述べられていた。それには、佐々成政の軍用金は埋蔵されていないように書かれていたが、私は真っ向から反対するものである。

成政が、真冬に『さらさら越え』をして、徳川家康のところへ行ったとき、軍用金はあまり持参しなかったが、雪のないころ、すでに針ノ木峠や鍬崎山の七合目あたりに埋めていたようである。私のにらんだところでは、鍬崎山に一、二カ所、針ノ木岳の東部、南部方面の三、四カ所に分散したと思う。

過般、愛知県と岐阜県の二人が鍬崎山で探索中、遭難した。あの人たちは、『佐々成政は尾張武士で、われわれは愛知県人。だから、財宝は、わしらに優先権がある』などといったとか、いわんとか聞いた。成政は尾張出身の武士でも、膨大な金は、わが越中国新川郡から産出したのだ。そんな非論理的な物の考え方に基づき、ろくな装備もせずにやってくるから大失敗をしたのである。（後略）」（富山市、H・T氏）

伝説に託された民衆の願い

これについて、国文学者・池田弥三郎氏の生前、語り合ったとき、否定的な見解を示された。池田氏の説は、伝説は「寄るべなき魂」みたいなもので、民衆のあいだにふらふらしている。そこに成政という人物が結びついた。「山に隠されているって……、成政ならありそうな話だ」「そりゃ、成政が隠したのだ」というような筋書きができあがる。「伝説の人物は、民衆が信じるに足る人物で、越中の国で最も受け入れやすい条件にかなったのが佐々成政」

「伝説は、信じるものがいるから成り立っているわけで、鍬崎山の伝説も、命がけで宝探しをする人がいるおかげで成り立っているといえなくもない」ともいわれた。その根拠として、各地に残る黄金伝説は、そろって短歌形式であり、いずれも第一、二句が、「朝日さし（さす）夕日輝く」になっていると指摘された。

朝日さし夕日輝く木の下に、黄金千両漆万杯
朝日さし夕日輝くその下に、黄金千枚瓦万杯
朝日さし夕日輝くその山に、うつぎの下に黄金千枚
朝日さし夕日輝く木の本に、みつばうつぎの下にある

「宝は黄金、漆、朱である場合もある。また『牛の三駄、馬に三駄』という量を指しているのもある。そして文句は、次第に埋蔵場所の謎が、そこに隠されているような具合になっていく」

「ただし、鍬崎山の場合、山の名が固有名詞で明示されている。それに『七つむすび、七むすび』という文句が思わせぶりで、この個所が解ければ所在がわかるという期待をもたせる。なにやら、呪文めいていて、解けそうもない」

池田氏はこういってしきりに首をかしげておられた。

たしかに伝説は、民衆の社会感情を背景として発達してきている。

越中で善政をしき、民衆から敬慕されていた佐々成政が、前田利家に追い落とされ、悲劇の道を歩んだ。成政が去ったあとの越中は加賀藩領下に組み込まれ、属領となった。肥沃な越中の土地に加えて、巨大なかね山の採掘で加賀百万石は栄えたものの、越中の領民はしいたげられ、取りあげられる一方。成政の悲劇は、そのまま越中の人びとの悲劇でもあった。その悔しさが、悲劇の武将・成政へのより強い判官びいきを生み、憧憬させた。「佐々成政をむざむざ悲劇に終わらせてなるものか」「もう一度、再起を図って、越中に来てほしい」という民衆の思いが、巨大なかね山の採掘量と結びついて、「埋蔵金があるから、成政が戻ってくるかもしれぬ」というようになった。

このような民衆の願い、熱い期待、成政への判官びいきが昇華して、伝説化したと考えられなくはない。埋蔵金額も、越中かね山の巨大な産出量も加わり、五十万両が七十万両、百万両と誇大化して定着したとも考えられる。

能坂利雄氏（故人、歴史作家）は、つぎのような見解を示していられる。

▽成政のあとに、越中の国を支配した前田家中が、巨大な産出量の事実から、おそらく成政は隠匿したであろうと疑惑をもったのが庶民に拡大、伝説化したものか。

▽江戸中期以降、金銀採掘量が減少の一途をたどるとき、かつての黄金の夢を忘れられない坑夫、山師たちが、伝説の担い手になったのではあるまいか。

これらの意見に対して反論されるのが、埋蔵金研究家・東堂文五郎氏。戦国時代の兵法、とくに武田氏が編み出し、徳川氏へと引きつがれた「甲州流」を研究され、つぎのように語られる。

「兵法にのっとって隠しているため、共通の言葉と異なるものとが出てくるのだ。各武将らは、敵に悟られぬため、それぞれ兵法を工夫した。兵法に流派が多いのも、そのためである。謎ときの言葉が、少しずつ異なるのは当然のことである」

「朝日、夕日の言葉に謎が含まれ、『七つむすび、七むすび』は月日を示している。また、隠した場所として、『マムシの巣がある場所』などというのも、兵法的には人の目をあざむく用法」

東堂氏は、成政が肥後転封と決まったとき、家臣らに命じて埋めさせたと信じておられる。そのとき、隠す場所として選ばれたのが、「目立つ山で、人の行きにくい山」つまり、地形が複雑で孤立峰として目安になりやすい鍬崎山。この山は、当時盛んに採掘されていた亀谷銀山に近く、尾根続きの山々（大品山、せとくら山、極楽坂山）の南隣の山一帯は、銀鉱区であった。この点からも、東堂氏だけでなく、鍬崎山埋蔵説を信じる歴史家は多い。

隠した時期

戦いに明け暮れていた戦国期。莫大な軍事費（鉄砲、刀、槍、馬などの戦闘兵力、兵士らの食糧や褒賞金など）を必要とするのは、昔も今も変わりがない。武将らは争って鉱山発掘を手がけた。成政も、かね山の発掘に拍車をかけさせていたことはまちがいあるまい。

こうした成政時代の越中かね山の膨大な産出量。各種の資料が示す豊かな経済力。そこから隠匿した可能性があるとして、問題になるのが隠した時期。

伝説では三つの時期を挙げている。

(1) 天正十二年冬、「さらさら越え」をして徳川家康に会いに出かけたとき。

(2) 天正十三年八月、豊臣秀吉が佐々攻めにやってくる直前。

(3)　天正十五年六月、肥後転封と決まったとき。

まず百万両を運ぶとなると、千両壺が千個。一頭の牛で幾壺かを運搬するとしても、相当の数が必要になる。そして、三つの説とも、切羽詰まった状況下にある。千両壺を何百個も埋める時間的余裕がない。そこで穴に隠した。この観点に立って、三つの説を分析してみよう。

(1)は、真冬の雪深い道中、大勢の同行者の食糧維持と、浜松までの道中に要する金品を運ぶのが精一杯であるから、埋蔵金隠しは考えられない。

(2)は、秀吉に降伏後、越中半国をもらったものの、一族郎党を引き連れて大坂に移り、大坂城に出仕している。そのとき、手許不如意で、同情した秀吉から土地を与えられている。

◆——むつのかみ、あたまをそり走入候間、あはれに思召、不被御刎音、城をうけとられ、越中半国被下、女子をつれ、在大坂有之に付て不便に被思召、津の国乃勢郡一織(職)に、女子為堪忍分被下、剰位を公家にまで被仰付候事。(小早川家文書)

越中一郡(新川郡)に減じられたが、巨大な採掘量を誇っていた越中かね山は、新川郡に集中している。手許不如意は考えられそうにない。手許不如意であったとすれば、つぎのことが考えられる。

▽秀吉に降伏し、臣従を示したのに、巨大な財宝を蓄えていると知られれば、疑惑の目が向けられると判断したうえでのカムフラージュ。
▽成政一族が越中を引き揚げて大坂へ移る道中は、前田氏をはじめとして豊臣武将の監視の目が光っているので、持ち出すことができなかった。
▽領地半減のために解雇する家臣らに一時金を与えたため、手許不如意となった。

成政側室の子孫という佐藤三郎氏（東京在住）の家には、成政が越中を去るとき、手切金として多額の手当や刀剣、調度類、城内にあった松の木までもらったといういい伝えがある。考えると、二万という常備兵を抱えていたのが、領地半減で大勢の家臣の解雇が必要であった。これらの解雇者に一時金（退職金）を与えるとなると、莫大な金子が必要になる。埋蔵金を取り出した。

以上のように考えると、成政の手許不如意が納得できる。埋蔵したとしても取り出した可能性が大きく、(2)の説は消える。

(3)、成政は大坂城出仕後、熊本転封まで、天正十三年冬の大地震のときに駆けつけた以外、越中にはいない。だが、その二年間の留守中、富山城を守っていた家臣らの手で、かね山の採掘は続けられていた。莫大な黄金が蓄えられていたはずである。その後、秀吉が島津征伐に出かけたとき、家臣らを引き連れて参加。島津氏降伏後、現地で肥後国主に任命された。このため、そのまま隈本城に入城。富山城の武具類は秀吉の命で、前田利家が大坂まで運搬し、後は秀吉の手で肥後まで運ばれている。

◆——武具・弓・鉄砲以下は、越中を罷り出でられ候時、家城戸山に指し置き候を、前田又左衛門殿に仰せ付けられ候ところに、道具少しも違へられず、大坂へ差し上せられ候間、夫《それ》より肥後へ船にて廻り申し候。御米二万石大坂てんほうにて遣はされ候。銀子千枚・鞍置馬五十疋、内蔵助拝領にて候。肥後国之御はめ置きなされ候事。（川角太閤記）

富山城内の武具は前田利家によって運搬されたが、黄金は残った。それを後日、越中の留守を預かっていた家臣や家族らが肥後に旅立つとき、運ぶ手もあるが、秀吉や前田方の監視の目があるので、わずかしか運び出さない。さりとて、放り出して退去するとは考えられない。慶長三年（一五九八）上杉景勝が越後から会津へ国替えしたとき、領内の稲に至るまで刈り取らせ、根こそぎ持ち去った例もある。佐々家中の心理も同様であろう。熊本転封の際、家臣らがいずこかへ埋蔵した可能性があると信じる人が多いのも、納得できる。

探索の心得

佐々家の家臣らの手で、巨額の小判が鍬崎山に隠されたとして、隠し場所が問題になる。これについて東堂氏は、「頂上付近は狭くて、すぐばれる。下のほうでは、地元の者の目につきやすい。洞窟《どうくつ》の多い中腹あたりでは……」として、つぎのようなことが考慮されたと推測されている。

▽ナダレや地震に弱くない岩盤の強い所。

▽運んだ人夫が寝泊まりする場所は、隠す地点より遠くても近くてもいけない。

▽目印は自然を利用するが、何年経っても変わらぬ不変の物であること。

▽隠す作業に従事する人夫らの往復の道順を同じにしない。

▽近くに水がなくてはならぬ。

▽人が行きにくく、また持ち出せる場所でなければならぬ。

▽麓に番人を残すこと。

また、鍬崎山の麓・原村の住人で、山中を庭内のように歩き回られる本原氏は、山頂付近は天然の穴が多いので隠しやすいものの、場所の狭さを挙げられる。

「むしろ人目につかぬ千五百メートルから千七、八百メートルのあたりに……。カラスギ谷には、猟師が石を落としても音のしない大きな深い穴がある。その場所かもしれない」

「または巨岩の矢印の方角がサブ谷を指しているようだから、そのあたりかも……」

この隠し場所をめぐって、各地からの探索の人が絶えないわけである。地元の大山町役場では「鍬崎山が有名になれば、立山山麓周辺へ観光客が集まる」と喜び、地元警察署は、

「入山規制はできないが、入山する以上は十分な装備をしてほしい」と警告している。

そして、富山県自然保護課では、有峰県立自然公園（昭和四十八年に指定）の整備利用促進事業として大山町と共同で、鍬崎山の頂上まで登山道をつけた（昭和六十年十月十九日）。

このため、埋蔵金探しが一般化し、山中がさらに賑わうことを心配し、警告された。

「登山道には十二カ所に、距離や矢印を書いた指導標が立っているが、横道にそれると戻れなくなる。黄金探しに熱中するあまり、奥地に迷い込まぬように……」

「登山道は傾斜が大きく、水場もない。登山靴、雨具を持参すること。また、ゴンドラリフトは午後四時半にストップするので、時間を考えて下山してほしい」

そこで、東堂、本原の両氏に、探索の心得を語っていただいた。
▽探索の時節
冬場であれば、ゴンドラ駅から頂上まで一日で往復できる。ところが、雪が消えるとヤブの密林になり、登ることはできない。木のつるが四方に張っていて、体にからみつく。足を引っかける。竹の枝がしなっていて、行く手をふさぐ。四方に張り出している木の枝が顔を打つ。それらをよけながらヤブコギをしていくのは至難の業である。百メートル進むのに一時間もかかることがある。しかも、密林のため、五、六メートル先は視界がきかぬ。岩に登らねばならない。草原はマムシがうようよしている。

冬場がいいといっても、十二、一、二月は雪が多いうえに柔らかく、寒さが厳しい。二月中旬を過ぎるとたいしたことはないが、雪が降る。したがって、山登りは三月から六月までの期間に限られてしまう。
三月――アイゼンをはけば、雪はしまっているので歩くのに不自由はない。ときどき雪が降る程度。だが、ナダレの心配がある。ナダレの多い時節に歩くのはまちがっている。
四月――雪が残っているので歩きやすい。
五、六月――ところどころ雪が残っている。落ちる雪は落ちきっているので、ナダレの心配はない。山の草は伸びていないし、谷には雪があるので、とても歩きやすい。五月下旬から六月中旬までが、山歩きをするには無難。ただし、雪渓の厚さを確かめて進むことが大切。六月中旬以降になると、谷の雪渓は消えて草が伸びてくる。梅雨の時節以降からは無理。

▽鍬崎山の地形

登山道がついたということで、道から外れて山中に入るのは危険――

原始林が茂るにまかせた密林で、方向がわからなくなる。目印をつけて前進しない限り、帰る道すじがわからなくなり、山中をさ迷うことになる。東堂氏の場合は、赤い細長い布切れを数十本も用意していき、布を立木にしばりつけながら前進。帰途は目印の赤布を外して戻ってくるという。本原氏は、鎌で立木の枝を二、三本ずつ切り落として、戻るときの目印にされている。

東側斜面（トラオトシ谷付近）——絶壁、滝が多く、前進するのが困難。

西側斜面（大品山方向）——平均して急傾斜。下のほうは原始林地帯で、迷い込むと危険。

北側斜面（カラスギ谷付近）——常願寺川まで、真っすぐの切り立った崖の連続。その崖も、大きなビルが屏風のように立ちはだかっている感じのものすごいものばかりである。

南斜面（大坂森山方向）——大変険しく、沢が無数にある。

これらのなかで、北陸配電株式会社がつけた道を利用すると行くことができる。すなわち、粟巣野スキー場の登山口から発電所のパイプに沿って登っていくと、真川調整池がある。この調整池から東の方向に向かって、山を取り巻くようにして道がついている。この道を利用して、カラスギ谷、サブ谷の場所から登ることができる。

また、ゴンドラ駅からゴンドラを利用し、せとくら山、大品山、鍬崎山へと尾根すじに付けられた登山道を進めば、おのずと頂上に着く。登るときは頂上を目指せばよいが、下りは登山道を利用する心得が必要である。

一番怖いのは、気候が変わりやすい山であること——。

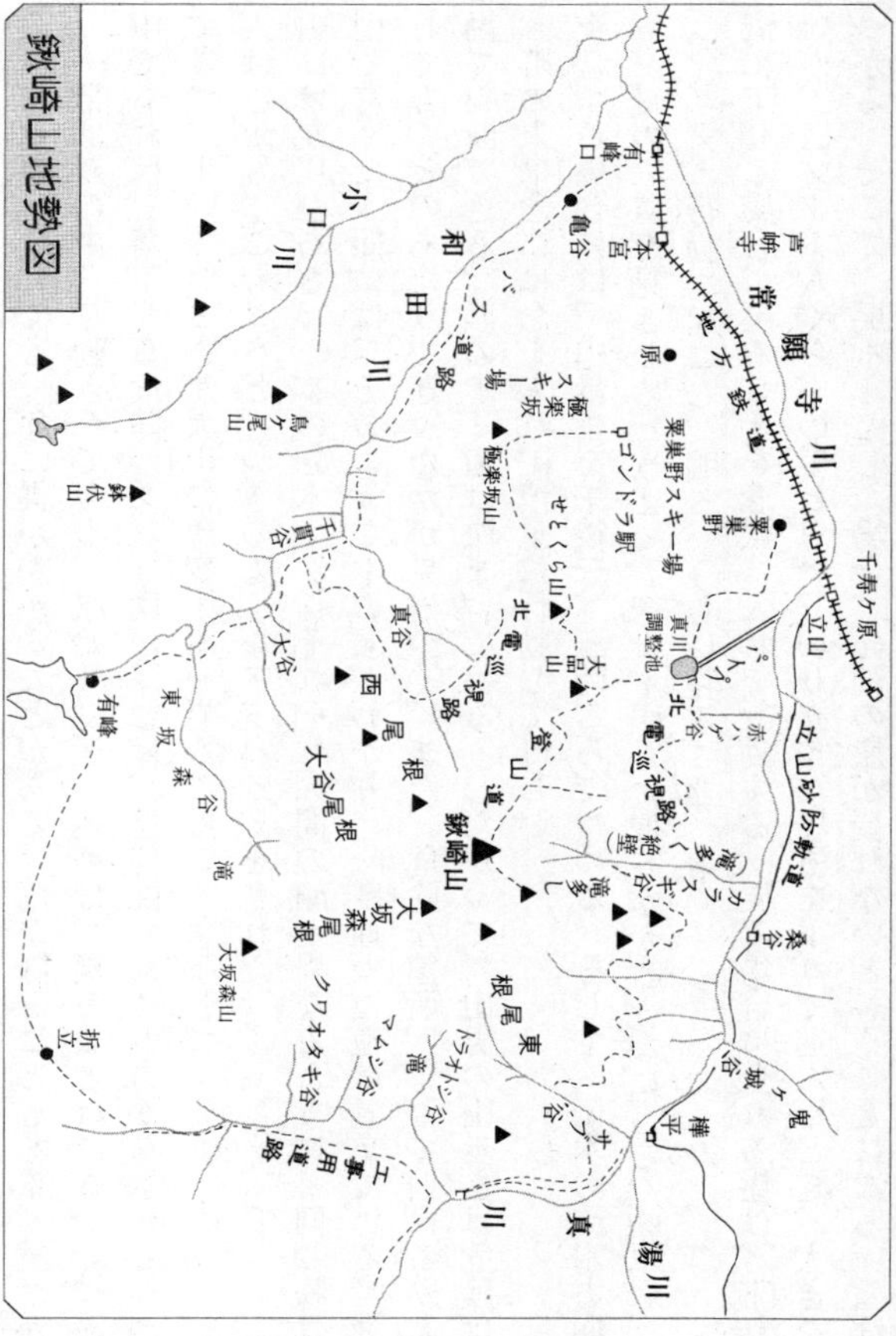
鍬崎山地勢図
常願寺川
地方鉄道
芦峅寺
本宮
原
有峰口
亀谷
小口川
和田川
バス道路
極楽坂スキー場
極楽坂山
鳥ヶ尾山
鉢伏山
粟巣野
粟巣野スキー場
ロゴンドラ駅
せとくら山
千寿ヶ原
立山
真川調整池
パイプ
大品山
北電巡視路
千貫谷
真谷
大谷
西尾根
大谷尾根
登山道
鍬崎山
赤ハゲ谷
北電巡視路
立山砂防軌道
(滝多し)
(絶壁)
カラスギ谷
滝多し
有峰
東坂森谷
滝
大坂森尾根
大坂森山
桑谷
東尾根
鬼ヶ城谷
樺平
ザブ谷
滝
クワオタキ谷
折立
工事用道路
真川
湯川

立山連峰が晴れていても、急に雲がかかることがある。雨が降ることもある。雲がかかれば、一帯は霧の中。身動きができぬ。原始林に迷い込めば、戻ることはできない。滝登り途中であれば、落下する危険がある。雨が降れば、急勾配のため四方から水がどかっと襲ってきて、歩いている道が大川に急変する。岩もごろごろ落下してくる。

二人はなおも、こもごもと、つぎのようなアドバイスをされた。

▽山には変化がある。一本の立木でも、それぞれ人間の顔が異なるように、同じ物はない。山で育った人間には、そのような木の顔がわかり、一度通った道は覚えている。迷ったとしても、どのあたりで迷ったかが見当つく。また、危険な箇所、下りていけるかどうかは勘《かん》で判断できる。熊の歩く道は決まっている。したがって、山男の山歩きは危険はないが、町の人は念には念を入れ、慎重に行動してほしい。

▽夜営する場合には、山歩きを午後二、三時ごろでやめる。そして、雨水の流水方向、朝日、夕日の位置を見きわめたうえで、テント張りに取りかかる。なにしろ、朝早く（午前三、四時ごろ）行動を起こし、明るいうちに寝ること。

▽沢に下りる場合、戻ることを念頭に入れて行動する。戻る場合に登れる崖は、下りてもよいが、三メートルぐらいの崖と思い、切り立った場所を下りて進んだとき、大きな滝にぶつかる。そこで、戻ろうとした場合、先刻の崖が登れないということになる。雪渓渡

りも、帰りは雪が解けて落下している場合がある。手ごろな石を放り投げて、雪渓の厚さを確かめ、下を流れる川音に耳を働かせる。川音が大きいのは、雪渓が薄い証拠である。

「一攫千金を夢みてやってくると、欲で、つい行動に無理がかかる」

「霊感を頼り、地形を知らずに入山すると、遭難する恐れがある」

「ロマンのない人がくると、がむしゃらに掘りまくる。まず山を見きわめることが必要」

「勘、慣れ、装備に、充分体調を整えてから入山する。そして、決して無理をしない。迷ったと思ったら、すぐ引き返す決断力を持つこと」

そして二人は、顔を見合わせて笑いながらいわれた。

「あるも夢、なきも夢。さめてみたら夢。見つからなくてもよしの気持で探すことが大切ですよ。目的なしにあてもなく歩くよりは、楽しい夢を抱き、汗水を流して探すことに価値があると思っています」

「宝があるかもしれぬと、史料をもとに推理する。これほど興味をもって追求できる楽しみは、ほかにない。推理小説を楽しむ人は多いが、あれは人殺しの推理探究。それに比べ、埋蔵金探索推理は健康的です」

それぞれに推理を楽しみ、スポーツやレジャーとされながらも、熱い冒険を続けられている。その底を流れるのは「今度こそは！」というチャレンジ精神、探求心、執念である。

それにしても、巨額の財宝は、いずこに消えたのであろうか。謎は興味を呼び、現代人の心に失われつつあるロマンの灯をともしつづけている。

あとがき

土地には、それぞれの歴史がある。そうした歴史のつながりのなかで、いまの暮らしがある。

自宅近くに建つ電気ビル（旧神通川跡地）。傍らをいたち川が松川（旧神通川一部）の水を受け入れながら下流に向かっている。成政が越中に入国したとき、富山城下町になだれ込んだ神通川と常願寺川支流・いたち川の濁流とが激突した地点である。いたち川改修と常願寺川の治水事業に奔走した成政の勇姿が浮かび、胸が熱くなってくる。

富山空港ビルの屋上に立つと、滑走路（旧神通川跡地）を隔てて神通川が目に入る。瞬時に、四百二十六年前の歴史が蘇る。

成政が前田方と戦端を開いた直後（一五八四秋）、飛騨焼岳《やけだけ》が噴火して高原川が大氾濫。濁流が下流に押し寄せ、人家を呑《の》み込み、田畑を押し流し、新たな川すじをつくった。目の前を流れる神通川である。

成政は直ちに、城下町入り口に堅固な石堤を築き、居城・安住《あずみ》城を浮き城とした。息つぐ間もなく、「織田信雄が秀吉と講和す」との情報が入り、「真冬の北アルプス越え」を決行することになる。

空港ビルの屋上で、頭のなかを駆け巡る成政時代。それほど、いまの暮らしと成政は直結している。思いは、越中の人びとも同じであった。

神通川を飛び交う「早百合火《さゆりび》」を「成政無念の火」と言い換え、それを合い言葉に起こした分県運動（一八八三）。石川県から富山県を誕生させた。また、江戸時代、他国廻商に出かける売薬商人らは、道心塚《どうしん》（成政が秀吉に降伏する際、剃髪した塚）に眠る道心様（成政）に、「留守中の城下町の安全と家族の健康」を祈願して旅立ったという。成政敬仰から発した「道心信仰」である。

一方、成政が寵愛した早百合を惨殺したという一本榎。初夏になると、榎の木から滴り落ちる血は「早百合の恨みの血の涙」として恐れられた。だが、近年蝶研究家、大野豊氏によって、血の涙の正体が解明された。榎を食樹（葉や樹液）としている「ヒオドシチョウ（緋縅蝶）」がサナギから脱皮して羽化する際、排出する体内の廃残液（血と同色）なのである。

「いかに成政の虚像が世にはばかっていようとも、恩恵に浴した土地では実像が根を張り、幾世代にもわたって語り伝えられてきた。」

佐々成政の真実を求める歴史探訪で痛感したことであった。

住んでいる土地には、幾重もの歴史が降り積もっている。土中深く埋《うず》もれている歴史の宝もある。

そうした歴史の宝を掘り起こすたびに、住んでいる土地が愛《いと》しくなる。誇らかに思う。先人たちの生きざまが生きる指針ともなる。

こうしたことも教えられた。

昭和六十一年、サイマル出版会から発刊された「佐々成政」が、学陽書房の人物文庫に、いま再び新書として発刊されることになった。新しく発掘したことも加筆することができた。また、成政の子孫、佐々淳行氏の所感で本書を飾っていただき、望外の喜びである。

刊行に際し、学陽書房の佐久間重嘉社長を始め安藤健司氏など、編集部の皆様にお世話になった。心からお礼を申し上げます。

平成二十二年三月

遠藤　和子

佐々成政・略年譜

年次	年齢	成政の事項	関連および参考事項
天文五（一五三六）	一	1月15日、成宗（盛政）の第五子として、尾張比良に生まれる（天文八年生まれという説もある）。幼名与左衛門。後、内蔵助成政と改める。	1月、豊臣秀吉が生まれる。
六	二		
七	三		前田利家が生まれる。
八	四	8月、兄・政次（成吉・隼人正）、織田信秀に仕える。	4月、幕府、使僧を明につかわし、勘合符を求める。
九	五	弟・信宗が生まれる。	
一〇	六		7月、ポルトガル船、豊後に漂着。
一一	七	8月10日、兄・政次、孫助（成経）が、三河国小豆坂合戦で功があり、「小豆坂の七本槍」とたたえられる（天文十七年という説	8月、今川義元、織田信秀を攻め、小豆坂で敗れる。 12月、徳川家康が生まれる。

一二	八	もある)。	8月、ポルトガル商船、種子島に漂着。
一三	九		
一四	一〇		4月、長尾為景、越中で戦死と伝えられる。
一五	一一		12月、足利義輝が将軍となる。
一六	一二		信長、初めて三河へ出陣。
一七	一三		
一八	一四	3月、兄・政次、孫助が信長に仕える。成政、信長の小姓となる。	3月、織田信秀が病死。信長が家督を継ぐ。
一九	一五		10月、イスパニア人・ザビエルが、日本で布教後にインドに帰る。
二〇	一六		斎藤道三が、美濃を奪う。
二一	一七		1月、信長のもり役・平手政秀が諫死する。
二二	一八		

二三	一九	12月8日、父・成宗が死ぬ（七六歳）。	4月、信長、清洲城に移る。
弘治一（一五五五）	二〇	（年月不詳）信長に対して、逆心の風評が立つ。	7月、武田晴信、長尾景虎と川中島で戦う。
二	二一	8月24日、兄・孫助、尾張稲生の合戦で、信長の武将大将として奮闘し、討ち死に。殿《しんがり》隊の二番手にいた成政、敵中に入り、敵将・角田新五郎を討ち取る。	8月、信長の弟・信行が林通勝、柴田勝家らとはかり、信長に対して兵を起こす。信長、これを降し、信行を許す。
三	二二		
永禄一（一五五八）	二三		9月、木下藤吉郎が、信長に仕える。
二	二四	1月、前田利家が茶坊主の拾阿弥に、刀のこうがいを盗まれ、処罰しようとするのを諫める。	3月、尾張一国、信長の治めるところとなる。
三	二五	5月19日、兄・政次、桶狭間の戦いで、信長の先陣を務めて討ち死に（三八歳）。成政、桶狭間の戦いに出陣後、家督を継いで比良城主となる。信長の馬廻衆となる。	5月、信長、今川義元を桶狭間で討ち取る。松平元康（家康）が、岡崎に帰城し、三河平定に着手する。

永禄四	二六	嫡子・松千代が生まれる。	信長、美濃の斎藤竜興を攻める。
五（一五六二）	二七	5月23日、美濃軽海の戦いで、池田勝三郎とともに、斎藤竜興の臣、大剛の稲葉又右衛門を討ち取り、信長よりほめられる。 5月末、井関城を廃城とし、兄政次の嫡子・清蔵を比良城に預かる。	5月、木下藤吉郎、墨俣に砦を築く。 信長、斎藤竜興と、美濃軽海で戦う。
六	二八		信長、美濃の斎藤を攻める。 7月、松平元康、家康と改名。今川と断つ。
七	二九		3月、信長、浅井長政と和睦。
八	三〇		6月、武田信玄、兵を率いて越中に入る。
九	三一		
一〇	三二	信長の黒母衣組筆頭となる（永禄五年、十二年という説もある）。	前田利家は、赤母衣組の次席となる。
一一	三三	9月12日、箕作城攻めのとき、浅井長政への	9月、信長が上洛、義昭を将軍と

		使者となる。ついで、柴田勝家と、日野城を攻める。	する。 10月、信長が諸国の関所を廃止する。
一二	三四	8月初、羽柴秀吉とともに、播州から但馬へ出兵。尼子勝久を攻める。 8月28日、伊勢の大河内城攻めに加わる。	8月、信長、伊勢北畠具教の大河内城を攻める。
元亀 一 （一五七〇）	三五	6月、弟・政綱、浅井長政との戦いで功を立てる。 6月22日、浅井長政との虎御前山の戦いで、信長勢の殿隊となる。 9月3日、信長の命で、川口に砦を築き、これを守る。 9月14日、本願寺勢とのかすがい堤の戦いで一番槍。 10月20日、信長の命で、浅井・朝倉方への講和の使者となる。	1月、徳川家康、岡崎城より浜松城に移る。 3月、信長、皇居修営し、参内する。 4月、信長は朝倉攻めで、金ケ崎城を降した直後、浅井長政がそむいたとの報に、軍を返す。 7月、大坂の本願寺が、信長にそむく。
二	三六		9月、信長、叡山の焼き打ちを断

三	三七	7月5日、浅井長政との戦いで、信長の嫡子・信忠勢に参加。 7月27日、信長の命で、小谷城の眼前、虎御前山に城を築く（八月中旬に完成）。	行。 9月、信長、将軍義昭に諫書を出す。 12月、家康、武田信玄と三方ケ原で戦い、敗れる。
天正一（一五七三）	三八	8月13日、朝倉攻めに先陣となり、朝倉方の殿・山崎吉家勢を、刀根口で全滅させる。 11月、信長の上洛に従う。ついで、三好義継勢を掃討する。	2月、信長と将軍義昭との間に戦いが開かれる。 4月、武田信玄が病死。 8月、信長、朝倉・浅井父子をほろぼす。
二	三九	1月1日、信長が、岐阜城に諸将を集めて宴をはる。このとき、信長を諫め、政務について献策する。 7月13日、伊勢長島の一向一揆攻めに加わる。 同23日、嫡子・松千代丸が、長島の戦いで討ち死にする。	7月、信長、伊勢長島にこもる本願寺光佐を攻める。 9月、信長、長島城を陥れる。

三	四〇	5月21日、長篠の戦いで、鉄砲奉行として活躍する。 8月12日、信長に従って越前に出兵。一向一揆勢を掃討する。 9月20日、府中上二郡を与えられ、小丸城の築城に取りかかる（府中三人衆と呼ばれる）。	5月、信長、長篠の戦いで鉄砲隊を編成、武田氏を討つ。 8月、信長、越前の一向一揆を攻め、平定。 10月、大坂本願寺が、信長に和をこう。 11月、信長、家督を信忠にゆずる。
四	四一		2月、信長が安土城に入る。
五	四二	8月8日、柴田勝家らと共に、能登に侵入した上杉勢を攻めるため、加賀に進攻するが、大敗する。	8月、信長、北国平定のため、柴田勝家らを加賀に向かわす。
天正六 （一五七八）	四三	11月11日、茨木に向かい、太田郷の城に、ついで惣持寺の城に入る。	3月、上杉謙信が病死する。信長、神保長住を越中に入国させる。
七	四四	3月5日、信長に従って伊丹に出陣。ついで池田に入る。 4月8日、秀吉の援軍として播州に出兵。 四月末に引き揚げ、丹波に出兵。	2月、秀吉、播州三木城を兵糧攻めにする。 11月、信長、荒木村重の伊丹城を陥れる。

		12月16日、荒木村重一族の洛中引き回し奉行を務める。	
八	四五	8月22日、信長より越中の神保長住の戦いの指揮、命令を行なうことを命ぜられる（閏三月九日という説もある）。 9月末、越中に入国し、守山城に入る。このとき、常願寺川が出水したので、佐々堤の築造と、支流いたち川の改修事業にあたる。 11月、越中神通川の渡しの掟を定める。	1月、秀吉、三木城を陥れる。 3月、信長、本願寺光佐と和睦するが、光佐の子・教如が反抗し、衆徒らに檄を飛ばす。 11月、柴田勝家が、加賀の一向一揆勢を平定。
天正九（一五八一）	四六	正月～二月、信長より越中新川、礪波の両郡（三六万石）を与えられる。 3月6日、神保長住らとともに、馬揃えのため、京都に赴き、到着する。 3月24日、越中小出城の危急を聞き、安土より急遽帰国し、小出城兵を救出する。 5月26日、安土城に参着。越中情勢を報告。	2月、信長、京都で大馬揃えを催す。 3月、上杉景勝、成政らの留守をねらい、越中小出城を攻める。 5月、成政らに反抗していた越中の国人らが降伏する。 6月、信長、越後の新発田重家を味方に引き入れる。

		9月、越中西部をほぼ制圧する。 10月29日、信長に越中黒部産の馬を十九頭進上。	8月、前田利家、信長より能登一国を与えられる。 10月、上杉景勝、越中の国人たちに命じ、成政に反抗させる。
一〇	四七	2月20日、成政ら織田勢が、魚津城を攻める。 3月11日、越中の国人らが、神保長住を富山城に幽閉。織田勢が富山城を取り囲む。 4月初め、富山城の国人らが降伏。神保長住が越中を去り、成政、富山城に入って越中一国を支配する。 6月3日、成政ら織田勢が、魚津城を陥れる。 6月8日、魚津を引き払い富山城へ。前田利家を、放生津で供応する。	3月、武田勝頼、天目山で討ち死に。武田氏はほろびる。 5月、秀吉、中国進攻で高松城を水攻めにする。 6月、信長、明智光秀に本能寺で殺される。秀吉、高松城を降すと、直ちに引き返し、山崎で明智光秀をほろぼす。織田家の重臣たちが、三法師を織田家の後つぎに決める。
一一	四八	2月14日、越後、落水城付近に攻め入った後、魚津城兵の降伏を受け入れ、越後に送還	1月、柴田勝家と、羽柴秀吉の間が険悪化する。

		する。 4月25日、佐々平左衛門を使者とし、秀吉に降る。 4月28日、尾山城にいる秀吉と対面。娘を人質として秀吉に出すが、織田信雄を主君と考えていることを伝える。 8月1日、秀吉より越中守護の朱印状を受け、越中一国の領主となる。 8月30日、弓之庄城の土肥政繁を降し、実質的に越中一国を掌握する。 12月末、従五位下、陸奥守を拝任。	2月、秀吉、伊勢の滝川一益を攻める。 4月、秀吉、柴田勝家を、近江柳ケ瀬で破る。勝家、北ノ庄城で自害。 5月、織田信孝が自害。 8月、前田利家、能登、加賀の守護となり、尾山城に入る。
天正一二 （一五八四）	四九	1月12日、宮中に参内、官位拝任の答礼をのべ、綿千把を献上。 3月末、秀吉と織田信雄との間が険悪化し、秀吉援助のために出兵する（北ノ庄まで）。 5月中ごろ、信雄、家康の懇請を受け入れ、徳川方に味方する。その後、上杉景勝に和睦	3月、織田信雄、家康と組んで、秀吉と戦う（小牧・長久手の戦い）。秀吉、丹羽長秀に書を送る。長秀、秀吉に北陸平穏を告げる。 4月、家康、秀吉勢を尾張長久手で破る。

を求め、断られる。

6月26日、佐々平左衛門、成政の娘と利家の次子・利政との婚約成立の結納を尾山城に届ける（七月二十三、二十六、二十七日との説もある）。

7月、利家の使者に、七、八月は祝儀の月でないとて、婚姻の日取りを九月以降に延引することを申し出る。諸国の浪人を募集。兵士が国内に充満する。

同28日、佐々平左衛門に、前田方が築いた朝日山砦を襲わせる。

8月、佐々平左衛門に、倶利伽羅砦を築かせる。神保氏張に命じ、能登に勝山城を築かせる。

9月9日、能登の末森城を襲う。

同12日、末森の野から自主退却。帰途、鳥越城を手に入れる。上杉勢と越中の東方で戦

6月、秀吉、上杉景勝と結ぶ。利家の家臣・村井長頼が、結納の答礼に、富山城を訪れる。

8月、成政の茶坊主・養頓、前田方の小林重昌に、富山城の密議をしらせる。利家直ちに村井長頼に命じ、朝日山砦を築かせる。秀吉と信雄との間に講和の空気が流れる。

9月、利家、秀吉に、成政の背反をしらせる。ついで末森戦勝をしらせ、秀吉が戦勝祝いの書をおくる。秀吉、上杉景勝に中立保持を依頼する。秀吉、成政の質子と乳母を、京都粟田口ではりつけにしたとの風評が立つ。利家、鳥越城の奪回を試みる。

		う。使者をたびたび家康のもとに遣わし、連絡する。 11月8日、成政の客将、菊池武勝のもとに、利家の密使が来て、成政からの離反をすすめる。 11月、立山仲宮寺の請いにより、芦峅寺本宮社領を認める。 同23日、徳川家康に会うため、富山城を発つ（芦峅寺―立山温泉―ザラ峠―後立山連峰―上諏訪―浜松へ。十一月十三日出発との説もある）。 12月25日、浜松城で家康と対面する。	11月、織田信雄、秀吉と単独講和を結ぶ。秀吉、家康のもとに使者を遣わし、講和を持ちかける。 12月、家康、秀吉の申し出を承諾し、次子於義丸を秀吉の養子として差し出す。
天正一三 （一五八五）	五〇	3月、能登諸城に送られる前田方の兵糧を襲う。 4月2日、倶利伽羅砦、鳥越城の将兵らを後退させる。 同25日、越中の漁船などを武者船に仕たてて	3月、秀吉、紀伊根来・雑賀の一揆を平定。 4月、丹羽長秀が切腹。 5月、利家、秀吉のもとに上国する。 6月、秀吉、長宗我部元親の討伐

加賀宮のこし浦沖合に並べ、前田勢を威嚇する。一方、加賀竹の橋を奇襲する。

6月末、荒山砦、前田勢に陥れられる。勝山城兵らは、守山城に退く。

7月4日、菊池武勝が背反。ひそかに利家と講和交渉をする。

同28日、武勝が利家より所領を認める誓紙をもらう。前田勢、阿尾城に入る。

同29日、神保氏張勢、阿尾城を攻める。

8月15日、秀吉の出陣を知り、木舟、守山、増山の守備兵らを撤退させ富山城にこもる。

同29日、秀吉の軍門に降る（閏八月九日との説もある）。

閏8月4日、髪を剃り、白鳥城で秀吉と対面する（秀吉、富山城に無血入城）。

同5日、秀吉より新川郡（二十万石）を与えられる。越中三郡は前田領となる。


を命じる。秀吉、越中出陣に関して、家康の成政援助に対する防止策を図る。

7月、秀吉、成政を高野山に幽居という。秀吉、関白となり、藤原と改姓。成政征討の軍令を、諸将に発する。

8月、秀吉、大坂を発ち、上洛。朝廷より「成政征討」の勅令を受けると越中へ向かう。秀吉、本陣を、越中八幡峰に置く。秀吉、成政の降伏を許し、本陣を白鳥城に移す。

閏8月、前田利長、越中三郡を領する。

11月、大地震で、木舟城主・前田秀継夫妻が圧死。

一四	五一	同8月中ごろ、妻子を連れて大坂へ向かい、大坂城に出仕する身となる。 (月日不詳) 秀吉より、摂津国能勢郡を与えられる。 11月29日、北陸、近畿、東海一帯に大地震が起こり、越中に駆けつける(天正大地震) 1月初め、従四位下に叙せられ、侍従となる。(十五年という説もある) 同15日、宮中に参内、官位拝任の答礼をのべ、鶴を献上。 同19日、宮中に、銀二十枚を献上。 8月2日、留守中の国家安泰を願い、立山仲宮寺別当・日光坊に常灯、護摩供養を欠かさぬように申しつける。	1月、秀吉と家康が正式に和睦。 2月、秀吉、聚楽第の造築を、諸将に命ずる。 5月、家康、秀吉の妹・旭姫を正室にむかえる。 12月、秀吉、太政大臣となり、豊臣姓を受ける。
天正一五 (一五八七)	五二	3月1日、秀吉の九州征討に従い、大坂を発つ。 同末、秀長隊に従い、豊後、日向、大隅へと進	3月、秀吉、九州征討のため、大坂を発つ。

む。

5月28日、秀吉より肥後国主に任ぜられる（四十五万石）。

6月2日、肥後南関で、秀吉より肥後一国の朱印状を受け、宇土城ついで隈本城に入る。越中の新川郡は、秀吉の直轄領となる。

6月、越中の武将、家族が、肥後に向かう。

7月1日、隈部親永、成政の指出提出の命に抵抗し、隈府城にこもる。

同10日、佐々宗能に命じ、隈府城を攻めさせる。

同28日、隈府城を落とす。親永は、山鹿城《じょう》村《むら》城に逃げ込む。

8月7日、隈部父子のこもる山鹿城村城を攻囲する。

同13日、成政の留守をねらい、阿蘇、甲斐ら肥後東部の国人らが隈本城を攻囲する。

6月、秀吉、九州諸侯の領域を定め、肥後の国人、五十二人の所領を認める。秀吉、キリスト教を禁止し、宣教師を国外に追放。

7月、秀吉、九州征討を終え、大坂に帰ると京都北野での大茶会の布令を出す。

8月、家康、従二位権大納言に叙任する。

		同18日、城村城の付城に前野忠勝らを置き、隈本城に引き返し、国人らを破って城に入る。 8月23日、隈本城に向かう佐々宗能が内空閑勢に襲われ、討ち死にする。 同月末、城村城包囲の国人らが引き揚げる。 前野忠勝ら付城の兵士たちが飢餓に瀕する。 9月7日、前野忠勝らを救うため、立花宗茂、鍋島直茂に兵糧援助を求める。 10月、和仁親実、辺春親行など、肥後の国人らが、一揆を起こす。秀吉の命により、安国寺恵瓊、小早川隆景勢が応援し、和仁城を攻囲する。島津勢も応援に来る。 12月中ごろ、四国、中国、九州の諸大名の救援を受け、国人一揆を平定する。	9月、聚楽第が完成し、秀吉が大坂城より移る。 10月、秀吉、京都北野で大茶会を催すが、肥後一揆のしらせを受け、一日で中止する。 12月、浅野長政、石田三成、増田長盛の三奉行が肥後一揆の実情調査をする。
一六	五三	1月、八代に閑居する。 2月、秀吉の命を受けて肥後を発ち、大坂に	1月、国人一揆が、九州全域にひろがる。秀吉、肥後に上使衆を遣

向かう。

4月3日、摂津尼ケ崎に着き、法園寺で幽居。

4月8日、秀吉の使者から切腹の沙汰を受ける。

閏5月14日、法園寺において切腹する。


わす。

2月、浅野長政ら上使衆、二万の軍勢が、筑前の国人一揆を平定した後、肥後に入国。隈本城を始め、諸城に入る。

3月、上使衆ら、一揆の処理に当たり、国人らを処罰。

4月、秀吉、後陽成天皇を聚楽第に招く。

5月、加藤清正、肥後に入る。清正と小西行長が肥後を半国ずつ与えられ、領主となる。隈部親永父子、秀吉の命で殺される。

7月、秀吉、諸国に刀狩り、海賊取り締まりを指令する。

《主な参考文献》

『大日本史料』東京大学史学会編（東京大学出版会）
『信長公記』太田牛一、桑田忠親校注（新人物往来社）
『史料綜覧』東京大学史料編纂所編（東京大学出版会）
『改訂史籍集覧』近藤瓶城編（近藤活版所）
『川角太閤記』西川角左衛門、早稲田大学編（早稲田大学出版部）
『甫庵太閤記』小瀬甫庵、吉田豊訳（教育社）
『真書太閤記』栗原柳庵、毛筆書
『絵本太閤記』武内確斉、塚本哲三校訂（有朋堂書店）
『信長記』小瀬甫庵撰（日本精神文化大系）（現代思想社）
『戦国史料叢書』桑田忠親校注（人物往来社）
『続群書類従』続群書類従完成会編・刊
『武家事紀』山鹿素行（岩波書店）
『太閤史料集』桑田忠親校注（人物往来社）

『寛政重修諸家譜』中塚栄次郎（栄進舎）
『家忠日記』松平家忠（臨川書店）
『肯構泉達録』野崎雅明、富山県郷土史会校注（ＫＮＢ興産）
『総見記』遠山信春撰（早稲田大学出版部）
『顕如上人、貝塚御座所日記』宇野主水、上松寅三校訂（清文堂）
『新修徳川家康文書の研究』徳川義宣（徳川黎明会）
『名将言行録』岡谷繁実（人物往来社）
『戦国時代和歌集』川田順（甲鳥書林）
『東遊記』橘南谿、勝村治右衛門手写
『通俗日本全史』早稲田大学出版部編・刊
『越佐資料』高橋義彦編（名著出版）
『甲子夜話』松浦静山、中村幸彦校注（平凡社）
『史籍雑纂』松平忠明（図書刊行会）
『加賀藩史料』前田育徳会編（清文堂）
『越中史料』中越史談会編（清明堂）
『加能読史年表』日置謙、松本三都正校注（名著出版）
『加能郷土辞彙』日置謙（北国新聞社）

『信濃史料』信濃史料刊行会編（信濃史料刊行会）
『亜相公御夜話』村井長明、日置謙校注（石川県図書館協会）
『加能越軍記集』岡本慶雲（歴史図書社）
『末森記』岡本慶雲、毛筆書
『越中志徴』森田柿園（富山新聞社）
『三壺聞書』山田四郎右衛、日置謙校注（石川県図書館協会）
『可観小説』青地礼幹、日置謙校注（金沢文化協会）
『笈挨随筆』百井塘雨、日本随筆大成編・刊
『混目摘写』吉田守尚原編、毛筆書
『微妙公御夜話補』武部敏行編、手稿
『加能古文書』日置謙編（金沢文化協会）
『前田氏戦記集』日置謙校注（石川県図書館協会）
『北国太平記』馬場信意編、木版刷
『越中立山古文書』木倉豊信（立山開発鉄道）
『中越史料綜覧稿』木倉豊信編（宮原武吉商店）
『常願寺川沿革誌』『常願寺川の歴史を尋ねて』建設省北陸地方建設局編・刊
『明治以前日本土木史』土木学会編・刊

『実務者のための水防技術ハンドブック』日本河川協会監修、山海堂
『北越軍談』駒谷散人、井上鋭夫校注（新人物往来社）
『富山之記』山田孝雄編（菜根出版）
『富山の役』松井真二（富山タイムス社）
『末森合戦の研究』蚊野豊次（金沢聯隊区司令部）
『末森山合戦史考』真田寿郎（バンカ社）
『立山黒部奥山の歴史と伝承』廣瀬誠（桂書房）
『豊臣氏九州蔵入地の研究』森山恒雄（吉川弘文館）
『菊池佐々伝記』井沢播龍、増山茂政手写
『新熊本の歴史』熊本日日新聞社編・刊
『隈本古城史』熊本県立第一高等学校編・刊
『肥後隈部親永の終焉』長井魁一郎（青潮社）
『肥後国衆一揆』荒木栄司（熊本出版文化会館）
『ざら峠』浅野清編（佐々成政研究会）
『佐々成政』奥田淳爾（桂書房）
『越中中世史の研究』久保尚文（桂書房）
『戦国史事典』桑田忠親監修（秋田書店）

『日本の歴史⑾』杉山博（中央公論社）
『日本の歴史⒂』藤木久志（小学館）
『寒暖の歴史』西岡秀雄（講談社）
『佐々家系譜』（浅野清、佐々亀雄、佐々康成、早川文雄）
＊このほか、『富山県史』『富山市史』『魚津市史』『石川県史』『熊本県史』『福井県史』『愛知県史』などを利用させていただいた。

所感

佐々淳行《あつゆき》

著者の遠藤和子さんに初めてお目にかかったのは、昭和五十六年頃だった。その頃防衛庁勤務だった私に、遠藤さんから「佐々成政のことを研究しているので、子孫のお一人の貴方にお目にかかりたい」との申し入れがあった。

戦国の歴史のなかで、佐々成政は、織田信長に信頼された戦《いくさ》上手で忠誠無比、剛直な武将としてしばしば登場する。吉川英治の『新書太閤記』には桶狭間《おけはざま》の決戦に参加し、信長の馬印を片手に身代りとなった兄・隼人正《はやとのしょう》成次（成吉）の戦死を見届けたのち、信長と共に今川義元の本陣に突入した武将として描かれている。伊勢湾台風でこわれた愛知県の前野家から発見された、前野将左衛門ら前野三兄弟の戦闘記録「武功夜話」にもしばしば登場する。

だが、織田信長の旗下上杉勢と戦って奪った越中の国持ち大名となり、柴田勝家、佐久間盛政らと共に北陸に覇を唱えた佐々成政の運命は、本能寺の変により暗転する。あくまで織田の正統な後継ぎは三男信雄《のぶかつ》であるとして新興の豊臣秀吉に抗し、柴田・佐久間と共に「北陸の乱」を起こしたが壮途空しく敗北し、肥後熊本に左遷される。

この前後に成政が敢行した徳川家康説得のための「さらさら越え」の雪中大行軍、そして事破れてのち再起を期して立山山中に埋めたという巨額な軍資金は、今でも「佐々成政埋蔵金伝説」として世に伝えられている。

軍事的才能は卓越していたらしいが、宣伝は下手だったようだ。信長の浅井・朝倉攻めの失敗による金ケ崎撤退作戦では、殿軍を買って出た秀吉の武名は残っているが、それを支援した佐々鉄炮隊の「三段撃ち」戦法は、「武功夜話」にしか残っていない。この「三段撃ち戦法」が後年、あの長篠の戦いで、当時日本最強といわれた武田の騎馬軍団を潰滅させる。

越中富山城主以後の佐々成政は、歴史上の評価は香《かんば》しくない。猪突猛進、猛将ではあるが政治眼に欠け、民政は下手で後日、肥後の一揆を招いて自滅した戦国大名。富山城主の時には、側室早百合《さゆり》の方に無実の不義密通の疑いをかけて惨殺し、罪九族に及ぼして一族をことごとく斬罪に処した暴君。その亡霊が富山特産の黒百合に化け、大坂城で催された茶会の席で秀吉正室の北政所にこの黒百合を献じたため淀君の怒りを招き、秀吉にざん言されて失脚する……などなど、現代に伝わる佐々成政像は、子孫に肩身の狭い思いをさせる悪評のほうが多かった。

その成政をあえてとりあげる――、と仰せの遠藤さんに興味を覚えてお会いしたのが最初だった。伺えば現代に伝わる成政像は、のちに富山を領した前田家が意図的に前任者を悪玉に仕立てあげるための悪宣伝であるという。加賀藩史が後世に伝えた佐々成政の悪業の数々は実は虚構で、越中富山で秘かに伝承されてきた成政に好意的な伝説などを掘り起こし、史料で裏づけて佐々成政の実像を描きたいとのこと。私は大変嬉しく思い、できるかぎりのご協力を約した。そうした遠藤和子さんの全国取材行脚《あんぎゃ》が生み出したのが、昭和六十一年に出版された「佐々成政――悲運の知将」であり、本書はその補筆改訂された文庫本である。

本書は、私ども佐々一族の遠祖佐々成政（一五三六～一五八八）の四百余年間に及ぶ汚名を雪《そそ》ぎ、名誉回復をしてくれた福音の書であり、著者の遠藤和子さんは佐々姓の人々にとっては救世主である。本書には、世の中の人々はもとより、私たち子孫の者さえ知らなかった、権力者によって意図的に埋没させられていた史実が史料に基づいて記述されている。

第五章「佐々堤」は民政に意を配り、土木技術に優れ、治水工事に尽力した善政の証として、地元の人々が「済民堤―佐々堤」と名づけて保存してきた成政治政の業績を紹介したものである。また第四章「早百合のぶらり火―愛妾惨殺の真相」では、富山市に現に居住する早百合の生家奥野武継氏に取材して、「早百合は処罰されたが父親の与左衛門はじめ一族には何の咎《とが》めもなく、現に子孫は生存している」ことを確認して、罪九族に及ぶ皆殺しは事実無根としている。越中の人々が官側の事実を歪曲した悪宣伝をよそに、成政の遺徳を偲んで神社を建て「成正《じょうしょう》詣り」をしているということも、私にとっては嬉しい初耳だった。

この「早百合伝説」が、佐々家にどれほど暗い影を落していたかを物語るエピソードがある。亡母縫子が佐々家に嫁したとき、姑の静刀自《とじ》から家訓として、

「佐々家では『百合』は禁花。庭に植えても生け花にさしてもいけない」

と申し渡され、仰天したという。亡母の生家は源氏の和田義盛《よしもり》の後裔《こうえい》で、祖父万吉は東大文学部長、江戸文学、浮世絵、歌舞伎の泰斗として知られた文学博士。亡父弘雄は東大卒、九大政治学教授、のちに朝日新聞論説主幹、戦後は緑風会を創設した参議院議員。祖父は西南戦争西郷軍中隊長として勇名を馳せた武人だが、熊本日日新聞と済々黌《せいせいこう》を創設し、衆議院議員を十期勤めた佐々一族中興の祖である。当時としてはいかに武門の末とはいえ知識階級であり、「百合は禁花」といった迷信のオカルト家訓には驚いたらしい。しかしその暗い影は現代にも及び、そのインテリの亡母が私の妻にこの家訓を口伝し、妻は驚《きょう》

愕《がく》したものだった。

表向きは「富山特産の黒百合を北政所に献じ、淀君を怒らせ、お家断絶の一因となった」という口伝である。亡父は「さらさら越え」の武勇伝や鉄炮の三段撃ちの話、祖父友房のこと、あるいは私の名淳行《あつゆき》の「淳」は、水戸光圀《みつくに》に仕えた佐々介三郎宗淳（黄門漫遊記の佐々木助三郎は誤り）、あるいは維新の勤皇の志士、吉田松蔭らの同志として活躍した佐々淳次郎の「淳」に由来するもの……、「父祖の名に恥じない人間になれ」とよく訓示されたが、「早百合伝説」のことは一言もいわなかった。

私や父ばかりでなく、成政切腹の地である尼ケ崎の法園《ほうおん》寺に全国から詣でてくる全国の佐々姓の人々にとって、それは重く暗い伝説だったにちがいない。それを遠藤和子さんが十数年かけて成政の実像を描き出して四百年の呪縛《じゆばく》から佐々一族を解放してくれて、お礼の言葉もない。平成元年には、富山市制百周年記念行事の創作劇「佐々成政」公演に際して全国の成政の子孫たちをお招き頂いた。本書の刊行に際し、著者はじめ関係者の皆様に厚く御礼申し上げる次第である。

平成十一年正月

（初代内閣安全保障室長）

この作品は一九八六年、サイマル出版会より単行本として刊行されたものです。人物文庫収録にともない、一部構成をあらため、新しく発掘された史料にもとづいて補筆をほどこしました。

本書は、一九九九年に刊行された弊社人物文庫の新装版です。

人物文庫

佐々《さっさ》成政《なりまさ》

二〇一〇年 四 月二〇日［初版発行］

著者――遠藤《えんどう》和子《かずこ》

発行者――佐久間重嘉

発行所――株式会社学陽書房

東京都千代田区飯田橋一-九-三 〒一〇二-〇〇七二

〈営業部〉電話＝〇三-三二六一-一一一一

ＦＡＸ＝〇三-五二一一-三三〇〇

〈編集部〉電話＝〇三-三二六一-一一一二

振替＝〇〇一七〇-四-八四二四〇

フォーマットデザイン――川畑博昭

印刷・製本――錦明印刷株式会社

ISBN978-4-313-75259-7　C0193